국가공간과
지역정치

지역렌즈로 본
근대적 공간개발과 도시정치

국가공간과
지역정치

서병철 지음

지역렌즈로 본
근대적 공간개발과 도시정치

책을 발간하며

안개 속에서는 삶에서 혼자인 것도 여럿인 것도 없다. 그러나 안개는 언제까지나 우리 곁에 머무를 수 없는 것. 시간이 가면 안개는 걷히고 우리는 나무들처럼 적당한 간격으로 서서 서로를 바라본다. 산다는 것은 결국 그러한 것

- 류시화 / 안개 속에 숨다

우리는 모두 특정 지역에서 살고 있다. 그곳에서 태어났거나 아니면 오래 머물고 그 지역의 지리나 역사, 지역 사람들을 만나 사귀다 보면 그 지역을 좀 안다고 생각한다.

나도 비슷하다. 포항이란 지역에서 자랐고, 학교와 직장으로 잠시 떠났다가 고향으로 돌아와 20년 넘게 지역에서 사회운동을 했기 때문에 포항이란 곳을 비교적 안다고 생각했다. 그러나 그것은 큰 착각이었다. 막상 포항을 대상으로 도시성에 대한 연구를 하려고 하니 막막했다. 가장 황당했던 것은 내가 지역에 대해 제대로 아는 것이 없었다. 그런데도 포항이란 도시를 변화시켜보겠다고 젊음의 숱한 날밤을 새웠던 것이다. 사회적 실천만이 진리 인식의 기준이 된다는 생각은 80년대에 대학을 다닌 사람들에게 나타나는 공통적 특성이자 한계였다. 지역에 대해 객관적이고 올바른 인식을 갖고 제대로 실천했다면 허공만 가르고 세월만 보내는 실패를 경험하지 않아도 되었을 텐

데 하는 뼈저린 복기를 아무리 해본들 그 많은 날들과 청춘의 열정이 지나간 이후였다.

한국에서 지역은 언제나 중앙의 위상(位相)을 돋보이게 하는 장식이다. 동시에 지역은 중앙의 관심에 따라 성장하고 퇴락한다.

근대화와 산업화를 가속하던 권위주의적 개발시대에 지역은 중앙권력에 시혜를 얻어 개발사업을 유치하는 것만이 도시 성장의 지름길이었다. 특히 1970년대 박정희 시대는 중화학공업 중심의 산업화를 추진하기 위해 동남해안권 개발에 주력했다. 그 결과 국가공간의 불균등발전이 본격적으로 구조화되는 경향이 뚜렷했다. 박정희 체제의 포항제철 개발은 1960년대 수도권 중심의 경공업 산업화에서 지역으로 관심 영역을 확장하여 근대적 한국의 자본축적과정이라 할 수 있다. 이러한 공간의 재편과 획일적 지배를 통한 산업화와 근대화의 흐름은 국가와 민족을 앞세운 국토의 동질성을 강조하고 지역의 특수성과 지역주민의 삶을 경시·침해하는 행위마저 정당화시켰다. 그 결과 해안지역의 변두리였던 포항은 급부상했고 동아시아 경제특구, 기업도시의 모델이 되었다.

그동안 포항제철이나 지역에 대한 얘기들은 대체로 국가나 중앙차원의 일방적 주장이나 국가와 지역을 분리하여 대립적으로 보는 경향들이 많았다. 그러나 현실에서 지역의 지리적 공간은 비록 고정되어 있지만, 지역사회는 경제적·정치적 환경의 변화에 따라 유동적인 실체이다. 지역은 처음에는 국가의 일방적 힘에 밀려 속수무책일 수 있지만, 점차 대항하거나 협상할 수 있는 능동적 주체로 성장하기도 한다.

최근 포항제철의 지주사전환과 포스코 홀딩스의 서울설립에 따른 포철의 탈포항이 표면화되면서 지역이 시끌벅적하다. 포항제철이 민영화되었기 때문에 기업경영에 지역사회가 개입해서는 안 된다는 얘기도 들린다. 그러나 그것은 포철이 어떻게 탄생했고 운영되어왔는지를 알면 함부로 그런 얘기를 하기 힘들다. 향후 어떻게 될지 가늠하기 어렵지만, 도시를 둘러싼 국가와 기업, 지역사회의 정치적 역학관계에 따라 결정될 것이다. 그러한 도시정치의 변화를 주도하는 핵심적 요인은 무엇일까?

이러한 중앙과 지방, 대기업과 지역사회의 상호관계에서 벌어지는 현상과 변동에 대해 경험적이고 체계적인 분석과 실증적 근거가 아직 많이 부족한 것이 지역연구의 현실이다.

이 책은 이러한 요구와 국가주의의 폐해를 극복하기 위한 단초를 마련하기 위해 분석한 논문을 재편집한 것이다.[1] 너무 부족한 글인 것을 알기에 책 발간을 두고 고심했다. 개인적으로 3년 전에 실천의 장을 대구로 옮겼다. 아마 포항에서 계속 활동했다면, 이런저런 사정으로 책을 낼 엄두가 나지 않았을 것이다.

고향 도시에서 30년 넘게 활동하고 공부한 것을 부족한 책이나마 발간하여 남기는 것이 그동안 성원해주고 함께했던 지역민들에게 최소한의 도리이자 작은 보답이라고 생각했다.

특별히 이 책은 나이 드셔서 병상에 계신 사랑하는 어머니와 힘든 시간을 소망으로 함께해준 아내에게 바친다.

---

1 서병철. 2019. 『기업도시 포항의 도시레짐 변동에 관한 연구』 2019. 동아대학교 대학원 사회학과. 박사 학위 논문.

추천사 1

서병철 박사의 신간 『국가공간과 지역정치-철강도시 포항의 재인식』은 한국 사회에서 각 지역의 도시 연구, 특히 도시 정치 연구에 새로운 흐름을 불러일으킬 만한 주목되는 작품이다. 이른바 포항학의 관점에서 이루어지는 여러 담론 차원에서는 물론이고, 다른 지역, 다른 도시를 포괄하여 대한민국의 지역 연구 학계 및 일반 시민들에게도 단연 일독을 추천할 만한 노작이 나왔다.

그동안 대한민국에서 각 지역에 대한 학문적 접근은 의도적으로 지역의 독자성, 고유성, 자생성에 초점을 맞추는 경우가 많았다. 대한민국의 과도한 중앙집권주의적 관성에 비추어, 이와 같은 방향성에는 충분히 동의할 수 있지만, 그로 인해 실제의 연구는 각 지역에서 실제로 벌어지는 현실, 특히 도시 정치의 실상을 제대로 분석하지 못하거나 짐짓 외면하는 결과로 나타나기도 했다. 서병철 박사의 이 책은 철강도시 포항의 과거와 현재를 종횡으로 누비면서 그와 같은 도시 정치 연구의 공백에 정면으로 도전하는 점에서 매우 신선하면서도 용감한 시도가 아닐 수 없다.

방금의 표현 가운데 '용감'하다는 말은 이 책의 지식-정치적 위상과 관련하여 독특한 맥락적 의미를 내포한다. 서병철 박사는 이른바 포항 토박이로서 출생부터 고등학교까지를 포항에서 지내고 외지에서 대학을 나온 뒤 시민운동실무자로서 포항에 돌아와 50대 중반까지 대표적인 시민운동가로 활동했다. 시민사회의 입장에서 각종 시민적 의제들을 제기하고 추진했던 개인적 배경은 서 박사에게 포항 사회의 내부자지만 철저히 내부자일 수만은 없고, 그렇다고 해서 완전한 외부자일 수도 없는, 특이한 위상을 부여했던 것으로 보인다. 비판적 지식인으로서 인생의 진로를 시민운동으로 정하고 더구나 그 무대를 고향으로 정한 이상, 이러한 위상은 피할 수 없는 숙명이었을 것이다.

물론 비판적 지식인의 이중적 위상을 그 자체로서 우려를 이유는 어디에도 없다. 중요한 것은 그러한 이중적 위상을 비판적 지식인 자신이 연구와 실천의 대상, 즉 서 박사의 경우에는 자신이 나고 자란 포항이라는 도시의 비판적 분석에 관하여 어떻게 활용하는가의 문제이다. 이 책에서 서 박사는 도시 정치 분야에서 현대의 고전으로 손꼽히는 미국의 정치학자 클레어런스 스톤의 도시 레짐(urban regime) 이론을 면밀하게 살핀 뒤에, 이를 연구 대상의 정치 사회적 맥락에 맞게 재구성하여 이론적 프레임을 확립하고, 그 관점에서 권위주의 시대와 민주화 이행기로 나누어 포항의 도시 정치 흐름을 살펴보고 있다. 내가 주목하고 싶은 것은 그와 같은 프레임 속에서, 그리고 이를 통한 분석의 결과에서 연구 주체인 서병철 박사 자신이 차지하고 있는 위치이다.

저자에 따르면 지난 50년간 포항의 도시 정치를 지배해온 것은 포항제철의 설립을 주도하는 과정에서 등장한 '중앙집권적 개발레짐'이었다. 특히 개발의제를 추진하는 수행 네트워크와 경제 영역에서 그 지배력은 철저히 관철되었다. 민주화이행기, 특히 1995년의 지방자치 실시 이후에는 민선시장을 중심으로 산업전환을 추진하는 '상징적 레짐'이 추진되었지만, 이는 애초 계획된 의제나 목표조차 제대로 달성하지 못하는 한계를 보였고 실질적인 레짐 형성에도 실패했다. 이 점에서 서 박사는 철강도시 포항에 "비공식적 세력으로서 제도적 자원에 접근하여 안정적이고 지속적인 통치역량을 행사"하는 도시 레짐이 엄존한다고 결론짓는다.

이 책의 백미는 여기서 한 걸음 더 들어가, 포항의 도시 레짐에서 중앙집권적 개발 레짐이 전근대적 보스중심의 후견주의 레짐과 병립·공존·할거하는 양상을 드러내는 대목이다. 저자는 사적인 교환관계와 수직적 연계를 통해 추종세력을 형성하여 도시를 통치하는 후견주의 레짐이 포항에서 도시공간의 불균형을 적극적으로 야기했으며, 이를 통해 피후견인들에게 지역개발의 이익을 집중적으로 분배했다고 분석한다. 나아가 그 결과로서 지역사회 전반에 침묵의 카르텔이 형성되고 도시 정치의 공론장이 왜곡되었으며, 지방자치 이후에도 풀뿌리 보수주의를 고착화하고 있다고 말한다.

앞에서 내가 서병철 박사의 이 노작을 '용감'하다고 말한 것은 이상과 같이 요약할 수 있는 포항 도시 정치 레짐 분석에서 그 자신이 '중앙집권적 개발 레짐'과 '전근대적 보스중심의 후견주의 레짐'이 낳은 침묵의 카르텔을 과감하게 드러내는 역할을 자임하고 있기 때문이다. 다만, 이 과정에서 서 박사가 젊은 시절 서울과 같은 대도시의 시민운동을 떠나 고향 도시 포항으로 돌아올 때 가졌을 법한 어떤 희망 또는 패기를 여전히 가지고 있는가는 솔직히 의문이다. 그래서 20대의 청년이 50대의 장년이 된 이후 자신이 청춘을 바친 고향 도시의 정치 현실을 분석한 결과를 담은 문장들에서는 어딘지 사뭇 씁쓸한 느낌마저 배어나고 있다.

"…중앙과 지방간의 권력관계는 시계열적인 변화가 역동적으로 나타나지만, 장기간 순치된 지방정부는 항상 지역 성장정책에만 의존하면서 중앙집권적이고 종속적인 회귀성향을 내포하고 있다.…특히 지역의 자율성을 억제하는 불완전한 지방자치제도 하에서 지방정부는 중앙권력에 예속될 수밖에 없는 구조적 원인으로 작용한다. 더구나 지방정부가 '기업가적 정부'를 자임하며 도시 간 개발경쟁에 앞장선 결과 중앙권력과 자본에 더욱더 의존적이고 종속적으로 변해만 가고 있다.…"

서병철 박사에 비교할 때, 나는 포항에 아무런 연고를 갖지 못한 이른바 외지인으로서 지난 25년을 포항에서 살아왔다. 지역대학에 자리를 잡고, 나름대로 지역사회의 시민 활동에 참여하기도 했으나, 일상의 감각으로 보자면, 나는 여전히 포항 사회의 정규 구성원이라는 느낌을 가지지 못하고 있다. 그 25년 동안 서 박사는 내게 거칠고 낯설기만 한 포항의 이곳저곳, 특히 이런저런 맥락에서 만나게 되는 주요 인물과 집단과 조직들에 관하여 지혜롭고도 친절한 안내자가 되어 주었다. 흥미롭게도 이 책을 읽으면서 나는 그동안 서박사가 간간이 짚어주었던 지혜와 통찰들이 하나의 완결된 체계로서 재구성되는 듯한 느낌을 받는다. 사반세기를 살고 나서야 비로소 토박이 친구로부터 포항 사회의 구석구석을 소개받고 있는 기분이다.

앞서 말한 대로 서병철 박사는 이 책에서 용감하게도 포항의 도시 레짐이 배태한 침묵의 카르텔을 독자 앞에 드러내고 있다. 이 분석의 과정에서 서 박사는 지난 50여 년간 포항의 도시 정치를 구성해 왔던 수많은 인물과 집단과 조직들을 수없이 배치하고 재배치할 수밖에 없었을 것이며, 그 과정에 적지 않은 내면의 고통을 겪었을 수밖에 없을 것이다. 왜냐하면 그 과정은 곧바로 포항의 도시 레짐, 즉 중앙집권주의적 지역통치연합의 안팎에 서 박사 자신을 배치 또는 재배치하는 상당히 고통스러운 작업이었을 것이기 때문이다.

 이 책을 쓰면서 서병철 박사가 감내했을 내면의 고통을 생각하면서도, 나는 짓궂게 자꾸만 다른 방향으로 상상을 펼치게 된다. 포항 토박이의 시각이 그러하다면, 나처럼 수십 년을 외지인으로 살고 있는 수많은 익명의 포항 시민들은 도시 레짐에서 어떤 위치에 놓여 있으며, 앞으로는 또 어떤 위치를 찾아가야 하는 것일까? 개인적으로는 바로 이 주제를 서 박사가 철강도시 포항에 관한 다음 연구 과제로 삼아주면 좋겠다.

– 한동대학교 법학부 교수, 이국운

추천사 2

"기업의 자유로운 활동을 방해하는 요소를 제거해나가는 게 정부가 해야할 일"이라는 대통령, 기업하기 좋은 도시를 만들기 위해 '서울형 규제 개선 플랫폼'을 가동한다는 서울시, 규제자유특구를 통해 각종 규제를 면제해주자는 비수도권 지역의 자치정부 등 오늘날 우리는 친기업정책의 홍수 속에 산다고 해도 과언이 아니다. 그러나 과연 기업 특구를 조성하거나 기업하기 좋은 도시를 모색하는 게 오늘날 우리가 당면하고 있는 다원적 사회정책 과제의 대안으로 손색이 없는 것일까? 이런 의문을 가슴 속에 지니고 있는 이들에게 이 책은 생각의 가로등이자 마음의 여로를 열게 할 것이 틀림없다. 일독을 권하는 이유다. '온고이지신(溫故而知新)'이라고 했던가? 논어의 '위정편'에 나오는 말이지만 옛것을 익혀 새것을 알면, 능히 스승이 될 만하다고 했다. 이 책은 기업 도시, 포항의 탄생과 성장 및 영고성쇠를 입체적으로 추적, 조사함으로써 중앙정부 주도의 지역사회 건설이 과연 가능한 일인가에 대해 원초적인 질문을 제기하면서 체계적으로 회고해 보고 나아가 그 해답을 찾고자한다. 보다 본질적으로는 관료적 권위주의체제 아래에서 기술관료, 쁘띠 부르주아지, 군 관료 간의 3자동맹을 통해 추진되는 발전행정이 대외무역 의존형 정책의 채택을 불가피하게 압박으로써 결과적으로는 저발전의 연쇄고리를 낳는다는 저간의 논의를 사실적 사례를 통해 증명해 보고자 한다고도 말

할 수 있다. 다만 기존의 논의가 대부분 중앙정부에 초점을 맞추어 군관료의 물리적 강제력 행사에 주목하는 것이었다고 한다면, 이 책은 공기업의 공익 추구를 위장한 비공식적인 네트워크와 그에 따른 탐욕과 폭식이 어떻게 지역사회 공동체를 왜곡, 파괴시키는 지에 우선순위를 두어 고발하고자 한다는 점에서 다르다.

중앙이 주도하는 지역개발에 대한 논의는 지방자치제도의 전면 실시 이후 자연히 자치정부의 운영실제에 대한 관찰로 이어지지 않을 수 없다. 이 지점에서 이 책은 연구방법론상의 수월성을 자랑한다. 기존의 지방자치에 대한 논의가 대부분 법제적 접근에 빠지면서 당위적이거나 규범적인 요소를 동반하고 행태론적 접근이나 권력론적 접근을 시도하는 경우에도 엘리트 중심주의나 집단이론 내지는 다원주의 이론 등에 함몰되면서 역동성과 전체적인 구조를 반영하는 일에 실패해 온 데 반해 이 책은 레짐 이론을 통해 이들 모두를 극복하고자 하기 때문이다. 레짐은 네트워크에 주목하면서 연대 · 충성 · 신뢰 · 지원에 기반을 둔 관계의 형성을 중요시 하며 참여자들의 즉각적인 이익보다는 장기적인 관계를 통해 보다 안정적이고 긴밀한 관계를 형성하고자 한다는 데에 특징을 둔다. 지배와 복종이 아니라 행동하고 목적을 성취하는 것을 중요시한다. 무엇보다도 권력(power over) 자체가 아니라 무엇을 수행할 수 있는 능력(power to)을 얻고자 하는 데에 비중을 두고자 한다는 데에 특징이 있다. 바로 이 점에서 "레짐"은 평생을 통해 지역 시민사회 운동을 견인해 온 필자의 인생관 내지는 도시공간에 대한 인식의 틀을 반영하는 것에 다름 아니다. 그런 점에서 이 책은 필자의 회고록이자 일기장이라고도 말할 수 있다. 아니 아직도 필자가 지역 시민운동의 현장을 견인하고 있다는 사실에 견주어 보면 이 책을 발간하는 일은 그가 몰입해 살아온 시민운동의 한 양식에 해당한다고도 말할 수 있다. 자신의 과거에 대한 고발을 통해 시민운동의 완성을 겨냥하고 있기 때문이다. 그만큼 책의 내용이 절절하고 호소력이 높을 수밖에 없다. 아니 그가 세상을 향해 짊어지기를 자청한 사회책임의 무게가 얼마나 절박한 것인지를 가늠해 볼 수 있게 한다. 시민운동의 일선 현장에 서 있는 이들에게 일독을 권하는 이유이다.

내가 필자를 만난 것은 YMCA 운동의 동지로서였다. 나는 누군가 이론의 틀을 통해 시민사회운동을 관찰하고 견인하는 일에 나서야 한다는 책임감 때문에 YMCA 운동에 참여하고 있었다. 이 책의 저자는 그때도 운동의 현장을 지키면서 연구활동에 나서 있었던 만큼 운동을 통해 이론의 세계를 모색하고 있었던 셈이다. 한국은 물론 시민사회운동의 원조라고 할 수 있는 서구 사회에서도 흔치 않은 일이지만 운동의 완성도를 높이기 위해서는 이론을 통한 자기 성찰이 필수적 과제라고 믿고 있었던 만큼 이론의 세계와 운동의 현장을 오가며 활동하는 저자의 이런 노력이 오랜 동안 기억에 남았다. 앞으로도 이론과 운동의 현장을 직조하는 일의 선두에 서서 계속 이어달리기를 기원하는 마음 절절하다. 고단한 일이지만 연구를 통해 사회를 고발하는 일에도 운동을 통해 사회를 교정하려는 노력만큼이나 몰두해 주기를 기대하는 마음 크다. 이 책의 출간을 축하하고 또 응원하는 이유다.

– 숙명여대 명예교수, 박재창

- 목 차 -

제1장 서론

제2장 도시정치 이론과 방법

제3장 포항지역의 일반적 특성

권위주의시대의 도시체제 제4장

제1장

서론

1. 포항은 어떤 도시인가?

한국의 변두리 지역에서 기업(지배)도시의 성장이 두드러졌다. 기업도시는 특정 기업이 지역사회의 성쇠를 책임지는 도시인데 산업화과정에서 계획적으로 조성한 신흥도시라는 점에서, 한국형 발전주의 국가의 압축적 공간이다. 특히 우리 사회에서는 국가가 앞장서서 산업체를 지역별로 배치하고 해당 지역의 성장을 이끄는 국가 주도적 산업화를 통해 기업이 지역사회를 지배하는 기업도시가 잇따라 조성되었다.[1]

포항은 1960년대 이후 포항제철을[2] 중심으로 기업도시로 급성장한 산업화의 전형적인 도시이다. 따라서 포항은 포항제철이라는 대기업의 막강한 힘에 의해 좌지우지되는 철강도시라 할 수 있다.

그러나 도시 공간의 내막을 좀 더 면밀히 들여다보면 철강도시라고 해서

---

1 장세훈, 2010.

2 포항제철은 2000년에 국영기업에서 민영화되었고, 2002년에 들어 포스코로 사명이 바뀌었다. 하지만, 이 책에서는 지역연구의 공간적 특성을 강조하고 있고 현재도 널리 사용되고 있는 포항종합제철이란 사명을 그대로 사용 · 축약하여 포항제철 또는 포철이란 용어를 혼합하여 사용한다.

포항이 대기업 포철에 무조건 끌려다니거나 수동적으로 지배만 받는 도시는 아니었다. 포철설립과정에서부터 지역사회의 만만치 않은 저항이 있었고, 민주화와 지방자치제를 거치면서 이들 관계는 적지 않은 변화를 겪어왔다. 그렇지만 국가권력에 의해 개발된 포철과 같은 대기업과 지역사회와의 권력 관계가 수평적 관계라고 할 수 없다. 여전히 대기업의 지역사회 지배라고 하는 큰 틀과 권위주의적 개발체제로 형성된 보수적이고 성장 일변도의 도시특성은 좀체 변하지 않고 있다.

이처럼 기업과 지역사회의 관계, 또 지역사회 내 사회세력들 간의 역학관계에서 변화가 크지 않은 이유는 무엇인가? 다른 기업도시와의 차별성이 무엇인가?[3]

포항은 기존의 도시와는 크게 달랐다. 우선 국가권력이 공권력을 대거 동원하여 포철의 배후도시로 만든 도시라는 점에서 행정·교육이나 상업의 중심지가 공간적으로 확장된 전통도시와는 구별된다. 또 같은 산업도시지만 민간자본이 주도해서 만든 울산과도 구분된다.

포항은 중앙정부가 설립한 국책기업을 중심으로 지역사회를 재편한 도시라서 울산이나 다른 도시와 달리 중앙정부의 영향력이 훨씬 강력하다.

특히 포철로 대변되는 포항의 도시지배세력이[4] 타 도시와 달리 시간이 흐

---

3 도시의 성격을 특징짓는 데 있어 중요한 것은 도시는 전 역사에서 동일한 형태로 형성되는 것이 아니고 이미 특정 형태로 형성된 도시도 계속해서 변화하며, 이것은 기업도시도 동일하다는 점이다. 울산이나 창원 등 한국의 기업도시는 물론이고 한국보다 앞서서 이러한 과정을 겪은 일본 기업도시에서도 공통으로 나타났다. 특히 앞선 기업도시를 볼 수 있는 일본에서 기업 권력 형태는 1960, 70년대 시민사회의 활성화와 혁신자치제 등장을 배경으로 각 지역 내 사회관계가 일정한 형태로 변화하는 양상을 보였다 (염미경b, 2001: 26~27).

4 이 책에서 지배세력 또는 지배집단이란 용어는 도시레짐 분석에서 자주 거론되는 통치 연합(governing coalition)과 비슷한 개념이지만 구별하여 사용했다. 통치 연합이 장기간에 걸친 '체계적 권력(systemic power)'으로서 도시레짐을 만드는 행위자 연합이라는 점에서 지배세력이 도시 행위자의 연합세력과

르고 환경이 변해도 크게 흔들리지 않고 권위주의적 지배를 지속해왔다. 과연 그 원인은 무엇일까? 그렇다고 포항의 권력이 초기에 형성된 형태로 그대로 있지 않았을 것이다. 사회환경의 변화와 지역주민의 참여 수준에 따라 도시 권력의 대응방식이 달라졌을 것이다. 어떤 요인이 기업도시의 권력을 장기간 지배를 가능케 했으며 변화시켰는가?

또한, 기업도시는 기업의 효율적인 생산 활동을 위해 자원, 교통, 노동력 등에의 접근이 용이하도록 공간의 영역성이 구성될 수 있다.[5] 공간의 영역화 과정은 장소의 경계성과 배타성을 강화하여 '우리'와 '남'을 구분하는 시도를 의미한다(Sack, 1986; 박배균, 2013). 이와 관련하여 호이트(Hoyt)는 산업지대에 인접하여 저소득층 주거지가 있고, 거리가 멀어지면서 중간층과 고소득층 주거지가 들어선다고 했다.[6] 포철이 개발되면서 주거지를 비롯한 도시의 가로체계나 공공시설 등 포항의 물리적 환경이 특정 장소나 지역에 집결된 형태를 띠고 있는가? 또는 변화되었다면 이러한 도시 공간이 어떠한 과정을 거쳐 형성·변화되었고, 도시의 사회 세력들에게 어떤 영향을 미쳤는가?

또 철강도시 포항은 거대자본을 배경으로 일원적 권력 구조가 형성되고 행사된 지역이라 그런지 포철과 관련된 대다수 논의들은 한결같다. 박태준 신

같지만 다를 수 있기 때문이다.

5 영역은 특정 개인, 집단 혹은 기관에 의해 점유되어 경계를 통해 외부와 구분되는 공간으로 선험적이거나 자연적인 과정을 통해 만들어져서 주어진 것이 아니라 사회정치적 과정을 통해 만들어지는 것이다. 영역을 만들고 경계를 설정하는 것은 특정 목적을 달성하기 위한 정치적 전략인데, 경계의 설정은 '우리'와 '남'을 구분하는 배제와 포섭을 행하여 사람, 사건 그리고 그들 사이의 관계들에 영향과 통제를 행사하려는 시도이다(박배균, 2013: 181 재인용).

6 토지경제학자인 호이트(Hoyt)가 1939년에 제안한 토지이용 모델이다. 이는 버제스의 동심원 모델을 수정한 것으로 이 모델의 장점은 도시 성장이 지속적으로 외부로 확장되어 간다는 사실을 제시한 것이다. 그렇지만 이 모델은 1980년대 이후 자가용의 발달이나 근린도시 형성, 도심 기능의 중요성 상실 등과 같은 개념을 설명하는 데 한계가 있다(https://en.wikipedia.org/wiki/Sector_model).

화 즉, 불굴의 추진력으로 불가능에 도전한 불세출의 경영인(조정래, 2007), 철강 신화를 끌어낸 세계 최고의 철강인(이대환, 2004) 등 포철을 설립하고 이끌어간 박태준을 부각하는 데 치중해왔다. 물론 권위주의시대의 일인 권력체제에서 대통령의 절대적 신임과 국내외 자원을 총동원하여 포철을 설립하고 큰 성과를 낸 것을 부정할 수 없다. 그러나 이러한 주장은 국내외의 다양한 사회세력들이 그 과정에서 자신들의 이해관계를 관철하여 경쟁적으로 다각적인 노력을 펼친 사실을 경시하고 있다(장세훈, 2013a). 더군다나 박태준과 그 세력들은 포철설립과 성장 과정에서 국가권력으로부터 독점적 자원과 재량권을 부여받았다. 즉, 정부 차원의 정책적 지원은 물론이고 기업생산 활동에 필요한 지역 공간의 무단점유와 이용이 아무렇지도 않게 이루어졌다. 그리고 기업 활동에 방해가 되는 지역주민이나 노동자의 권리와 생활권이 철저히 통제되어야만 했다. 동시에 포철창립자들은 국가와 지역경제는 물론이고 도시의 정치·문화 등에서 강한 영향력을 행사하며 지방과 중앙의 정치무대를 넘나들며 '철강왕 박태준'과 도시의 지배적 이미지를 각인시켜왔다. 이는 포철과 관련된 그동안의 얘기들이 박태준의 위상이나 역할에만 주목한 결과의 반증이기도 하다. 포철의 자본축적과정에서 노동력 통제나 지역사회와의 관계, 도시정치과정에서 박태준의 위상과 역할에 대한 본격적인 검토 작업이 이루어져야 박태준의 올바른 평가와 도시의 지배적 권력의 실체를 파악할 수 있다. 이 글은 이 질문에 대한 답변 시도의 하나이다.

그리고 지방자치 이후 포철은 기존의 중앙정부와 기업 간의 관계뿐만 아니라 지역사회와의 관계에도 관심을 기울이지 않을 수 없게 되었다. 지방행정과 지역주민을 경시하던 수준에서 협력적 관계로 지배양식이 바뀌지 않을 수 없었다. 민주화의 진전으로 지역주민의 주체의식과 주민자치가 강조되면서 아래로부터 시민사회의 변화요구에 전략적으로 대응했다. 이러한 상황에서 지방정부가 대기업과의 권력적 이해관계에서 영향력을 발휘할 수 있는 정치·행정적 역량을 가졌을지 의문이다. 이와 관련하여 도시정부의 실질적인 자율권과 권한의 제약으로 지방자치가 실시되었지만 '정치적 자기 완결성'을 추구할 수 있는 역량을 갖추었다고 보기는 어렵다는 견해가 많다(조명래, 1999). 이는 한국의 지방정치가 강한 국가중심적 발전모델의 관성에 따라 중앙에 예속되어 중앙정부의 계획을 집행하는 수준에 머물러 왔음을 보여준다. 과연 철강도시 포항에서 사회 환경과 도시지배세력의 힘의 변화에 따라 지방정부의 자율성 즉, 정치적 역량이 어떤 수준이며, 대기업과 지방정부 그리고 시민사회 세력 간에 어떠한 상호작용이 일어났는지 살펴볼 필요가 있다.

이러한 기업과 지역사회와의 관계, 그리고 도시정치[7] 행위자에 대해 구체적으로 들여다보기 위해 서구에서 널리 적용해온 것이 도시레짐 이론이다.[8] 레짐이론은 국가나 글로벌 차원의 환경변화가 도시정치에 영향을 미친다고 보지만 지역에서 활동하는 행위자들의 구조적 힘을 파악하기 위해 지역을 분석의 출발점으로 설정한다(Stone, 2005). 특히 레짐이론은 도시정치 안에서 특정세력의 힘이 월등하게 커지거나 열세가 되는 변화요인이 무엇인지에 대해 비교적 상세히 살펴볼 수 있다는 점에서 이론적 자원으로 유용하다.

이 책은 위와 같은 문제의식을 가지고 도시의 권력체계인 도시레짐이 환경의 변화와 행위자의 역학관계에서 어떤 변화가 있었는지 알아본다. 다시 말

---

7 도시정치(urban politics)는 도시라는 공간적 맥락에서 형성되고 작용하는 권력 관계에 초점을 두는 것을 일컫는다(강창현, 2003).

8 도시레짐을 도시체제 또는 도시 정권으로 번역되고 있으나 딱 들어맞지 않아 이 책에서는 맥락에 따라 도시레짐과 도시체제를 혼용한다. 레짐이론의 개발자 Stone(1993)은 도시레짐(urban regime)을 공동으로 지배적 결정을 내리고 집행하기 위해 제도적 자원에서 쉽게 접근할 수 있는 공익과 사적 이익을 추구하는 비공식적 집단으로 보고 있으며, 레짐이론은 지배 권력의 실체가 집단적 형태를 띠며 의제설정에 따라 레짐의 성격이 달라지는 유형론을 지향하고 있다.

해 도시레짐 이론에서 구명(究明)하고자 하는 지역지배집단의 실체와 도시적 특성이 무엇인지, 그리고 이 과정에서 어떤 요인이 변화에 영향을 미친 주요 요인으로 작용했는지를 알아본다.

2. 도시정치의 쟁점

도시의 권력 구조 변동을 알아보기 위한 앞선 연구들을 살펴보면 다음과 같다. 먼저 도시의 권력 구조 즉, 누가 도시를 이끄는가이다. 도시는 여러 행위자들이 복합적인 상호작용이 일어나 도시의 정치적 구조를 갖게 되고 정체성이 형성되는 장이다. 그래서 기업과 지방정부 그리고 지역주민 간의 상호관계를 둘러싸고 다양한 역학관계가 어떤 양태를 띠고 있느냐 하는 것이 핵심적 쟁점이다.

지역사회의 권력 소재 문제에 대한 논의는 서구에서 도시정치 행위자의 의사결정을 중심으로 활발히 전개되어왔다. 도시의 소수 엘리트에 의해 도시정치가 좌우된다는 헌터(Hunter, 1953)의 엘리트이론과 '도시의 정책 결정은 정책이슈와 관계된 상이한 행위자 집단에 의해 이루어진다는 다원주의의 다알(Dahl, 1961)이 대표적이다. 후자는 소수의 경제 엘리트가 대다수의 정책 결정을 지배하고 정치지도자는 그에 종속된 역할을 한다는 엘리트이론을 비판하고 있다. 기업(지배)도시에서 대기업이 지역경제의 지배력을 기반으로 지역사회의 영향력이 강하고 고정된 형태라면 엘리트이론이 현실을 정확히 설명해 줄 수 있다. 하지만, 도시정치과정에서 초기의 형태가 변하여 지역의 다양한 세력들이 경쟁한다면 다원주의적 접근이 더 적합할 수 있다.

기업 권력에 대한 국내의 연구 동향은 지방정부의 정책과정에서 기업 엘리트와 행정 엘리트의 상호관계와 역할에 집중되고 있다. 유재원(1999)은 청주시의 토지문제를 둘러싼 권력 관계[9]를 분석하여 청주시장(市長)이 지역기업에 군림할 정도의 지배적인 통치형태를 보여주고 있다고 했다. 그래서 기업의 구조적 권력이 약한 우리의 지역 상황에서 미국의 도시정치이론이 유용하지 못하다고 주장한다. 그리고 박종민(1999)도 성남시의 사례를 통해 시장(市場)이 발달하지 않아 지역기업의 영향력이 제한되어 있다. 지방정부에 대항할 수 있는 유력 집단들이 거의 없는 상황에서 시장(市長)이 지방 권력을 독점하고 있어 서구식 도시정치이론은 우리의 지방정치 현실을 이해하는 데 오히려 장애가 된다고 강조한다.

지방자치 역사가 일천하고, 특히 자율적인 시민사회의 형성이 지체된 우리의 현실에서 유재원과 박종민의 지적은 일견 타당성이 있다. 그렇지만, 기업 권력에 대한 서구의 도시정치 이론의 적용 가능성 자체를 부인한 것은 지나친 단견이다. 시장 중심적 연합(executive-centered coalition)은 다원주의자 Dahl(1961)의 뉴헤이븐(New Haven) 연구에서도 발견된다. Hunter(1953)의 엘리트론 이론이나 Logan과 Molotch (1987)의 성장기제론, Stone(1989)의 레짐이론 등 주요 도시정치이론에서도 기업의 위상과 역할을 강조했다. 유재원(1999)의 글에서 한국이 지역마다 정도의 차이는 있을지 몰라도 지방자치단체가 지역기업에 군림하는 수준이라고 설정한 것은 특정 지역의 개인적 통치 스타일과 사례에 치중하여 확대해석한 것이라 볼 수 있다. 이러한 맥락에서 이승종(1998)은 한국의 지방정치가 지방단체장의 개인적 특성보다는 도시정치 참여 행위자나 사회경제적 조건과 같은 상황 변수에 의해 많은

---

9 유재원은 청주시가 청주공단의 유휴지 사용신청 불허, 청주상공회의소가 건의한 소득세 할인, 주민세 소급적용, 공단 내 노상주차장 설치, 공업지역의 건폐율 상향조정에 대해 받아들이는 것을 회피할 정도로 지자체의 지배적 힘이 강했다고 제시했다(유재원, 1999:2).

영향을 받는다고 주장한다. 그는 한국도시의 권력 구조가 단순히 '시장(市長) 중심체제'로 규정하기에는 여러 가지 상황 요인을 고려해야 한다는 것이다.

반면에 홍덕률(1997)은 대도시의 도시지배구조를 실증적으로 검토하여 토착 엘리트들이 연고주의에 의한 유착 관계를 통해 정치, 경제, 언론 엘리트들이 지배 연합을 형성하고 있다. 또 그들은 중앙권력과 '후원-충성' 관계로 묶여 있다고 주장한다. 주목할 점은 토착 경제인들이 지역의 정치·행정 엘리트들에게 경제적 후원과 정치적 동원을 제공하고, 그 대가로 각종 특혜와 정치·행정적 편의를 제공받으며 공생 관계를 형성한다고 본 것이다. 이 글에서 포철 박태준과 같은 기업 엘리트가 강한 영향력을 어떻게 행사하며 도시의 상징적 이미지를 구축했는지에 대해 간접적 이해를 얻을 수 있다. 다만, 이 글은 기업도시를 대상으로 하지 않고 대도시의 지역사회 지배구조를 비교하다 보니 기업 엘리트의 위상이나 역할에 대한 분석이 미흡하고 지배세력들의 동태와 메커니즘을 확인하는 수준에 그쳤다. 그리고 도시지배집단이 어떻게 형성되고 지속적인 도시지배를 가능케 하는 기제가 무엇인지를 보여주지 못하고 있다. 그러나 이러한 글들은 기업 권력의 변화과정과 도시정치 행위자 간의 역학관계를 살펴보고자 하는 본 책에 많은 시사점을 제공한다.

한편, 지방자치 이후, 지방정부의 역할이 상대적으로 커지고 독자적인 자원과 역량만으로는 복잡한 도시의 제반 문제에 대응하기 어려워지면서 제도적 경계를 넘나들며 상호 교환하는 일이 잦아지고 있다. 이러한 맥락에서 정부와 민간과의 상호협력과 지역사회와의 관계에서 도시의 역동성을 살펴보는 도시체제에 주목하는 연구들이 활발하게 이루어졌다.

우리나라의 도시레짐, 즉, 도시체제에 대한 관심은 서구의 이론을 국내에 소개하고 적용 가능성을 검토하는 수준에 머물다가(조명래, 1999; 이종원, 1999; 강명구, 2002; 강창현, 2003; 김영정, 2003; 홍기원, 2005) 최근 들어 지역사례에 적용한 논의들이 많아지고 있다. 도시정치이론에서 도시레짐은 지방정부와 민간부문의 행위자들이 연합하여 성장 지향적인 지역통치를 위해 체계적인 권력을 행사하는 지배집단이다(Stone, 1989). 그러나 국내의 연구사례는 권력의 분절화에 근거해서 '체계적 권력'이 존재한다는 선험적 가정을 하거나 시민사회를 주어진 것으로 상정하여 논의되고 있다(강명구, 1997). 또한, 도시개발을 위한 의사결정과정에 참여하는 지역기업 또는 민간부문 행위자에 대한 분석이 충분히 이루어지지 못했다. 그리고 그들이 막후에서 어떻게 개발이익을 차지하여 도시정치를 횡행시켜왔는지에 대한 심층적인 조사가 이루어지지 않았다(최승범, 1999; 신수경, 2004; 신희영, 2008).

그렇지만 제도권 밖의 비공식적(informal) 권력이라 할 수 있는 기업도시의 행위자에 대한 글들이 없는 것은 아니다. 한석지(2004)는 제주도의 개발정책을 살펴보며 중앙정부의 외적 규정력이 강한 한국적 여건에서 상대적으로 기업의 영향력은 미미하고 지역 시민사회의 영향력이 커서 '제주자유국제도시' 추진이 가능했다고 봤다. 이 글은 지방정치 행위자들의 관계요인을 중점적으로 살펴봤다는 측면에서 평가할 만하다. 그러나 특정 지역개발 정책사례에 국한하다 보니 한계가 많다. 도시개발이 어떻게 추진되었고, 그 과정에서 누가 어떤 방식으로 자원이 이용되고, 개발이익을 가져갔는지, 그리고 지역정치에 미친 영향은 무엇인지가 잘 드러나지 않는다. 에다가와 조선학교의 갈등을 둘러싼 김은혜(2010)의 도쿄의 도시체제 분석도 마찬가지다. 재일조선인의 시민권(인권과 교육권 등)을 강화해가는 지역정치를 흥미롭게 보여주고 있으나 구체적인 도시 행위자와 지배세력에 대한 보다 폭넓은 검토가 결여되어 있다.

한편, 이경은(2011)은 전주시 개발사례를 통해 중앙의 의존성에 따라 도시의 레짐 형성과 변화가 이루어졌고, 지방단체장에게 권한이 집중된 시장(市

長) 중심체제로 파악했다. 이는 도시정치 행위 주체의 내부 동학을 조사하여 갈등구조와 통합의 문제를 다루었다는 점에서 주목할 만하다. 그러나 이경은의 글은 레짐이론의 초점인 도시 성장을 주도하는 실제 행위자들 즉, 공식 권력과 결탁하여 배후에서 움직이는 정치세력의 활동이 잘 드러나지 않는다. 겉으로는 개발사업을 위해 시장이 전면에 나서고 위원회 등 추진 기구를 구성하여 움직이지만, 실제로 개발을 추동하고 개발이익을 가져가는 막후실세들에게 접근해야 한다. 그렇지 않으면, 일반적인 지역정치 현상만 확인해줄 뿐이다.

다음으로 특정 기업이 지역사회를 독과점적으로 지배하여 영향력을 행사하는 기업도시에 대한 글들이 늘어나는 추세이다. 기업도시에 대한 논의들은 주로 대기업의 위상과 영향력을 인정하고 대기업과 지역사회 간의 관계를 다루고 있다(박재욱, 1996, 1997; 염미경, 1998, 2001b, 2004; 조형제, 1995, 2004; 김준, 2005; 신희영, 2006; 장세훈, 2010a, 2013b, 2013a, 2013b; 전상인, 2011).

울산과 포항에서의 기업 엘리트와 토착 엘리트 간의 '성장 연합' 형성과 구조를 살펴본 박재욱(1997)은 '87년 민주화와 '91년 지방자치제가 도입되면서 기업에 의한 지역사회의 종속화 현상이 약화되었다고 봤다. 그러나 포항 사례에서 '포철 사명변경 반대 운동'을 한정적으로 검토하여 대기업과 중소자본 간의 성장 연합을 확인하고 있지만, 반성장 연합의 활동이나 구성 등을 고찰하지 못하고 지역사회에 대한 대기업의 일방적 지배나 협력 관계에만 주목했다. 염미경(2004)은 "일본 철강도시의 사례를 중심으로" 기업 권력과 도시정치를 검토한다. 기타큐슈의 도시 활성화 정책의 실행에서 기업 권력이 중요하게 작용하고 있다고 본 것이다. 주로 대기업과 도시정부를 위주로 구성되었던 민관협력 형태가 도시쇠퇴가 진행되는 상황에서 주민을 편입시켜 협력의 범위를 확장했지만, 기업이익 실현이 부각되었다고 했다. 또 김준 (2005)은 대기업과 지역사회의 관계를 기업 내 노사관계라는 틀 안에 국한하여 접근하고 있다. 울산 동구의 노동자 주거지역에서 형성된 공동체 문화가 1980년대 후반 노동운동의 자원이 되었지만, 1990년대 중반 이후 노동자 주거공동체의 해체가 노동자들의 내부연대에 부정적인 영향을 미쳤다고 했다.

이들의 글은 기업도시에서 기업 권력의 지배적 현상과 노동세력의 역할을 강조한 면에서 돋보인다. 그러나 대기업을 도시의 핵심 행위자로 설정할지라도 지역에 그들만이 있는 것이 아니다. 그 결과 지역정치에 대해 경제 결정론적인 구조적 접근의 한계에 머물러 지역사회 지배세력을 부분적으로만 보여주고 다양한 사회세력들의 역학관계를 드러내 주지 못하고 있다.

한편, 장세훈(2010a)은[10] 포항 사례를 통시적 관점에서 대기업과 지역사회 간의 관계를 외지엘리트-토착 엘리트 간의 관계로 파악하여 지역 지배세력의 실체와 지역 엘리트의 재생산 메커니즘을 검토하여 기업도시의 실상을 밝히고 있다. 또한, 기업도시의 사회생태학적 접근을 통해 기업-도시 관계의 변천 과정을 설명하고 있다. 그러나 이 글은 지역 이슈와 지역사회 엘리트구조 내의 역학관계에 집중한 나머지 도시지배세력들의 구성이나 공간 환경변화, 도시정치 내의 블랙박스처럼 감추어져 온 비공식적 의사결정과정이나 행위자들의 실체가 역동적으로 드러나지 않고 있다. 그 결과 특정 지역의 권력구조가 소수의 특정 엘리트 집단에 장기간 고착되거나 이를 지탱해온 권력구조의 특성과 변화요인을 설명하는 데는 어려움이 있다.

이처럼 한국의 도시정치에서 지배세력들이 어떻게 지역사회를 장악하여

---

10 장세훈의 연구(2010a, 2010b, 2013a, 2013b)들은 기업도시 설립의 형성과정에서 기업과 지역사회의 역학관계 등을 분석하여 기존의 인물 중심의 성공신화나 기업의 지역사회 지배가 일방적으로 관철된다는 단정적 견해를 탈피하는 시각을 제공해준다.

성장정치를 발호시키고 지역 민주주의를 장기간 지체시켜 왔는지에 대해 여전히 그 실체를 드러내는 데 한계가 있다. 따라서 본 책에서 이러한 문제를 밝혀보기 위해 지역개발의 역사적 궤적을 따라 도시지배구조의 실체와 변화요인 그리고 도시특성을 밝히는 데 주력하고자 한다.

제2장

도시정치 이론과 방법

1. 도시정치 이론과 레짐이론

1) 도시정치이론의 전개

도시정치에 대한 정치 · 경제학적 관점은 정부(행정)와 시장(경제), 시민사회 간의 관계를 중심으로 통치방식에 주목한다. 도시의 통치방식이 최근 들어 문제가 되는 것은 도시구조가 전례 없이 복잡해지고 정책예측이 어려워지면서 상호의존성이 높아진 결과이다. 경제활동의 글로벌화와 시장 중심체제의 강화에 따른 불평등 심화, 민주주의와 복지정치의 확대요구 등 기존의 통치방식으로 대처할 수 없는 어려움에 봉착하게 되었다. 결국 정부 중심의 전통적인 행정 · 정치적 관리체제가 급격히 한계를 드러냄에 따라 '역량 있는(enabling)' 통치를 수행할 도시정부가 필요해진 것이다(Osborne & Gaebler, 1992). 이러한 도시적 상황에서 서구의 도시들은 통치방식을 바꿔왔는데, 대표적인 변화는 지방정부가 전통적으로 수행해온 역할을 민간 기업이나 시민사회 조직들과의 긴밀한 협력을 통해 수행해가는 방식이다. 이는 달리 말해 제도적 틀 안에서 희소자원의 사회적 배분을 공공부문이 중심이 되어 집행하던 것을 도시의 민간부문이나 비정부 행위자들과의 조정과 협력을 통해 수행하는 것으로 통치방식이 바뀌게 되는 것을 뜻한다(조명래, 1999: 39). 또한, 도시정치 주체들 간의 협력적 통치체계를 완비하기 위해서 자본과 기술, 인력, 정보 등을 구비한 기업이나 대학, 주민조직 등 민간 행위자를 핵심적인 파트너로 영입하여 연합적인 통치체제를 구성하는 것이다. 이처럼 서구의 도시정치이론에서 공식·비공식 부문의 협력조건들을 조정하는 도시협력체제가 필요하다는 것은 오래전부터 논의되어 왔지만, 최근 들어 다양한 논의들이 확장되고 있는 추세이다.

도시정치이론은 미국학계에서 1950년대 이후 지역 권력 구조에 관한 두 가지 패러다임 즉, 다원주의 이론과 엘리트이론으로부터 발전되었다. 엘리트이론은 Mosca(1939), Pareto (1935), Michels(1959) 등으로 전개되다가 헌터(Floyd Hunter)에 의해 도시정치이론으로 체계화되었다. 1950년대 초에 그는 도시의 권력자가 누구인가를 규명하기 위해 평판적 접근(reputational approach)을 사용하여 권력자로 추정되는 사업가, 공무원, 사회운동가를 분석했다(Hunter, 1953: 11). 이 글에서 헌터는 지역사회의 모든 권력이 피라미드 형태로 집중되어, 지역주민에 대한 소수 엘리트의 일방적 지배가 이루어지고 있음을 발견했다. 즉, 도시정치 전반에 나서지 않는 경제 엘리트들이 자신들의 이익을 위해 정책 결정자와 밀접하게 교류하며 지방정부의 중요한 정책을 비공식적으로 결정하고 있다는 것이다. 선출직 공직자들은 정책 결정 과정에서 소수 경제 엘리트의 종속적 존재[1]로 기능한다고 봤다(Hunter, 1953).

반면에 다원주의 이론은 1950년대 후반과 60년대에 다알(Dahl, Robert)

---

1 헌터는 선출직 공직자를 대표하는 애틀랜타 시장은 단지 정책형성 그룹에 속해있는 구성원에 불과했다고 주장한다(Hunter, 1953).

과 월핑어(Wolfinger), 폴스비(Polsby) 등의 학자들에 의해 태동되었다. 그들 다원주의 이론은 엘리트 간의 경쟁과 권력분산을 강조했다는 측면에서 다를 뿐 엘리트의 존재를 부정하지는 않았다. 그러나 헌터가 선거 정치의 측면을 무시했다고 보고 정치지도자들이 선출직 공직자로서 사회 내에 존재하는 이익집단의 요구로부터 자유롭지 못하다고 주장했다(Dahl, 1961). 이러한 문제의식에서 다알은 미국의 지역사회를 과연 "누가 지배하는가?"라는 의문을 제기하였다. 그는 이 의문을 해소하기 위해 뉴헤이븐시(New Haven City)를 대상으로 3가지 이슈 즉, 도시재개발과 공공교육, 정치적 선출의 의사결정에 영향력을 미치는 것이 무엇인가를 고찰하였다. 그 결과 다알은 지역사회가 수많은 이익집단으로 형성되어 있으며, 이들이 서로 경쟁하며 정책 결정 과정에 영향력을 행사한다고 주장했다(Dahl, 1961).

그러나 스톤(1989)이 지적했듯이 지역사회는 행위자들이 독립적이고 다양한 영역으로 나누어져 있어 엘리트이론이나 다원주의에서 주장하는 권력 개념[2]으로는 이질적이고 분산적인 지역정치에서 서로 다른 독립적인 세력들을 지배할 수도 없고 협력을 통해 지역사회 문제를 해결할 수 없다(Ostaaijen, 2010). 한편, 피터슨(Peterson)은 도시정책이란 도시정부가 직면한 구조적 제약에 의해 결정된다고 주장했다(Peterson, 1981). 즉, 생산자원인 노동과 자본이 자유롭게 이동하는 자본주의 시장경제의 제약과 도시정부가 필요한 재원을 스스로 조달해야 되는 연방주의 제약하에서 경제성장을 최고의 가치로 여기는 도시정부는 불가피하게 개발 지향적이며 재분배정책을 기피하는 정책성향을 갖게 된다는 것이다(유재원, 2011: 107). 피터슨의 이러한 주장

---

2 스톤(1989)이 보기에는 엘리트이론이나 다원주의 이론은 다른 사람을 통제하거나 지배하는 수직적 권력개념을 사용하고 있다고 보고, 명령과 통제가 아니라 행위자들이 일을 하도록 하는 권력의 사회 생산적 모델을 강조했다.

은 도시정치 과정이 시장경제의 제약 속에서 지방정부가 쉽게 통제하기 어렵다는 입장을 견지하여 기존의 전통적 도시정치 모델에 많은 반향을 불러일으켰다. 다원론자나 엘리트론자 모두에게 피터슨의 기본적 주장(도시정부의 최고목표는 경제적 이해관계 추구다)은 현실적으로 무시하기 힘든 적실성으로 받아들여졌다. 따라서 문제는 '누가 통치하는가'의 문제에서 '어떤' 통치방식이 도시 분야에 존재하기에 성장(발전) 위주의 정책이 주도적일 수밖에 없는가의 문제로 전환될 수밖에 없었다(강명구, 1997: 112~ 113). 이 질문에 대한 대표적인 논의는 성장기제론과 도시레짐 이론이다.

2) 성장기제론

성장기제론(theory of growth machine)[3]의 대표적인 학자는 로간과 몰로치(Logan & Molotch, 1987)이다. 그들은 도시를 사용가치와 교환가치 간 긴장과 갈등, 그리고 비합리적 타협이 일어나는 장소로 보고 도시가 '무엇을 위해' 성장을 추구하는가를 조명한다. 도시의 흥망성쇠는 자유시장 논리로 연역될 수 없고, 사람이 도시의 변화를 만들어낸다'라고 주장한다.

특히 미국 도시가 성장만을 추구하게 되는 이유를 Banfield(1961), Whitt(1982), Hunter(1953, 1980), Melosi(1983) 등의 사례연구를 통해 보여준다. 더 강한 엘리트가 있는 도시가 경쟁에서 도시의 성장을 가져오며, 사업가들이 도시 성장의 원동력이라는 것이다. 이들 경제 엘리트는 도시 성장

---

3 growth machine을 '성장기구(成長機構)' 혹은 '성장기계(成長機械)', '성장 동맹'으로 번역되기도 하지만, 김준우 역에서 주장한 것처럼 'machine'과 'coalition'이 비슷한 의미를 가지기 때문에 이 논문에서는 혼동을 피하기 위해 기존의 학계에서 많이 사용되고 있는 용어인 '일정한 조직이나 기관의 구성체계로서 성장기제(成長機制)'란 용어를 적용한다.

이 가져다주는 경제적, 사회적 혜택을 시민들에게 주지시키기 위해 문화제도[4]까지 활용했다.

성장을 추구하여 혜택을 받는 주요 주체들, 즉, 도시정치의 주요 참여 행위자는 지역기업가들이다. 이들은 부동산 회사와 개발, 금융에 종사하며 이해를 추구하는 집단이다. 지방정부의 공무원과 끊임없는 상호작용을 통해 정책결정에 참여하고, 변호사와 자금조달 연합체(syndicator), 부동산 중개업자의 도움을 받으며, 토지개발을 통한 부를 축적한다. 이들은 '동원된 이해관계집단'으로서 '성장 연합(growth coalition)'[5]을 구성한다.

성장 연합에는 지역기업가들이 주축이 되지만 입법권을 가진 정치인들도 구성원이다. 이들 정치인들은 투자를 유치하고, 성장을 위해 노력한다. Dahl의 뉴헤이븐 연구에서 시카고의 Ogden 시장과 같은 정치인은 공직을 수행하면서 도시개발을 통해 막대한 개인적 부를 취득했다. 개혁 정강을 내세운 하와이의 주요 민주당 정치인들도 개발자, 변호사, 용역업자, 투자자로서 직접적 이득을 챙겼다. 지역의 개발업자들은 전국단위 공직자에게 로비활동을 위해 지역정치인이 필요하다.

지역 언론도 성장 연합의 이해당사자이다. 하지만 특수 이해관계를 가진 언론사를 제외하고는 특정한 공간적 형태의 성장보다 장기적이고 잘 계획된 성장을 지지한다. 지역 언론은 전략을 조정하거나 대중에게 성장성향을 전파시키고 강화시키는 역할을 담당한다. 공공, 민간 공익서비스 기관들도 성장

---

4 시민단체들이 후원하는 지역의 위대함이라는 '글쓰기 대회', '무동력자동차경주', '풍선 차량 행렬', '미인대회' 등을 통해 경쟁 도시에 알려지게 했으며, LA 성페트릭 기념일 행진의 소수민족 축제를 도시 간 경쟁의 장으로 만들었다. 지역 성장에 도움이 된다면 어떠한 문화 제도라도 열렬히 후원하여 도시 성장 목표와 문화적 자부심을 일치시키고자 한다(Logan & Molotch, 1987: 60~62).

5 로건과 몰로치는 'growth coalition'을 'growth machine'과 혼용하고 있다. 이 글에서는 학계에서 주로 사용하고 있는 '성장 연합'이라는 용어를 사용한다.

연합에 속한다. 비효율적으로 돈이 많이 드는 지역까지 서비스 제공을 확대하여 고객을 확보하기 위해 도시 성장이 필요하다. 특히 대중교통 노선망 설정은 성장을 촉진하는 주요 방법이다.[6]

마지막으로 성장 연합의 부수적인 조연으로 박물관, 공연장, 대학, 교향악단, 프로스포츠 구단들이 있고 심지어 노동조합과 영세자영업자들도 성장 연합에 관련되어 있다. 문화예술과 스포츠기관들은 지역 인구가 늘면 관객 수와 후원자가 늘어나 도움이 되고 토지개발과 무관하게 보이지만 부동산 개발에 이용되기도 한다. 많은 지역에서 대학을 첨단산업을 위한 기반시설로 생각하여 개발의 자극제로 활용하였고, 대학은 이런 기회를 살려 지방정부로부터 예산지원을 늘렸다. 노조들은 성장이 일자리와 지역노조의 영향력을 확대한다고 보고 지역기업가와 협력하여 성장을 지지하고 영세자영업자들은 지역 성장을 매상과 이익증대와 동일시하여 성장 연합의 지지자로 활동한다(Logan & Molotch, 1987: 62~83).

성장기제론이 주장하는 성장 연합은 다음과 같은 특성이 있다. 첫째, 지방정부나 지역사회가 성장에 매진한다. 도시의 개발과 성장이 세원을 확보하며, 일자리와 사회문제를 해결할 자원을 제공하고, 시민들의 주택 수요와 소비 취향을 충족시켜주기 때문이다. 그러나 성장이 오히려 새로운 공공비용 지출로 도시재정 파탄을 몰고 오기도 하고, 늘어난 일자리는 외부인들이 차지하거나 인상된 임금은 높은 물가로 상쇄되곤 한다. 그뿐만 아니라 차별과 불평등과 같은 사회문제가 도시의 규모가 확대됨에 따라 해결하기가 더 어렵게 되고 개발에 따른 환경악화는 사회적 약자들을 더욱 어렵게 한다. 따라서 성장에 따른 도시의 혜택은 과장되거나 환상에 불과할 수 있다.

6　"LA의 주요통근 수단인 Henry Huntington의 Pacific Electric은 대중교통을 제공하기 위해서가 아니라 부동산을 팔기 위해 세워졌다"(Logan & Molotch, 1987: 73).

둘째, 성장 연합은 지역주민들의 사용가치를 보호하기 위한 저항을 무력화시키기 위해 도시계획 제도를 활용한다. 원래 도시계획은 공익의 도구로 인식되지만, 성장 연합의 도구에 불과하다는 것이다. 도시계획 기구를 전문성과 효율성이라는 '전략적 의식'으로 채웠으며 토지 용도규제정책은 부동산 투기세력을 양산하는 데 기여했고, 지역정치 체제의 부패를 야기했다.

셋째, 국제적 생산 활동의 집중으로 장소 기반적 성장 연합이 약화되고 탈지역화(delocalization) 현상이 활발해진다. 대자본에 합병된 지역기업이 대기업의 지점으로 전락하는 것은 특정 지역에 대한 교환가치 이익에 부합하지 않는다. 공간적 이해를 기반으로 하는 도시정치에서 성장 효과가 미미한 도시개발에 대해 부동산 임대업자들 등 성장 연합의 반대와 지역사회의 사용가치를 위협하는 개발에 대해 시민의 저항이 강화되고 있다(Logan & Molotch, 2013).

3) 도시레짐 이론

가. 레짐이론의 배경과 개념

1980년대 들어 국제레짐의 논의를 수용하는 한편, 오래 동안 논쟁해온 지역사회 권력 구조론(community power structures)과 정치 · 경제학(political economy)적 접근의 영향을 받아 도시레짐 이론(theory of urban regime)이 등장하였다. 레짐이론은 도시 안에서 펼쳐지는 일들 가운데 특정세력 또는 다수집단의 정책주도권을 인정하지 않고, 정부와 비정부 행위자와의 관계가 어떠한지를 이해해 보려고 하는 시도였다(Digaetano & Klemanski, 1993).

도시레짐 이론을 이해하기 위해서는 엘킨(Elkin)과 스톤(Stone)의 작업을 살펴보는 것이 중요하다. 1980년대 댈러스(Dallas)와 애틀랜타(Atlanta)의 레짐 연구는 공통의 관심에 토대를 두고 있지만, 강조점이 달랐다.

엘킨은 댈러스市에 대한 분석을 통해 도시정치이론 내에서 부동산업자, 정치인, 관료들을 묶어서 개념화했다. 그는 지역 도시에서 개발정책이 활성화되도록 부동산업자와 지역정치인이 안정적인 연대를 맺는다고 봤다. 정치인은 자신을 적극 지지하는 유권자를 찾게 되고, 행정관료는 도시의 경제 촉진을 위해 토지연합에 호응한다고 주장했다(Elkin, 1985; Jones & Evans, 2013).

엘킨은 권력을 파편화된 것으로 인식하여 도시레짐을 지방정부와 민간 행위자의 통치능력을 결합하는 협력적 장치로 규정한다. 그는 경제자산을 가진 소유자들이 도시정치의 구조적 요인과 어떻게 관련되어 있는지를 이해하는 것이 도시레짐의 구성에서 중요하다는 점을 강조했다(Elkin, 1987). 그리고 권력의 파편화를 가져오는 주요 원인이 국가와 시장 간의 분업이라고 봤다. 예를 들어 지방정부와 기업은 각기 필요한 통치자원을 소유하고 있는데, 정부는 합법성과 정책 결정 권한을 통제하는 자원이 있고, 기업의 경우에는 일자리, 세수, 그리고 사업자금을 산출하는 자원을 갖고 있다. 이 도시레짐은 내부의 특권적 힘과 조직뿐 아니라 국가와 국제정치의 경제환경의 영향을 미친다(Elkin, 1987; Hall, 1993).

엘킨이 국가와 시장 간의 분업으로 나타나는 도시정치의 구조적 제약[7]에 관심을 가진 것처럼 스톤도 "체계적 권력(systemic power)" 즉, 자신들의 사

---

7 엘킨은 도시체제를 정의하는 구조적 특징은 시장과 국가 간의 분업의 결과 즉, 구체적으로 자본과 공공기관, 그리고 공무원과 자본가의 관계에 의해 통제된다고 봤다. 그래서 토지이익을 둘러싸고 정치인들이 동맹을 하거나 관료주의적 서비스를 제공하는 구조적 제약이 발생한다고 주장했다. 엘킨이 도시레짐 개념의 구성요소(building block)를 제공했으며 기업가와 공무원, 지역정치인 사이의 도시연맹(urban alliance)을 주장했다(Ostaaijin, 2010).

회경제적 구조 내의 공적 지위로 인해 다른 사람을 희생시키면서 어떤 이해관계를 옹호하도록 하는 경향이 있는 권력개념을 소개하며 왜 경제적 불평등과 공무원집단이 중하위계층보다 상류계층의 이익을 선호하는지 설명했다(최승범, 1999: 6).

한편, 스톤(Stone)은 도시레짐을 경제의 사적통제와 대중의 정치적 통제 사이의 관계를 중재하는 체계라고 봤다.[8] 그는 도시레짐을 환경의 원인변수와 정책 결과를 매개하는 "유기체"로서 개념화하여 레짐에 참여한 지역 행위자가 경제적 변화와 같은 외부 압력을 매개한다고 봤다. 그렇지만, 그의 분석 초점은 "시민협력" 또는 비공식적인 조정방식에 관한 통치 연합형성의 내부 동학에 맞춰져 있다.

이에 스톤(1989)은 제2차 세계대전 이후 애틀랜타의 흑인들이 세력화되어 지역정치를 주도하면서도 백인 엘리트들과 인종갈등을 일으키지 않은 채 도시정치에 협력적으로 참여하는 원인을 밝혀내고자 했다. 그 결과, 흑인 유권자들은 선거를 통해 주거안정과 흑인 인권을 신장시키는 데 관심이 많은 데 반해, 백인 엘리트들은 인종갈등을 원치 않았고, 도시개발을 위한 투자를 선호한 탓에 두 세력이 타협할 수 있었음을 밝혔다. 스톤은 이러한 분석을 통해 이질적이고 분산적인 지역정치에서 효율적이고 안정적으로 지배할 수 있는 역량을 가진 권력체계로서 비공식 차원의 통치 연합이 작동하는 것을 보고 도시레짐 이론을 체계화했다(Ossataijen, 2010). 그는 애틀랜타의 거버넌

---

8 레짐이론에서는 도시의 정치나 정책을 형성시키는 사회적 힘의 원천을 두 가지로 찾는다. 하나는 생산자본에 바탕을 둔 사적 소유권(property ownership)이고, 다른 하나는 투표로 선출되는 공무원들을 통한 대중통제(popular control) 메커니즘이다. 전자는 토지, 건물 또는 생산시설의 소유자나 개발업자를 중심으로 한 자본의 소유자들이 사적통제를 통해 행사하는 권력의 원천을 말하며, 후자인 대중통제는 일반 시민, 사회단체, 시민단체 등이 투표를 통해 시장이나 시의원에게 정치적 영향을 주는 것을 말한다(최승범, 1999).

스를 만든 것은 공식적인 통치체제가 아니라 기업 엘리트와 시청 사이의 비공식적 협력으로 여기서 지방정부의 주요한 의사결정이 이루어진다고 했다. 도시레짐을 통치기구의 공식적 업무를 보완하고 조정하는 비공식 체계(informal arrangements)[9]로 본 것이다. 지역에서 비공식적 관계를 통한 통치행위는 다른 것을 설득하고 노력하는 조정형태이다. 따라서 도시레짐은 사람의 행위를 통제하여 통치 결정을 이행하기 위해 공적 기관과 사적 이해관계가 결합된 비공식 체계로 정의된다(Stone, 1989: 4~5). 스톤에게 도시레짐은 지방정부(관료)와 비정부 민간 행위자의 상호의존성과 연계 차원에서의 통치 연합을 의미한다.[10]

> "레짐이란 지역사회의 통치 결정을 수행하는 데 있어서 지속적인 영향을 미치는 제도적 자원에 대한 접근 가능성을 지닌 비공식적이지만 상대적으로 안정된 통치 연합(governing coalition)과 같은 비공식적 체계를 말한다(Stone, 1989: 4)".

이처럼 통치 연합은 지역통치를 위해 경제와 국가 사이를 이어주는 가교로서 민간(사적) 영역과 공적 영역의 지역 엘리트로 구성된 것이다. 비공식 체계를 강조해온 스톤의 도시레짐 개념은 이후의 연구에서는 도시적 맥락을 수

---

9 레짐 개념에서 주요한 어휘인 'informal arrangement'를 번역할 때 비공식적 배열, 또는 관계, 체계 등으로 학자마다 다양하게 사용하고 있다. 이 논문에서도 문맥에 따라 쉽게 이해할 수 있는 비공식 체계와 관계란 용어를 혼용한다.

10 스톤에 따르면, 통치 연합은 정부의 공식적 제도만으로는 통치하기에 충분한 자원과 권위를 확보하기 어렵다고 보고 공공부문과 비정부 부문과의 비공식적인 '통치역량(governing capacity)을 가진 연합' 세력을 의미하는 도시레짐 이론의 핵심적 개념이다(Stone, 1989). 스톤은 도시레짐과 통치 연합을 명확하게 구분하여 사용하지 않고 혼용하고 있지만, 이 논문에서는 개념적 혼란을 피하기 위해 통치 연합이 형성되어 체계적 권력으로서 내구성을 가질 때 도시레짐으로 재정의 한다.

용하여 공식적인 영역까지 포함하는 변화를 보여주고 있다. 어쨌든 스톤의 이러한 통치 연합 개념은 도시정치 권력의 사회적 생산모델의 관점에서 어떤 것을 산출하는데 성과를 내는 것을 의미한다. 앞에서 언급했듯이 권력에 대해 스톤은 기존의 지역사회 권력 구조이론의 사회통제(social control) 패러다임을 재해석했다(Stone, 1989: 226 ~231).

권력투쟁은 통제(control)가 아니라 저항(resistance)이며, 지배하고 통제하는 권력이 아니라 (power over) 필요한 것을 모아내고 융합시켜 생산하는 권력(power to)이다(Stone, 1989: 229).

스톤에게 있어 통치 권력은 대중에게 군림하지 않으면서 원하는 정책 결과를 생산해 내는 능력이다(Digaetano & Klemanski, 1993). 그의 도시레짐 통치(governing) 개념은 명령과 통제가 아니라, 다양한 행위자들이 어떻게 일을 성취하도록 하느냐에 관한 것이다. 지역사회가 독자적인 행위자들로 구획되어 있다는 사실을 고려할 때 수직적(hierarchical) 권력이나 통제적(power over) 권력으로는 일을 성취하는 협동이 이루어지지 않는다. 협동은 비공식적인 관계의 사회 생산적인 권력(power to)에 의해서 얻을 수 있다. 비록 통제 권력(power over)이 일부 집단에게는 행사될 수 있지만, 독립적인 활동조직을 지배하는 데는 이용될 수 없다. 권력의 사회적 생산모델은 중요한 공공정책 결과를 성취할 수 있게 하고, 어떻게 도시레짐이 형성되는가에 관한 것이다(Ostaaijen, 2010: 27).

이 점에서 스톤은 도시 권력의 초점을 지배와 갈등으로부터 협력과 생산으로 재정향시켜 놓았다. 하지만 헌법상 제약들이 지방정부의 도시레짐 역량의 한계로 작용하고 있음을 직시하여 지방정부에서의 당사자 간 협력을 증진하기 위해서는 '비공식 체계(informal arrangements)'를 활용하라고 권고하고 있다. 그뿐만 아니라 스톤은 엘킨의 국가와 시장 간의 이분법적 구획이 지방정부의 거버넌스(governance)는 운영상 제약을 받게 마련이므로 지역은 도시레짐을 형성하여 양자 간의 분절을 극복해야 한다고 봤다. 바로 여기서 레짐은 하나의 거버넌스(governance) 형태로서 분절적 사회의 구성원들에게 역량을 강화해주는 것인(empowering) 반면에, 레짐 없는 정부 거버넌스(non-governance)는 생산적 힘을 발휘할 수 없다(이종원, 1999: 362).[11]

따라서 스톤이 정리한 도시레짐은 '시장 중심의 도시환경의 변화에 따라 지역정치 안에서 민간과 공공부문의 행위자들이 상호 협력하여 생산적이고 발전지향적인 도시통치를 수행하기 위해 상대적으로 일정한 제도적 실체를 갖고 영향력을 행사하는 지역지배집단'이다.

나. 스톤의 권력개념과 도시레짐의 구성요인

도시정치의 성격은 지역 내에서 다양한 이해를 갖고 일상적으로 대립·연대하는 행위 당사자들의 역학관계에 의해 규정되며, 그 실체는 도시가 잘 통치될 수 있도록 하는 관심과 자원배분, 위기관리 등으로 특징지어진다. 이때 권력 관계는 총체적인 사회관계를 압축해 표현한 것이다(Castells, 1997; 염미경, 1997). 권력이 다른 사람의 지배나 통제를 획득하기 위한 것만이 아니라 협력적 활동을 통해 어떤 결과를 만들려는 일련의 시도에 의해 구조화되고 행위가 일어난다는 문제의식을 갖고 접근한 것은 스톤이었다(DiGaetano and Klemanski, 1999).

---

11 이종원은 거버넌스(governance)를 레짐(Regime)의 한 형태로 볼 수 있으나, 거버넌스는 레짐보다는 더 큰 개념으로 현대 정부 관리의 불확실성을 해소하고, 정부와 민간 간의 상호협력을 통한 문제대응력을 높이고자 네트워크(Network)에 기반을 두고 효율적으로 국정관리를 해나가는 기술(Art)이며 행정(administration)이라 본다(이종원, 1999).

도시 권력이론에서 스톤의 주요한 공헌은 선제적 권력[12]과 구조 사이의 접점으로부터 유래된 사회적 생산 권력을 개념화한 것이다(Stone, 1980, 1988). 그는 "사회적 생산 패러다임"이라고 묘사하는 레짐의 특성을 선제적 권력의 개념을 사용하여 설명한다. 선제적 권력은 도시 행위자들이 의제설정을 할 때 자신들이 상대적으로 유리한 위치에 놓이도록 자원을 동원하고 세력을 규합하는 활동이다(이종열, 1998). 이러한 형태의 권력은 다른 사람 또는 사회통제를 통해 집합적 도시문제를 해결할 수 있는 적절한 연합을 추구하도록 행위집단의 통치역량이나 목적달성을 위한 권력 모델을 제안하였다(Stone, 1989: 227; Stoker, 1995: 65).

이처럼 스톤은 도시 내부 행위자의 자율성을 강조하며, 지역 행위자들이 점진적으로 구조에 영향을 미치고 변화시킬 수 있다고 주장했다. 이는 도시 레짐이 사회적 조건과 구조적 권력뿐만 아니라 그 결과에 의해 영향을 받는다는 것을 보여준다. 따라서 도시레짐에서 구조화는 행위자와 구조적 맥락 사이뿐만 아니라 레짐과 행위자 사이에서도 발생한다.

한편, 스톤은 구조적인 도시레짐의 구성요인으로 의제(agenda), 통치 연합(governing coalition), 자원(resources), 협력방식(a scheme of cooperation)을 제시하고 있다.

먼저, 의제(agenda)는 레짐에 참여하는 행위자에게 동기를 부여하고, 레짐

---

12 스톤은 정치권력의 권력개념을 4가지로 분류하고 있다. 즉, 체계적 권력(systemic power)은 사회경제적 구조 안에서 행위자의 공식적 지위를 가지고 행위하는 권력이고, 명령 또는 사회통제적 권력(command or social control power)은 정보, 돈, 지식, 평판과 같은 자원을 동원할 수 있는 권력의 형태이다. 이 권력은 어떤 활동을 위한 제한된 영역에서 오직 활동이 가능하다. 연합적 또는 타협적 권력(coalition or bargaining power)은 행위자들이 연합의 형태에서 다른 행위자와 협상을 위해 그들의 자율권을 사용하는 방식에 관한 권력이다. 마지막으로 선제적 권력(pre-emptive power) 또는 사회적 생산권력(power of social production)이다(Ostaaijen, 2010).

을 형성하는 데 중요한 역할을 한다. 의제설정이 되는 과정은 도시통치를 놓고 다른 의제와 경쟁하는 과정이다. 이것은 매우 역동적인 과정으로 지속적인 상호작용을 통해 레짐을 형성시킨다. 한번 형성된 의제는 상황이나 조건이 바뀌면 조정을 거치게 된다. 그러나 조정의 방향은 관련된 네트워크와 그것을 구성하는 행위자, 그리고 그들의 이해관계에 의해 영향을 받는다(Stone, 2005; Ostaaijen, 2010).

의제설정 후 신뢰가 형성되면 행위자들 간에 통치 연합(governing coalition)¹³이 만들어져 내부적인 차이가 있어도 결속시키는 역할을 한다. 많은 경우에 통치 연합은 지역 차원의 의제를 둘러싸고 비공식적 또는 암묵적으로 함께하는 행위자들의 연합조직이다. 통치 연합에는 공공과 민간엘리트를 포함해서 다양한 행위자들이 함께 활동한다. 이들은 의제를 이행하기 위한 광범위한 자원을 개발하고 변화를 위한 실행에 나선다(Stone, 2005; Stoker, 1995; Ostaaijen, 2010).

이러한 통치 연합은 주요 정책의제를 추진하는 자원을 동원하여 이용할 수 있어야 한다(Stoker 1995: 61; Stone 1993: 21). 자원(resources)은 물질적인 것뿐만 아니라 기술, 전문성, 조직적인 연결, 비공식적인 접촉, 그리고 참여자들의 기여 수준 등을 포괄한다.

끝으로 협력방식(scheme of cooperation)¹⁴은 통치 연합의 행위자들이 지역 의제를 달성하기 위해 상호 간의 이해를 조정하는 방법이다. 대개 협력방식은 임시적이고 강하지 않지만, 관습에 깊게 연루되어 있다(Stone, 2005:

---

13 Stone(2005)은 coalition이라 명명했지만, 여기에서는 맥락상 governing coalition으로 이해하고 통치 연합으로 번역했다.

14 "scheme of cooperation"은 맥락에 따라 협력체계나 협력기구 또는 협력방안이나, 협력전술 등으로 다양하게 독해될 경우가 있지만, 여기에서는 '협력방식'으로 번역하여 동일하게 사용했다.

330). 애틀랜타에서의 협력방식은 '증오하기에는 너무 바쁜 도시'라는 슬로 건으로 표출되었다. 그것은 도시 내 흑인 인권신장과 경제성장을 추구하기 위해 연합세력과 자원이 결합한 것이다. 의제는 매우 광범위하지만, 인권신 장을 위해 도시의 장기개발계획을 수용하고 협력적 행위를 하도록 초점이 맞 추어졌다. 비록 연합세력 내에서 갈등이 일어날 수 있었지만, 막후협상으로 지속적으로 협력할 수 있었다. 수년에 걸친 협상은 통치 연합을 구성하고 유 지하는 데 필요한 경험을 제공했다(Rast, 2015).

다. 도시레짐 유형

도시레짐 연구자들은 레짐 형태를 비교하거나 레짐의 특성과 변화하는 경 로를 파악하기 위해 레짐의 유형을 개발하였다. 예컨대, 페인스타인(Fainstein and Fainstein, 1983)은 전후 시기별 레짐의 특성을 기업 주도적 레짐 (directive regime), 협력적 레짐(concessionary regime), 보호 레짐(conserving regime)으로 정의하고 있다. 엘킨(Elkin, 1987)도 댈러스의 도시레짐을 다 원주의(pluralist), 연방주의(federalist), 기업가적(entrepreneurial) 유형으 로 분류했다. 다원주의적 레짐 유형은 1950-60년대 미국 동부 및 중서부 도 시의 도심재개발과정에서 나타나는 이해집단 간의 연합으로 특징된다. 연 방주의적 유형은 1960년대 중후반 연방정부의 재정지원을 받아 지역주민 조직과 노동조합이 연대한 형태이다. 그리고 기업가적 유형은 댈러스 등 미 국 남부도시에서 기업이 주도해서 연대가 꾸려진 형태이다. 특히 스톤은 과 업의 난이도에 따라 현상유지형(maintenance), 개발형(development), 중산 층진보형(middle class progressive), 하층기회확장형(lower class opportunity expansion) 레짐을 나누고 있다.

먼저 현상유지 레짐(maintenance regimes) 유형은 기존의 사회경제적 관행을 변화시키려 하지 않기 때문에, 민간자원의 동원이 필요치 않고 실제적인 행위변화도 요구되지 않는다. 지역 엘리트들에 대한 요구도 거의 없고, 종종 세금을 낮추려고는 하지만, 단지 선거참여를 요구하기 위한 것이다. 현상유지 레짐은 공무원들에게 적극적인 것을 요구하지 않고, 비정부 행위자들도 활성화되지 않아 대체로 소규모의 안정적인 지역에서 많이 나타난다.

둘째로 개발 레짐(development regimes)은 주로 성장을 촉진하거나 쇠퇴를 저지하기 위해 토지이용의 변화에 관심이 많다. 이 유형은 이미 확립되어 있는 사회경제적 패턴을 수정하려고 노력하며 민간투자와 공공행위를 연계하는 데 주력한다. 민간 기업들이 그들의 자원을 투입하기 위해서는 변화가 긍정적이어야 하고, 그 기대의 실현 가능성을 보장하는 공식적인 조치가 필요하다. 이 조치는 토지의 취득 및 처분, 공공시설의 건설 또는 기타 보조금 지급 등의 형태로 이루어져 갈등이 발생할 소지가 있다. 그래서 이런 활동은 흔히 주민으로부터 분리되어 있으며, 주민들이 수동적일 때 손쉽게 진전된다. 이때 필요한 것은 엘리트 간의 협력에서 참여 행위자는 많지 않다. 일반 주민들이 반대할 위험이 있을 경우 선출직 공직자들은 대규모 개발프로젝트를 경계한다.[15] 대체로 개발 활동이 통치과업의 난이도에서 그리 높은 편이 아니어서 지방정부는 엘리트 간의 조정과 갈등, 내부자 거래에 비교적 적극적이다. 개발에 필요한 자원은 법적 권한(주로 토지)과 투자자금, 개발 관련 전문성, 비즈니스 거래 관계, 다양한 형태의 공공자금이다.

---

15 미국 도시의 시장들(mayors)은 제2차 세계대전 이후 지속적으로 행정을 개발 활동과 밀접하게 연관시켜왔다. 이는 신속하고 가시적인 조치가 필요한 경제적 구조조정에 대한 대응으로서 지역경제의 필요성에 부응한 결과이다. 개발행위는 갈등과 논란을 일으키지만, 일자리와 계약, 수수료, 신설학교, 공원, 극장시설 등 선택적 인센티브와 적은 기회를 창출하기 때문이다. 이것이 개발갈등을 관리하고 반대세력을 약화시키거나 분열시키는 데 도움을 줄 수 있다.

셋째, 중산층 진보 레짐(middle class progressive regimes)은 다양한 사회적 목적을 위해 환경보호, 역사보존, 적정한 주거, 삶의 질, 연계기금 등에 대한 적극적 조치에 초점을 맞춘다. 이 같은 개발행위와 규제의 적절한 조화를 위해 제도적 엘리트들의 행동을 감시하고 복잡한 개발규제를 레짐의 주된 활동으로 삼는다. 개발 레짐과 달리 진보 레짐에서 정부와 기업 간의 관계는 단순히 자발적이지도 않고 강제성을 띠지도 않는다.

진보 레짐은 신중한 유권자를 필요로 하며 진보적 의제 수행은 적극적인 대중적 지지에 기초한다. 만약 규제가 선거의 핵심이 된다면, 대중적 지지에 대한 의존은 더 직접적이 될 것이다. 시민참여는 시민들을 진보적 의무를 수행하게 하는 동시에 정책의 복잡성을 알리는 데 유용하다. 지역사회 문제와 지방정부의 위원회 등에 시민이 참여하는 것이 사회적으로 유의미한 목표를 설정하고 그 약속을 지키도록 하는 데 도움이 될 수 있다. 따라서 진보적 통치행위는 개발통치보다 어려운 정치적 과업이다.

넷째, 하층기회확장 레짐(lower class opportunity expansion regimes)은 교육과 직업훈련, 교통접근의 개선, 비즈니스와 주택 소유 등의 분야에서 사회경제적 약자들의 접근기회를 확장시키는 것을 주된 내용으로 한다. 이는 하층계급을 더 많은 서비스를 받을 자격이 있는 권리청구자로 인정하는 것이다. 고용, 소유, 생활상의 기회가 확장됨에 따라 지역사회 전체가 잠재적 경제적 또는 비경제적 이익을 얻을 수 있다. 이러한 도시의 도전은 그러한 목표가 실제로 추구될 수 있도록 공동체를 어떻게 구성할 것인가에 달려 있다. 따라서 다른 레짐에 비해 그 과업수행이 더 어렵다(Stone, 1993: 19~22).

이와 달리 스토커와 모스버그(Stoker and Mossberger)는 도시정치 행위자들의 목적, 참여 동기, 연합형태에 따라 유기적, 도구적, 상징적 레짐으로 유형화하고 있다.[16] 유기적(organic) 레짐은 현 상태를 유지하는 데 초점이 맞춰져 있다. 행위자들 간의 협력과 조정의 필요성은 제한적이며 이러한 레짐은 작은 도시에 주로 존재한다. 도구적(instrumental) 레짐은 경제 발전과 단기결과에 초점을 두고 행위자들이 물질적인 가시적 결과에 대해 기대를 갖는다. 지역개발의 대부분은 거대한 배제전략에 의해 이루어진다. 상징적 레짐은 스톤의 진보적 레짐을 부분적으로 포함하고 있으며, 과도기적이며 다른 레짐에 비해 약하다. 상징적 레짐은 이미지 형성과정에서 중요한 역할을 하며 폭넓은 수용을 필요로 한다. 또 도시의 이미지를 교체함으로써 지역사회 내에서 행위자들이 명확한 변화를 위해 노력하고 도시를 활성화한다(Mossberger & Stoker, 2001: 825~826).

레짐은 시간이 지남에 따라 다른 유형으로 발전할 수 있고 레짐이 형성되고 나면 반대 행위자들이 다른 레짐을 형성하기가 용이하지 않기 때문에 기존의 레짐에 참여할 수도 있다. 그렇지만 레짐의 변화가 없는 것은 아니다. 이 같은 레짐의 교체나 변화가 발생하려면 몇 가지 전제가 필요하다. 우선, 기존의 지배적 레짐이 신뢰가 떨어져야 하는데, 이것은 레짐의 목표나 역량에 문제가 있을 때 발생한다. 다음은 레짐의 목표와 방향을 재정의하는 갈등이 일어난다. 이때 레짐은 불안정해지고 행위자들 간의 다양한 토론이 일어나고 새로운 행위자들이 등장한다. 이처럼 다양한 레짐을 추종하는 행위자들이 각축을 벌인 끝에 새로운 레짐이 등장하고 마지막 단계는 새로운 제도화이다(Mossberger & Stoker, 1994: 208; Stoker, 1995: 65, 68).

---

16 스토커와 모스버그의 유기적, 도구적 레짐은 스톤의 현상유지 레짐, 개발 레짐과 흡사하다.

라. 레짐이론의 주요특성과 쟁점

모스버그와 스토커(Mossberger & Stoker)는 1989년부터 1993년까지 스톤의 레짐 연구에 등장하는 주요 특징을 다음과 같이 정리했다. (1) 레짐은 통치 결정을 내리는데 제도적 자원에 접근할 수 있고 지속적인 역할을 할 수 있는 비공식적이지만 비교적 안정된 그룹이다(Stone, 1989: 4). 협력은 공식 기관뿐만 아니라 비공식 네트워크를 통해서도 이루어진다. (2) 레짐은 정부의 대중통제와 민간 기업의 경제적 자원통제를 연결한다. 그 과정에서 레짐에 참여하는 행위자들은 지방정부와 기업을 포함하여, 지역주민조직을 대표하는 단체 등 매우 다양하다. (3) 협력은 주어지는 것이 아니라 성취되는 것이고 모든 도시에 레짐이 존재한다고 가정할 수 없다(DeLeon 1992; Orr & Stoker 1994). (4) 레짐은 장기간 존속하는 비교적 안정된 체제로 레짐의 변화는 도시 행정의 변화와 동의어가 아니다. (5) 차별화된 정책의제(즉, 개발레짐 또는 중산층 진보 레짐)는 통치 연합의 참여자와 그들 상호관계의 성격 및 그들이 가져오는 자원에 영향을 받는다(Stone 1993). (6) 합의는 자원을 둘러싼 그들 간의 상호작용과 구조화에 기초하여 형성되고 이것은 선택적 인센티브와 적은 기회를 통해 달성된다. (7) 레짐은 신념과 가치에 대한 완전한 합의를 보여주지 않지만, 협력은 정책에 대한 합의를 끌어내는 경향이 있다(Mossberger & Stoker, 2001: 813~814).

이러한 스톤의 원형 레짐 특성에서 어떤 특성이 가장 중요한 것인가? 도시레짐의 특성을 둘러싼 논의는 엄격하거나 유연한 관점으로 구분될 수 있다. 엄격한 도시레짐 논의는 스톤의 애틀랜타 사례에서 발견된 특성을 레짐의 판별기준으로 삼는 반면에 유연한 관점은 더 많은 지역적 특성을 반영할 수 있도록 도시레짐 개념을 확장하여 추상화시켰다. 엄격한 관점에 기울어져 도시

레짐을 분석하는 학자들은 존(John, 2001)과 셀러(Sellers, 2002), 데이비스(Davies, 2003), 홀만(Holman, 2007) 등이 있다. 이들은 도시레짐의 본질적 속성을 민간부문, 그중에 기업가의 참여에서 찾는다. 반면에 유연한 관점은 기업가의 참여가 선택사항이며, 의제의 내용에 따라 도시레짐의 유형이 결정된다고 본다.

또한, 일반적인 사회이론에서는 지역개발을 위해 기업가의 참여와 지역주민의 지지가 중요한 요소임을 강조하지만, 어떻게 기업가와 지역주민들을 동원하는지에 대해서는 잘 제시해 주지 않는다. 물론 레짐이론도 제한된 범위 내에서 설명하지만, 지역개발 의제가 우선순위로 유지되고 효과적일 경우에 기업가와 지역주민들의 참여가 필수적인 요소라는 것을 보여주고, 이들의 참여를 강화하는 부분에 대한 추가적인 분석도 초점을 두고 있다. 이처럼 지역개발을 둘러싼 참여와 동원의 메커니즘에 주목하는 접근방식 또한, 레짐이론의 주요 특징이라 할 수 있다.

① 기업가의 참여

스톤(1993, 1998)의 레짐 분석에서 도시정치과정을 통제하는 세력과 경제세력 간 관계의 중요성(Hamilton, 2004)을 강조했듯이 기업가는 중요한 레짐 행위자이다. 모스버그와 스토커 등도 기업가의 레짐 참여가 단순히 레짐 분석의 결과가 아니라 개념 그 자체에 있어서 필수적이라 봤다. 이들은 기업가의 참여 없이는 도시레짐 개념의 독특성을 잃어버리고 너무 범위가 넓어져 도시 거버넌스 또는 네트워크 개념과도 구별이 어려워진다고 했다(Mossberger & Stoker, 2001 : 825, 832).

미국의 도시들은 영국을 비롯한 다른 도시들과 비교하여 상당히 다른 환경에 놓여있다. 이 도시들은 유럽의 지방정부보다 권한이 적고, 지자체 세입에 더 의존해야 하는 취약한 상황이기 때문에 도심재개발과 같은 프로젝트를 추진하기 위해 기업과의 협력에 더 적극적일 수밖에 없다. 반면에 유럽 도시들은 중앙정부로부터 경제개발을 위해 공공자원의 지원이 용이하고, 도심재개발 사업에 대한 민간부문의 재정의존도가 낮다. 토지의 공공소유권(그리고 개발을 위한 공유지의 장기임대)도 미국에 비해 정부가 더 큰 통제력을 갖고 있다.

유럽의 지방정부는 전통적으로 경제개발보다 서비스 제공과 소비정치가 강조되어 경제개발 정책은 여러 정책 중 하나에 불과하다. 그래서 유럽의 지역기업가들은 활동이 덜 활발하고 규모도 적은 편이다. 그것은 유럽의 비즈니스가 미국보다 중앙 집중화되어 있기 때문이며, 공공과 민간의 협력도 많지 않고 실험적이다. 따라서 유럽에서 기업가는 통치 연합에 참여해도 공공부문이 지배적이다(DiGaetano & Klemanski, 1993; Harding, 1997; Mossberger & Stoker, 2001: 819-821).

이처럼 유럽 도시에서 기업가의 참여가 제한적이란 점을 들어 도시레짐 개념에서 기업가가 지배적 행위자가 되어야 하는지 또는 기업가의 참여가 기업단체를 대표하는지에 대한 논란이 있다. 미국에서도 진보적 레짐은 기업가가 지배적인 행위자가 아닐 수 있다. 스톤도 모든 비정부 민간 행위자가 기업가일 필요는 없고, 노동조합 관계자나 정당 간부, 비영리 단체, 교회 지도자들도 포함될 수 있다고 봤다(Stone, 1989: 7). 스톤은 후기 저작에서 통치 연합에 영향을 미치는 주요 결정요인으로 의제(Agenda)를 거론하며 훨씬 더 유연하고 확장된 레짐 개념으로 접근하고 있다(Ostaaijen, 2010: 44). 여기서 기업가 참여의 필요성은 부분적으로 의제의 성격에 기인하고 있으며, 기업가 참여는 주어진 의제의 성격과 자원의 가용성, 상황에 따라 다양하다. 즉, 그는 특정 행위자가 의제를 떠맡는 것이 아니고, 주어진 문제를 효과적으로 처리하기 위해 누가 참여하는가가 결정요인이라고 주장했다(Stone, 2005a: 313~314).

그러나 복잡한 정책 환경에서 행위자들을 지속적으로 결속시키는 통치 연합이 국가와 시장(기업)으로 구분하지 않으면 도시레짐의 본래의 의미를 손상시킬 수 있고, 개발 의제와 기업자원의 동원이 요구되는 지역에서는 기업가의 참여가 필수적이다(Mossberger & Stoker, 2001). 따라서 도시레짐 개념에서 기업가의 참여는 개별 도시가 처한 지역 상황에 따라 통치 연합의 지배적 행위자가 아닐 수 있지만, 기업들이 갖고 있는 자원과 통제력이 막강하기 때문에 도시 성장을 선호해온 지방정부에서는 그들의 참여를 배제하기는 어렵다.

② 지속성(Durability)

또 다른 쟁점으로 도시레짐의 내구성 문제가 있다. 대부분의 연구자들은 일정 기간 지속성이 없으면 레짐이 존재하기 않거나 실패한 레짐이라고 하는 데 동의한다.

모스버그와 스토커는 일시적이고 전략적인 정책변화와 뉴욕시장 세 명의 연속 교체를 근거로 도시레짐의 변화를 주장하는 사이트(Sites)를 비판했다. 이것은 내구성으로서 통치 연합을 나타내는 레짐 개념을 곡해한 것이라고 봤다(Mossberger & Stoker, 2001: 815). 이와 달리 존(John)과 콜(Cole)은 수십 년에 걸쳐 도시레짐이 발전하고 있지만, 실제로 어떠한 것을 도시레짐으로 분류할 수 있는지 명확하지 않다고 했다. Austin과 McCaffrey도 20년에서 50년에 걸친 장기간의 협력 관계를 논의했지만, 이를 도시레짐으로 분류하지 않았다. 그러면, 어느 정도의 지속성이 있어야 도시레짐이라 말할 수 있는가에 대한 물음이 남는다.

스톤은 일시적인 반응보다는 연속적인 행위가 가능한 관계로서 지속성 기준을 보다 유연하게 보고, 특정한 기간이 아니라 도시레짐의 의제와 연계했다(Sites, 1997; Mossberger & Stoker, 2001: 815; John & Cole, 1998; Ostaaijen, 2010: 47). 그는 또 레짐이 모든 결정에 관여하는 것이 아니며 제시된 의제설정에 우선순위를 부여하는 능력에 주목해야 한다고 주장했다. 이는 도시레짐이 특정한 시간의 측정이 아니라 의제를 실행하는 능력에 있다는 것을 의미한다.

스토커 (Stoker)와 다른 학자들도 다소 엄격하지만, 특정 지역의 통치 연합을 도시레짐으로 부를 수 있는 기간에 대해서는 명확하게 밝히지 않고 있다.

이런 논의와는 달리 지속성에 대한 관대한 관점은 스톤의 논의를 확대하여 의제를 실행할 수 있는 능력 그 자체를 레짐의 내구성으로 접근했다. 이것은 레짐을 특정 시간 프레임으로 고정하지 않으면서 자율적으로 지속성을 적용한 것이다(Ostaaijen, 2010: 48). 스톤(1989)이 1946년에서 1988년까지 여러 정부에 걸쳐 있는 애틀랜타의 개발 레짐을 논의한 것에 비추어볼 때 레짐 교체는 도시 행정 권력의 변화와 동의어가 아니라고 볼 수 있다는 것이다 (Mossberger & Stoker, 2001: 813).

세계 각국의 도시들은 다양한 제도적 맥락을 갖고 있고, 레짐의 내구성에 있어 특정한 기간을 정하는 것은 연구자의 자율적인 선택으로 이루어지기 때문에 엄격한 접근과 유연한 접근 사이에 일정한 타협이 요구된다. 즉, 특정 지역의 통치 권력이 의제를 실행하는 능력을 갖춘 것을 도시레짐의 지속성이 있는 것으로 봐야 할 것이다.

③ 비지역성(non-local)

도시레짐 개념이 지역을 넘나드는 행위자나 지역경계를 넘어서는 발전을 간과한다는 비판이 있어, 도시레짐의 비지역성이 문제 되고 있다. 특히 글로벌화로 인해 국가 간 경계가 사라지고 점차 경제, 안전, 난민 등에 대해 국가가 더 이상 통제할 수 없게 되면서 이 문제는 더 논란이 되고 있다.

피터슨(Peterson, 1981)은 '도시의 한계'에서 이에 대한 도시의 무력감을 잘 보여줬다. 또한, 조절이론(regulation theory)도 도시레짐의 비지역성 문제를 비판했다. 예를 들어 Bearuegard는 도시레짐이 단지 지역적 동기에서 나온 것이 아니라, 국가규제, 복지국가의 후퇴, 그리고 글로벌 산업구조 조정의 산물이라며, 이러한 외부환경의 변화를 무시한 레짐 논의는 무의미하다고 비판했다.

이러한 비판에 대해 스톤은 지역 수준의 분석을 견지하면서도 외부의 영향이 지역 행위자에게 영향을 미친다고 봤다. 그는 또 도시레짐을 글로벌 경제의 구조적 힘에 대한 정치적 중재로 간주하는 것은 복잡한 문제를 지나치게 단순화하는 것이라고 반박했다. 그러면서도 시장(market)의 압력이 중요하지 않거나 쉽게 경시될 수 있는 것이 아니고, 다양한 힘들이 작용하고 있다고 봤다. 따라서 스톤은 레짐 분석을 지역 행정기관(local agency)[17]이 보다 큰 힘을 행사하는 세력을 어떻게 조정하는지에 관한 것으로 볼 것을 제안했다. 지역 행위자가 거대 구조에 반응하지만, 이 넓은 영역을 적절하게 들여다볼 수 있는 것은 지역 행정기관이라는 것이다.[18] 도시 내에서 지역 행위자들에게 동기를 부여하거나 협력 또는 갈등을 일으키고 문제해결을 통해 그들을 얽매고

---

17 local agency가 구체적으로 무엇인지에 대해서 설명이 부족하지만, 전체적인 맥락에서 지역 행정기관으로 해석했다.

18 신마르크스주의는 도시의 외적 요인 즉, 세계경제구조의 변화와 같은 효용 혹은 생산성을 극대화시키는 경제적 논리가 도시의 정책을 결정한다고 파악하지만, 스톤의 도시레짐 이론은 도시 내의 자율성을 더욱 강조하여 정치적 리더십, 지역사회의 권력 구조, 도시의 특성 등이 정책의 방향을 결정하는 보다 더 중요한 요인으로 파악한다(Stone, 1989).

있는 구조적 힘이 무엇인지를 보자는 것이다. 스톤은 이러한 힘들이 의제설정과 연합형성, 자원동원, 협력방식 등과 같은 행위자들의 지역적 활동에서 드러나며 자본주의는 이러한 과정에서 큰 영향을 미치지만 유일한 것은 아니라고 강조한다(Stone, 2005: 323-324).

그럼에도 불구하고 다른 학자들은 그러한 도시레짐 분석이 단지 지역 행위자들의 사례일 뿐만 아니라 지역적 관심에만 치우쳐 다른 수준의 행위자의 역할을 너무 경시한다고 주장한다. 따라서 도시레짐 연구는 지역 행위자들 뿐만 아니라 비지역 행위자들에게도 시선을 가져야 한다고 주장한다(Harding, 1994; Ward, 1996; Ostaaijen, 2010: 49).

일반적으로 '지역주의의 함정(localist trap)' 논의는 도시레짐 연구가 비지역적 개발이나 행위자를 무시하고 지역 차원의 우월권을 강조하는데 반발한다. 하지만, 스톤이 강조했듯이 도시레짐 개념의 요체는 지역개발과 지역 행위자이며 이러한 특성이 지역의 변화를 설명하는데 충분한 역할을 할 수 있다(Ostaaijen, 2010).

이처럼 도시레짐 분석에서 지역과 비지역 행위자, 그리고 도시구조에 대해 균형 있는 접근이 요구되지만, 도시적 맥락과 레짐 유형, 그 특성에 따라 변화요인들이 다르고 연구자의 관심에 따라 달라질 수 있다. 특히 본 논문에 접근하고자 하는 사례분석은 지역에 관심을 두고 구조적 힘들을 들여다보는 작업이기 때문에 지역 행위자의 역할과 지역변화에 초점을 두고자 한다.

마. 도시레짐의 변동

스톤은 레짐 분석을 통해 도출된 변화요인과 결과를 일반화로 제시하지 않고 다양한 조건과 상황에 따라 달라질 수 있다고 봤다. 그는 레짐이론이 마르

크시즘이나 합리적 선택이론 같은 포괄적인 이론도 세계를 총체적으로 보는 방법론도 아님을 강조한다. 도시레짐 이론은 우선 세계 경제의 지역적 함의를 연구하는 일반화를 시도하는 대신에 도시정치 행위자들이 경험한 세계에 반응하는 행위론적 측면 즉, 지역에서 어떻게 레짐 정치가 형성되고 강화 또는 변화되는가에 관심을 갖는다고 주장한다(Stone, 1998). 또한, 레짐이론은 특정 지역의 통치체제가 효율적인 내구성을 가지고 정책의제를 지속적으로 수행하는가를 검토한다.

한편, Orr와 Stoker(1994)는 미국 디트로이트의 사례를 통해 레짐의 변화에 대한 3단계 도식을 제안했다.

첫째 단계는 레짐의 목표와 능력에 의문이 생기면서 전개된다. 그 의문은 폭넓은 사회환경의 변화와 발전이 기존 레짐과 상충하거나 도전이 될 때 제기된다. 디트로이트의 경우, 도심 개발의 노력에도 불구하고 사회경제적 쇠퇴가 심각하여 다른 수단을 찾게 되는데 디트로이트 전략계획 수립과정이 이를 제공했다. 일부 기업가나 정치지도자들 사이에서도 변화의 필요성에 대한 지지가 형성되었고 이런 분위기는 레짐 전환의 다음 단계로 이동을 예고했다.

둘째 단계는 레짐의 목적과 범위의 재정립에 대한 갈등이 있다. 여기에서 경쟁그룹의 엘리트 행위자들이 새로운 정책 방향을 모색하기 위해 조직된다. 이 단계는 불확실하고 많은 논란이 생기는 시기로 반대진영에서 공개적으로 적대감을 표현할 수 있다. 디트로이트의 전략계획은 오래된 질서에 대한 비판을 표출했으며 실험적으로 앞으로 다가올 것을 보여줬다. 이것은 지역사회에 도전적으로 힘을 모아 상호이해를 확보하는 유용한 계기가 형성될 수 있다.

셋째 단계는 새로운 레짐의 제도화에 초점을 맞춘다. 1990년 초에 디트로이트는 이 단계에 이르지는 않았지만, Archer 시장의 선거가 그러한 발전을 의미할 수 있다. 새로운 레짐의 제도화는 물질적 인센티브와 이데올로기적 전망의 수립을 수반하며 공공과 민간협력을 위한 새로운 조직결성이 포함된다(Orr & Stoker, 1994: 68-69).

이러한 레짐의 변화모델은 사회경제적 환경변화에 대응한 정부와 민간 행위자의 자원분배와 이용을 중심으로 형성된다. 한 지역에서 동원된 자원이 도시발전을 위한 개발 의제에 적절하지 않으면 이를 추진할 효율적인 통치체제를 구축할 수도 없고, 그 의제는 우선순위에서 밀려난다. 그래서 레짐 정치는 각 행위자의 자원과 노력에 영향을 받는다고 주장한다. 그 자원은 고정되어 있지 않고 통치 연합의 의도와 목적에 따라 언제든지 수정될 수 있다(Stone, 2005).

스톤(Stone, 1989)의 애틀랜타 조사는 이러한 자원의 통합과 조정의 전형적인 사례이다. 애틀랜타의 통치 연합은 대중적 지지(흑인투표 영향력)의 정치적 자원과 기업의 비즈니스 자원의 통제 및 조정이 핵심이었다. 기업가는 도시정부의 계획과정에 개입하여 행정을 통제하기 위해 자원을 적극 활용한 반면 흑인정치인들은 정책을 통해 백인들의 특권을 제한하려고 했다. 애틀랜타 잭슨 시장이 시(市) 예금은행을 이전하겠다고 위협한 것이 대표적 사례이다. 이러한 점에서 도시레짐 정치를 이해하는 열쇠는 통치 연합 행위자의 자원분배와 그 자원을 어떻게 사용하는가에 있다. 이 과정에서 행위자 간 갈등과 협상으로 통합과 조정이 이루어진다. 자원을 둘러싼 레짐 정치는 국가와 시장 간의 분업이 핵심이지만 지역사회 비영리 부문의 시민협력도 관련된다.

따라서 기업가의 힘은 통치 연합에 참여하는 행위자들 가운데, 지역주민단체나 환경단체와 같은 다른 이해관계를 가진 세력들의 존재 여부에 따라 달라진다(Stone, 1993: 2005: Mossberger & Stoker, 2001). 반면에 대중적 지지를 받는 선출직 정치인들은 대체로 통치 연합에 참여하여 도시구조를 바꾸기보다는 자원이용과 분배에 관심을 가지며, 지속적인 정책변화에 도전한다.

통치 연합은 앞에서 살펴봤듯이 자본주의 사회의 어느 도시에서나 발견될 수 있는 도시레짐이다. 그러나 그 레짐은 해당 도시가 속한 정치·경제적 조건, 특히 기업 엘리트의 통치 연합 참여와 다양한 관계 맺음을 통해 '공공과 기업, 주민조직의 협력'과 같은 공식 또는 비공식 조직의 형태로 의제를 실행할 내구성을 갖추었을 때 비로소 존재하게 된다. 다시 말해 도시정치 행위자들의 연합세력인 '통치 연합'이 정책의제 수행을 위한 자원동원을 통해 내구성을 가진 통치역량을 보여줄 때 비로소 통치 연합을 도시레짐이라 부를 수 있다(Stone, 2005: 330; Stoke, 1995: 6).

2. 조사방법

1) 조사대상

이 책에서는 앞서의 문제의식에 입각해서 기업도시 포항에서 레짐의 형성과 변화를 살펴보고자 한다. 그렇다면 왜 포항을 사례로 선정했는가? 포항지역이 이러한 연구 관심에서 어떠한 점이 적합한가? 이와 관련하여 포항을 사례대상으로 선정한 이유는 다음과 같다.

우선, 1960년대 중후반까지만 해도 규모가 크지 않은 전통도시였던 포항은 국가 차원에서 포항제철이 건설되면서 철강 부문의 전략적 중추 기지로 개발되어 산업도시로 성장했다. 지역경제는 철강산업을 중심으로 급속히 재편되면서 농·어업에 의존해오던 지역주민들의 사회·경제적 지위가 크게 흔들렸고, 토착 엘리트들도 마찬가지였다. 지역산업 구조 또한, 포항제철을 중심으로 그와 연관된 금속·비금속 관련 협력업체들이 배치되는 형태로 짜였다. 이는 곧 포항제철 개발세력들이 지역의 지배세력으로 등장하는 것을 의미하며, 도시 내의 권력 구조에 많은 변화를 가져왔다. 예상보다 포철이 빠른 성장을 거듭하여 포항은 흔치 않게 고도성장을 이룩한 지방의 기업도시가 되었다. 포철은 한국산업화의 성공모델이 되고 포철을 건설했던 권위주의적 국가권력과 개발세력은 추앙의 대상이 되었다.

그래서 포항은 포철이 있는 철강도시인 만큼 포철이 지배하는 도시이고 지역사회는 포철에 수동적으로 휘둘리는 도시로 일반적으로 인식하고 있다. 하지만 실제로 도시정치의 실체가 그렇게 흘러가는지, 특히 지역 지배체제라 할 수 있는 도시레짐의 형성과 통제방식의 변화를 파악하기 어려웠다. 따라서 이 책에서는 그것을 집중적으로 검토하고 기업도시가 어떻게 변화하고 있는지를 살펴보고자 한다.

포항은 권위주의 시대 국가권력이 공권력을 대거 동원하여 포철을 위해 배후도시로 건설한 도시라는 점에서 전통도시와는 구별된다. 그리고 자동차나 석유화학과 같은 소비재 생산 대기업이 있어 도시와의 경제적 연관성이 강하고 노동운동이 활성화된 울산과도 달랐다. 특히 중앙정부에서 직접 포철이라는 대기업을 건설하여 기업을 통치·관리하고 도시에 개입했다는 점에서 이례적이다.

포항제철은 중앙집권세력과 연계하여 장기간 포항을 지배하면서 이러한 도시적 특성을 배태했다. 그러나 1990년대 이후 지방자치제의 실시 등으로 도시정치에 많은 변화가 나타났다. 이러한 변화를 살펴보기 위해 이 책에서는 1967년부터 1987년까지 권위주의 시대로 1987년부터 2005년까지 민주화 이행기로 구분하여 해당 시기에 추진 된 지역개발 의제를 중심으로 비교 검토했다. 권위주의 시대는 포철개발과 지곡단지 개발 의제를 그리고 민주화 이행기는 산학연 협동체제와 테크노파크 개발사례를 대상으로 알아볼 것이다. 이 연구대상의 위치는 〈그림 1〉[19]과 같다.

우리 사회는 그동안 산업화와 근대화가 압축적으로 진행되면서 국가의 성격과 산업구조를 급격히 바꾸어 놓았으며 도시정치에도 많은 영향을 미쳤다. 이러한 외부환경의 충격으로 기업도시 내 다양한 행위 주체들 간의 복합적인 정치적 역학관계가 형성되었고 시기별로 변화 양태도 달랐을 것이다. 이 점에서 포항은 개발주의적 지방정부가 처한 한국의 현실을 압축적으로 조망할수 있는 지역연구에 적절한 사례라 할 수 있다.

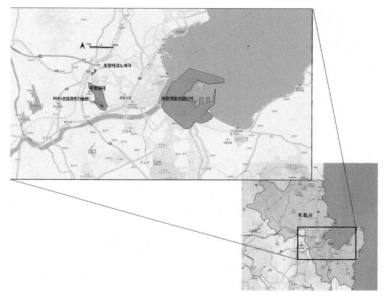

〈그림 1〉 연구대상 위치도

---

19 포항은 1949년 시 승격이 되면서 시가지 경계가 최초로 확정되었으며 1967년 포항제철산업단지 (1967년)가 설립되면서 도시가 확장되고 정비되었으며, 1983년 지곡단지가 개발되어 현재와 같은 시가지 경계가 정해졌고, 1995년에 영일군을 흡수해 총면적 1233.55k㎡의 도농 통합시가 되었다. 그 결과로 광역시를 제외한 중소규모 도시 중에서도 가장 큰 면적 상의 변화를 겪은 도시로 나타나고 있다 (김주일, 2013). 포항공대와 RIST는 지곡단지 내에 있고, 바로 인근에 테크노파크가 조성되어 있다.

2) 조사방법

가. 사례조사

다양하고 복잡한 도시 현상을 제대로 파악하기 위해서는 사례조사를 통한 지식축적 없이는 불가능하기 때문에 그동안 미국을 중심으로 도시레짐을 연구하기 위해 이 조사방법을 많이 선호해 왔다. 이러한 이유에서 본 조사는 사례조사방법을 주된 조사방법으로 삼고자 한다. 사례조사는 나름대로 차별적 특성을 가진 개인과 집단, 특정 프로그램 등에 대한 심층적 조사방법이다. 조사대상에 관한 '어떻게(how)' 또는 '왜(why)'라는 질문에 답하고자 할 때, 조사자가 사건들을 전혀 통제할 수 없을 때, 또 조사초점이 실제 생활의 맥락 내에서 제기되는 현상일 때 선호하는 조사전략이다(Yin, 1984; 김광웅 외, 2006: 18) 레긴(Ragin, 1987)은 사례조사를 사례에 대한 인과관계나 영향요인을 알아보기 위해 제한된 소수의 사례를 집중적으로, 심층적으로 조사하는 질적인 조사방법으로 규정한다.

따라서 사례를 단순히 관찰단위로서만 인식하는 변수지향적(variable-oriented research) 조사와[20] 달리 질적 조사방법으로서 사례조사는 개별사례를 종합적인 맥락적 검토의 대상으로 접근한다. 또 인과관계에 대한 이해에서 사례조사는 변수 간의 시간적 순서(temporal order)와 역사성을 중시한다. 또한, 설명의 관점에서 구체적 사례들에서 특정의 결과가 나타나기 위해서는 여러 가지 조건들이 어떻게 역사적으로 구체화된 방식으로 결합하는가에 관하여 종합적, 해석적 근거를 제시한다(이종원, 2008). 마지막으로 조사의 목

---

[20] 변수 지향적 조사는 구조적 특성들을 변수로 환원하여 정치 사회적 인과관계를 설명할 때 주로 사용한다.

표와 관련해서 사례조사는 특정 사례의 구체적 지식과 보편성을 확보하게 하고 다양한 이론적 발전을 도모하고자 한다. 이처럼 사례조사는 여러 조사방법을 포괄하는 조사전략이 될 수 있고, 질적-양적 모든 자료를 활용할 수 있으며, 사례 수가 적더라도 집중적, 포괄적 검토가 가능하고, 사례를 통하여 실천적 경험을 배양하기가 쉬운 장점이 있지만, 과학적 정밀성이 부족하다든가 일반화의 어려움, 자료의 방대함, 너무 특수적인 사례에 치우칠 우려들이 제시되고 있다(임은미 외, 2002).

그러나 이 책의 사례조사는 단일 사례조사로서 일반화의 한계를 안고 있기는 하나 사실과 다르게 과장되거나 숨겨진 사실들을 면밀하게 관찰하고 지역 단위에서 이루어지는 정치과정의 역동성을 읽어낼 수 있다는 장점이 있다(김은미, 1999: 52). 또한, 단일 사례조사인 경우에도 사례 내부에서 다양한 편차가 일어나기 마련이고 동일 지역의 조사조건에서도 변수가 차별적으로 나타나는 원인을 검토해볼 수 있다. 그리고 단일 사례라 하더라도 도시레짐 변화의 궤적을 추적하는 시계열적 접근이 이루어진다면 시기에 따라 도시정치 행위자의 관계 변화를 보다 선명히 살펴볼 수 있을 것이다. 본 책에서 1960년대 말 이후 2005년까지 지역개발 의제를 중심으로 권위주의 시대와 민주화 이행기의 도시레짐의 변화를 보여줄 수 있다.

이 같은 질적 조사방법에 의한 도시레짐 분석은 내부사정을 깊이 살펴보는 작업을 수행하지 않고는 파악할 수 없다. 특히 도시 내 행위자 간의 갈등이나 막후협상과 같은, 겉으로 드러나지 않은 내막을 조사하는 경우에 피면접자와의 충분한 신뢰 관계가 형성되지 않으면 구체적인 실체에 접근할 수 없다. 따라서 도시 내의 행위자와 또 그 내부사정을 비교적 소상히 알 수 있고 객관적 사실을 알려줄 수 있는 조사 대상자를 찾는 것이 중요하다. 그래서 지역정치를 경험적으로 관찰해 온 연구자의 조건을 기반으로 포항을 조사사례로 선정하게 되었다. 포항은 지방 중소 도시임에도 불구하고 포항제철로 인해 한국 산업화의 견인차 역할을 한 대표적인 기업도시로 알려져 왔다. 그리고 포항 공대와 방사광가속기연구소 등으로 대덕단지와 함께 과학기술이 집적된 도시로도 소개되고 있다. 또한, 이명박 전 대통령의 정치적 고향이며 한국보수 주의 정치 텃밭으로 일컬어져 도시 성장과 개발주의 이데올로기가 타 도시에 비해 강하게 추동되어온 지역이다. 그래서 도시레짐의 형성과 변화와 관련하여 유용한 논의가 도출될 수 있는 조사대상이라고 판단되었다.

사례조사를 위한 자료수집 방법으로 문헌연구와 심층 면접조사를 병행하고자 한다. 기존의 문헌 자료는 선행조사와 관련 기관의 문헌 자료, 언론기사, 자서전, 출판자료 등 공식·비공식 문헌들을 활용한다. 그러나 기존의 문헌 자료는 지역사회 변동을 살펴본 일차적인 참고자료가 될 수 있을 뿐, 지역정치 행위 주체들이 비공식적이고 내밀한 관계를 살피는 레짐 검토에 실질적인 도움이 되지 못한다. 보이지 않는 비공식 네트워크 내에서 일어난 막후활동을 밝혀내기 위해서는 질적 조사방법이 필요하다. 아직 거의 알려지지 않았거나 조금밖에 드러나지 않은 사실, 또는 현상의 배후에 숨겨진 부분을 밝혀보고자 할 때 질적 조사방법이 사용된다. 질적 조사방법으로 참여관찰과 비구조화된 심층면접(unstructured in -depth interview)이 대표적으로 사용된다(조성남 외, 2011: 79~80).

대상자 개인의 활동을 통해 지역정치 과정에서의 구조적 요인과 행위자 관계를 알아볼 수 있고, 잘 드러나지 않은 행위자들 간의 은밀한 내부 내러티브를 드러내기 위해 여기서는 심층면접 방법을 사용하고자 한다. 심층면접은 비구조화된 질문방식을 사용했다. 레짐 조사의 핵심인 행위자의 생애, 직업, 역할 행위, 의사결정 활동, 권력 행사의 차이 등에 관한 깊이 있는 자료를 생산하기 위해서는 비구조화된 질문방식이 효율적이기 때문이다(Hoffmann

Lange, 1987; Pridham, 1987). 비구조화된 면접은 표준화된 질문을 미리 정해두지 않는다. 면접 대상자와 상호작용을 하는 과정에서 연구자가 정해진 주제와 상황에서 적합한 질문을 개발해 나가는 방식이다. 질문의 형식이나 순서가 정해지지 않은 상태에서 비교적 자유롭게 면접자와 면접 대상자의 상호작용에 따라 자료를 수집한다(조성남 외, 2011).

심층면접에서 가장 중요한 문제는 면접 대상자 즉, 지역 행위자를 어떻게 판별할 것인가이다. 여러 가지 조사제약요건이 없다면, 지역주민들의 설문조사 등을 통한 의사를 확인하여 적합한 대상자를 선별하는 평판적 접근(Reputational approach)이 효과적인 방법이다(강희경, 2000; Moyser & Wagstaffe, 1987 참조). 그러나 현실적 제약으로 이 글에서는 포항제철과 테크노파크 개발에 이해관계자인 정치인, 기업인, 과학기술자, 지방자치단체와 지방의회, 공무원, 지방언론, 사회단체 관계자 등을 분류하여 3~4명씩 핵심 인물을 선정하고, 이들과 연결망을 갖고 있는 분야별 주요 인물을 추가로 선정하는 '간이 평판적 접근'을 활용하고자 한다. 평판적 접근이 지역정치 행위 주체들의 하층으로부터 상향식 접근방식을 취한다면, 간이 평판적 접근은 역으로 상층에서 하층으로 내려오는 하향식 접근방식을 취한다. 본 조사가 도시레짐 형성과 변화, 레짐 유형 등을 파악하려는 의도이기 때문에 간이 평판적 접근으로도 충분히 분석할 수 있을 것으로 판단된다(장세훈, 2010b: 173).

다시 강조하지만, 본 조사는 레짐이론이 제시하는 도시레짐의 변화를 추동하는 요인과 자원을 둘러싼 행위자 간의 역학관계, 그리고 그에 따른 도시정치의 본질을 밝혀내는 것이 핵심적 과제이다. 그렇기 때문에 심층면접을 준비하는 과정에서 면접을 주선하는 중재자가 필요한가, 논쟁적인 질문을 회피해야 할 것인가, 면접내용의 비밀을 어느 정도로 그리고 어떤 방법으로 보장할 것인가 등의 문제가 제기될 수 있다(강희경, 2000). 이외에도 조사 대상자와의 면접 약속, 사전녹취 동의, 녹취 방법 등 기술적 문제에 대해 세심한 준비를 하여 심층면접에 들어가야 할 것이다. 이러한 점에 주목해서 본 글의 조사전략을 살펴보면 다음과 같다.

나. 심층면접 조사절차

① 면접계획

조사자는 1970년대부터 2006년까지 지역사회를 주도해온 관련 행위자 22명을 대상으로 심층면접을 실시했다. 지방단체장을 역임한 전·현직시장과 시의원, 시청공무원, 기업인, 과학기술자와 향토연구가, 언론인, 지역단체 관계자를 면접 대상자로 선정했다.

② 대상자와의 면접을 위해 문헌 자료를 통해 선정된 면접 대상자에 대해 사전조사를 철저히 하고, 대상자들의 인적사항(연령, 학력, 경력, 현직)과 저서, 언론기사, 연설, 공문서 등 사전지식을 충분히 숙지하여 포괄적인 질문목록을 작성한다.

질문목록은 다음의 단계로 작성한다.

- 1단계: 연구하려는 "핵심" 연구 문제들의 목록을 작성한다.
- 2단계: 핵심 연구 문제들의 하위 범주로서, 보다 세분된 작은 연구 문제들로 나눈다.
- 3단계: 작은 연구 문제들을 면접에서 사용 가능한 구체적 질문으로 만든다.
- 4단계: 면접을 위해 질문항목을 논리적인 순서로 배치한다. (조성남 외, 2011).

질문의 방향과 내용은 조사 대상자에 따라 조금씩 차이가 있었다. 먼저, 포항제철에 근무했거나 지역기업과 관련된 면접자에게는 포철과 지역사회와의 관계를 중심으로 사실에 대한 확인과 포철의 리더십과 기업 권력의 변화과정을 질문하는 항목으로 구성했다. 그리고 포항공대와 과학기술자들과의 면접조사에서는 포철과 포항공대 그리고 RIST, 그리고 산학연 협동체제나 테크노파크 개발과정에서의 경험 등을 들을 수 있는 내용으로 만들었다. 또 포항시의 공무원과 시장을 역임한 면접자는 포철과 지방정부와의 역학관계를 중심으로 지역의 토착 엘리트의 활동과 포철과 지역주민과의 관계의 변화와 관련된 내용을 주로 질문하였다. 다음으로 대학교수 등 지역전문가는 포철의 영향력 수준과 지역사회와의 변천 과정, 도시변화의 시기 구분, 도시적 특성을 알아보는 방향으로 구성했고, 시민사회단체 활동가나 지역주민들에게는 지역노동운동과 시민운동, 그리고 지역 정당의 실태와 지역정치에 참여방식 등에 대해 알아보는 질문을 만들었다.

③ 심층면접 실시

전화로 면접시간과 장소를 정하고, 면접시간은 최대한 1시간 30분 이내로 정했다. 면접은 5분 정도는 안부 등 가벼운 이야기를 시작으로 녹음을 하는 것을 수락받고 녹취와 면접내용은 연구용으로만 사용할 것임을 공지한다. 구체적인 질문과 대화를 나누는 동안에 녹취와 함께 기록을 하면서 가급적 연구주제와 관련하여 지역에서 대상자가 관여한 내용을 중심으로 충분히 대상자의 얘기를 하도록 한다.

그리고 응답자들은 익명으로 처리하고 연령과 직업 등을 기재하거나 번호를 사용하는 등 논문작성에 편리하도록 한다. 심층면접과 관련된 윤리적이고 도덕적인 문제를 진지하게 검토하지는 않는다. 이 연구결과가 지역사회에 해를 끼친다거나 연구결과가 오용하거나 남용할 가능성이 없다고 생각하기 때문이다(강희경, 2000).

④ 면접결과 분석

면접이 끝난 뒤, 녹음을 풀어 녹취록을 작성하고 녹취록을 보며 면접을 통해 수집된 자료가 연구목적에 부합되는 내용인지를 파악하여 결과를 분석한다. 특히 대상자의 구술내용이 다른 문서화된 자료와 다를 경우에는 꼼꼼히 맥락을 살펴보며 사실을 확인하여 보완한다.

3. 분석틀과 조사문제

레짐이론은 도시변화를 가져온 개발 의제와 이를 주도한 지배세력, 그리고 자원은 무엇이며 추진결과 도시적 특성이 어떻게 나타났는지를 조사할 기제들이 잘 갖춰져 있다. 또 지역의 권력 구조와 통치방식을 검토하여 도시 권력의 실체와 통치역량을 파악할 수 있다.

이에 포항을 대상으로 국가와 지방정부, 기업, 지역주민과의 관계에 주목해서 통치구조와 각 행위자의 행위변화를 살펴볼 것이다. 특히 권위주의 시대의 포항제철 개발과 민주화 이행기 첨단도시 개발을 둘러싸고 개발 의제가 어떻게 형성되었고, 이를 주도한 세력들이 자원을 어떻게 이용하여 지역개발을 추동해왔는지를 살펴볼 것이다.

이 작업에서 중요한 것은 레짐의 형성 및 변화를 어떻게 판별할 것인가이다. 이는 레짐 분석의 주된 쟁점이기도 하다. 핵심쟁점은 통치 연합에 기업가의 참여 유무와 도시레짐의 내구성, 비지역성을 어떻게 볼 것인가이다. 우선, 통치 연합의 형성과 운영에 중점을 두고 도시레짐의 핵심개념인 통치 연합, 도시레짐 및 통치역량의 관계를 명확히 규정할 필요가 있다. 통치역량을 갖춘 공공부문의 엘리트(선출직, 비선출직 포함)와 민간부문 엘리트(영리 부문 비영리 부문 모두 포함) 간의 공식 또는 비공식적인 통치 연합을 도시레짐이라고 본다면(DiGaetano & Klemanski, 1993; Stone, 1989) 개념 상호 간의 관계를 설정해 볼 수 있다. 즉, 통치 연합이 개발 의제를 장기간 안정적으로 수행하는 통치역량을 갖고 있을 때 도시레짐이라 판별할 수 있다.

다음으로 통치 연합의 행위 주체는 중앙정부, 경제 엘리트, 시민사회로 확대했다. 이는 통치 연합이 비록 도시정치 안에서의 행위자의 연합활동이지만 한국적 맥락에서는 중앙정부의 영향력이 막강하고 도시의 자율성 확대에 따라 시민사회 행위자들의 참여가 늘어나기 때문이다. 그리고 도시레짐의 내구성은 특정한 기간을 정하지 않지만, 8년 이상[21] 개발 의제를 실행할 수 있는 역량을 가졌을 때 도시레짐이 형성되었다고 판별한다. 비지역(non-local)에 대한 논의는 지역변화를 설명하기 위해 꼭 필요한 환경적 요인과 비지역 행위자에 대해서는 검토하지만, 지역개발과 지역 행위자의 활동과 맥락적 힘이라 할 수 있는 체계적 권력(systemic power)을 살펴보는데 치중하여 분석한다(Ostaaijen, 2010). 따라서 도시레짐을 판별할 잣대는 스톤의 원형 레짐을 토대로 지역 행위자들이 협력하여 활동하는 통치 연합이 있고, 이 통치 연합이 8년 이상 장기간 의제 수행역량을 가지고 협력 활동을 하는 지역적 실체가 분석되면 도시레짐이 형성된 것으로 본다.

---

21 Ostaaijen은 도시레짐을 5년의 기간으로 프레임을 정하면 이것은 벨기에의 지방 선거가 6년마다 있고, 네덜란드는 4년마다 개최되어 국가 간 비교에 해를 끼친다고 주장한다(Ostasijen, 2010: 48) 한국도 지방단체장 임기가 4년인데, 연임을 하거나 선거로 바뀌어도 의제가 지속적으로 수행되는 것이 발견되어야 도시레짐의 내구성이 있는 것으로 가정할 수 있기 때문에 8년 이상을 기간으로 정했다.

그리고 스톤은 레짐의 구성요인으로 의제, 통치 연합, 자원, 협력방식을 들고 있다. 의제는 '정책결정자들이 우선권을 부여하는 일련의 과제'이며, 통치 연합은 개발 의제를 수행하고자 자원을 집결하는 행위자모임이다. 자원은 현금, 부동산과 같은 유형 또는 지식, 지위처럼 무형일 수도 있으며 협력방식은 의제 목표에 공헌하도록 연합구성원 간에 협력 활동이 가능케 하는 전략이다(Ostaijjen, 2010: 54). 그러나 비록 스톤이 '통치 연합'과 '협력방식'을 구분해 설명하고 있지만, 조사과정에서 분류하는 것이 어렵다. 레짐이론에서 통치 연합은 정책의제에 상응하는 자원을 동원할 수 있어야 하고(Stoker, 1995: 61; Stone, 1993: 21) 의제 수행을 위해 연합 행위자들 상호 간의 협력방식이 필수적으로 요구된다. 통치 연합에 참가한 행위자들은 공통의 이데올로기나 정치적 성향이 다르기 때문에 다양한 협력방식을 강구하지 않으면 갈등이 초래되고 협력이 어려워진다. 의제설정[22]에 대해 여러 논의들이 있지만, 레짐이론에서 의제를 수행하는 행위자들의 관심은 협력을 통한 연합세력 내부의 역학에 맞춰져 있다(Stone, 1989; 2002: 9). 그래서 '협력방식'을 '통치 연합'에 포함시켜 조사하는 것이 보다 유효한 접근이다.

도시레짐은 국가권력의 변화 또는 경제나 사회구조와 같은 환경적 요인과 행위자들의 연합세력인 통치 연합이 개발 의제를 수행하기 위해 자원을 결집하고 배분하는 과정에서 연합내부의 상호관계에 따라 레짐이 형성되거나 변화한다. 그래서 개발 의제가 어떠한 구조적 맥락에서 출현하였고, 특정 의제 수행과정에서 자원을 둘러싼 행위자의 활동이 어떠했는지가 초점이다.

---

22 의제설정을 실행과정과 분리시키고 있지만, 정책 결정과 집행, 평가는 긴밀히 연결되어 있고 의제설정이 기존의 관행과 권력을 새로운 것으로 대체하는 극적인 정책변화를 수반한다. Birkland는 '문제에 대한 수용 가능한 해결책'을 달성하기 위한 정치적 행위 결과가 의제설정이라고 했다(Birkland, 1997; Dery, 2000: 37 참조).

이에 본 책에서 스톤이 제시한 레짐의 구성요인을 이번 조사사례에 적용하고, 이를 보다 구체화한 Orr와 Stoker (1994)의 연대기적 3단계 모델을 따라 살펴본다. 이를 위해 조사단위의 구분이 필요한데 대체로 지방정부의 법정기간과 관련하여 검토하고 있다(Orr & Stoker, 1994; Ostaaijen, 2010). 연대기적 모델에서 정책의제 개발단계와 제도화 단계가 시기적으로 구분이 어렵고, 한국에서는 지방자치제 실시 이전에는 지방정부의 법정기간이 존재하지 않았다. 그래서 이 모델이 범주화한 도시레짐 3단계 설정을 형성기와 성장기의 2단계로 수정하여 적용할 것이다. 이 조사모델을 명시적으로 제시하면 다음과 같다. (〈표 1〉) 참조

〈표 1〉 도시레짐 구성요인

구성요인 \ 레짐 단계	의제 (agenda)	통치 연합 (governing coalition)	자원 (resources)
형성기	의제는 무엇인가?	의제 뒤에 누가 있으며 어떻게 조정되는가?	실행할 수 있는 자원은 무엇인가?
성장기	새로운 의제는 무엇인가?	연합 내에 행위자 교체가 일어났는가? 있다면?	새로운 의제를 실행할 자원은?

* 인용 자료(Orr & Stoker, 1994; Ostaaijen, 2010: 55)[23] 수정

1) 형성기에는 변화가 어떻게 나타나는지를 의제 형성을 중심으로 진행된다. 의제는 무엇이며 의제 뒤에 누가 그것을 주도하고 어떻게 그 의제를 최우선적으로 추진하기 위해 협력할 것인가? 그리고 의제 실행에 필요한 자원과 그 자원을 어떤 통치 연합 행위자가 가져올 것인가?

2) 성장기에는 일정 정도의 시일이 지난 후에 나타나는 새로운 개발 의제

---

23 이 분석모형은 Stone의 레짐 구성요인을 Orr와 Stoker(1994)가 구체화하여 3단계 연대기 모델을 제안했고, 이를 Osstajien(2010)이 변용하여 도식화한 것을 수정·적용한 것이다.

와 이를 실행하는 통치 연합의 행위자 그리고 실행자원은 무엇이며, 어떻게 변화가 일어나는지를 중심으로 전개된다(Orr & Stoker, 1994: 68-69).

다음으로 미국의 지역정치 이론을 비교론적 관점에서 재구성한 '거'와 '킹'(Gurr & King)은 도시 및 지방정부의 자율성을 두 가지 차원에서 접근했다. 첫 번째는 중앙정부에 대한 지역사회의 시장경제 부문과 시민사회 부문의 자율성이다(제1유형의 자율성). 이는 3가지 조건 즉, 1) 지역경제가 스스로 얻은 수익의 한계 2) 지역에 기반을 둔 지배적인 정치세력의 저항 3) 지방 공공정책의 재분배를 둘러싼 지역사회운동에 달려 있다. 두 번째는 지방정부가 중앙정부로부터 얼마나 자율성을 확보하느냐이다(제2유형의 자율성). 중앙정부는 제도적 개입을 통해 합법적이고 행정적인 권한으로 지방정부를 통제할 수 있다. 이를 통해 '거'와 '킹'(Gurr & King)은 지역 자율성을 민간/공공 부분에서의 자율성으로 나누어 살펴보고자 한 것이다(〈그림 2〉 참조). 그러나 이러한 논의에서 공식적·비공식적 권력 그리고 체계적 권력(system power)을 도시정치의 장에서 제대로 파악하기 어렵다. 따라서 도시정치 안에서 지방정부-지역시장(경제) 부문-시민사회 구도로 설정하여 이들 간의 역학관계를 분석하고, 이를 다시 국가-지역사회 관계로 재분석[24]하면 도시 레짐을 둘러싼 권력 관계를 보다 효과적으로 살펴볼 수 있을 것이다(Gurr & King, 1987; 조명래, 1997; 강명구, 2000).

---

24 강명구(2000)는 국가-시장-시민사회의 구도로 치환시켜 역학관계를 분석하고, 다시 중앙-지방 관계를 재분석할 것으로 제안하고 있지만, 이 논문은 도시정치의 개발행위 주체를 검토하는 것이 초점이어서 지역정치에 작용하는 권력 관계를 중심으로 공공부문(중앙정부와 지방정부) 그리고 민간부문(기업과 시민사회)이 지역사회에 미치는 요인들을 살펴볼 것이다.

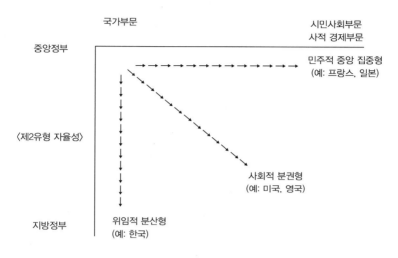

〈그림 2〉 중앙에 대한 지방의 자율성에 따른 지방정치 유형

* 자료: Gurr & King(1987); 조명래(1999: 33)에서 재인용.

서구의 도시정치이론은 지역의 주요 행위자들을 국가(state), 시장(market), 시민사회(civil society)의 어느 한 영역으로 분류하고 있다. 예컨대〈도시한계론〉에서는 지방정부와 연방정부는 국가로, 지역기업 등은 시장으로, 주민과 주민단체 등은 시민사회로 분류하였다. 〈성장기제론〉에서는 지방정부와 연방정부는 국가로, 성장 연합(부동산업자, 기업조합, 상공회의소 등)을 시장(market)으로, 사회단체와 지역주민 등은 시민사회로 분류하였다.

Stone(1989)도 국가부문을 지방정부와 연방정부로 봤으며, 기업집단을 시장부문으로, 언론과 주민 등을 시민사회 부문으로 보고 있다. 강창현(2003)은 도시레짐을 공공과 민간연합(public-private coalition)으로 상정하면서 정부와 민간을 이분법적으로 구분하는 것은 잠재적 행위자들의 다양성을 논의하기에 적합하지 않다고 주장했다.

이상의 논의들을 바탕으로 도시레짐에 참여하는 주요 행위자들을 크게 국가와 지역사회로 분류한다. 이들은 각각의 역할과 권한이 다르다는 점에서 제도적이고 형식적인 차원에서 구분된다. 다시 국가는 중앙정부와 광역정부로 지방정부의 행위자는 선출직 공직자인 시장, 시의원, 지방정부 관료로 구분해 볼 수 있다. 국회의원은 중앙정부와 지방정부를 매개하는 역할을 담당한다. 그리고 지역사회는 지역경제와 시민사회의 행위자로 나뉘는데 다시 지역경제는 대기업과 지역중소기업으로 그리고 시민사회 부문은 전문가집단과 지역주민으로 나뉘어볼 수 있다. 이 연구에서 과학기술자 중심의 전문가집단은 산학연 협동체제나 테크노파크 개발에서 중요한 분석 대상자이기 때문에 별도로 구분하였다. 전문가집단 가운데서도 포항공대와 RIST 과학기술자는 포항제철 행위자로 포함시켜 분류한다.[25] 그 외의 지역 교수와 과학기술자, 언론 기자 등은 시민사회 범주이다. 지역주민은 성향별 사회단체와 일반 주민으로 분류했다.[26] 따라서 포항의 도시레짐에 영향을 미치는 행위자들을 전체 4개의 범주로 구성할 수 있다.

본 책에서는 레짐 행위자들의 활동수준과 상호관계에 초점을 두고 있기 때문에 모든 행위자들을 다루지 않고 이러한 취지에 적합한 지역 행위자에 한

---

25 포항공대와 RIST의 과학기술자를 포철 행위자로 포함시키는 것은 두 기관이 포철의 절대적인 영향력 하에 있다는 점에 주목했다. 포철이 포항공대의 이사회를 장악하고 있고, 연구비 등 대부분 포철에 의존적인 상태에서 자유로울 수 없으며, RIST 또한, 운영비 일체를 포철이 전적으로 지원하고 있어 포철 연구기관으로 봐도 무방하다.

26 사회단체(주민단체)는 민주노총, 여성회, 환경운동연합과 같은 진보적인 단체와 경실련, YMCA, 지역사회연구소와 같은 중도적 단체, 향토청년회, 지역발전협의회, 뿌리회 등과 같은 보수적 단체로 구별될 수 있다. 여기에서는 민주노총, 지역사회연구소, 지역발전협의회와 일반 주민은 정당의 선호에 따라 진보와 보수로 나누어 지역주민을 선택적으로 조사한다. 단, 보수와 진보성향은 크게 여당(국민의힘) 지지자를 보수, 야당(민주당) 또는 진보정당 지지자를 진보세력으로 구분한다.

정하여 검토한다. 먼저, 지방정부인 시 행정의 집행부는 선출직 시장(市長)과 임명직 행정관료로 구성된 행정기구이다. 시장은 지방행정의 정책 결정의 중심에 있으며, 그의 최우선 관심사는 재선(reelection)이다. 지방행정 관료들은 시장의 인사권 위협에도 불구하고 행정 전문성에 기초한 권한으로 중앙정부나 광역정부의 행정지침에 어긋나거나 행정 관행에 어긋나는 시장의 정책추진에 대해 견제하기도 한다.

지방정부의 또 다른 한 축인 지방의회는 제도적으로 지방단체장과 긴장 관계에 있지만, 실질적으로 시장보다 약세인 지위와 권한을 갖고 있다. 시장은 시의원에 비해 대표성의 차원에서 우월적 위치에 있을 뿐만 아니라 시장이 행정을 통해 자신의 지역구 사업을 도와줄 수 있는 자원과 권한을 갖고 있기 때문이다.

다음으로 기업 엘리트는 도시정책이나 사업허가, 개발자금 등 제도적 자원을 이용하고자 정치에 개입한다. 이들은 선거 과정에서 선거자금을 제공하여 특혜를 받거나 지역 정당에 직간접적으로 공천권에 영향력을 행사하는 경우가 있으며, 지방의회에 기업인이 직접출마하기도 한다. 또한, 자신들이 경영하고 참여하는 지역 언론이나 이익단체들을 통해 지방정부의 정책이나 개발사업에 영향력을 행사한다.

사회단체와 일반 주민들은 관변단체와 직능별 이익단체, 친목 봉사단체 등이 있으며 지역 운동 단체로 시민사회단체 등이 있다. 이 글에서는 국고로부터 운영경비를 지원받은 관변단체와 지역사회단체를 중심으로 살펴보고자 한다. 관변단체는 국고로부터 운영경비를 지원받는 조직으로 대표적으로 새마을 운동조직과 바르게살기운동협의회, 자유총연맹이 있다. 이들 단체는 전통적으로 지역 출신 정치인과 지역경제인들이 임원을 맡아 지역민을 정치적으로 동원하는 역할을 수행하면서 정치 · 행정 엘리트와의 연대망을 형성해

왔다(홍덕률, 1995: 148). 그리고 시민사회단체는 여러 가지로 분류할 수 있지만, 지역사회 기반의 주민 생활운동과 계급계층 운동 등 지역 운동 모두를 포괄하는 개념으로 정의한다. 즉 지역노동운동과 지역주민들의 환경운동, 교통 등 다양한 일상생활상의 지역 이슈를 중심으로 전개되는 운동이다(김은미, 1999). 이들은 지역정치 안에서 서로 다른 이해관계를 드러내기 때문에 도시통치 내에서 다양한 역학관계가 나타난다. 특히 도시레짐 행위자들의 사회적 관계는 배제, 포섭, 상피(相避), 갈등 등으로 나눠볼 수 있다.

배제의 관계양식은 협력체계를 주도하는 특정세력들의 역량이 막강한 상황에서 신흥세력이 기존의 정치적 질서에 도전할 때, 전자가 후자를 권력 구조에서 제외시키는 방안이다. 포섭의 관계는 특정 주도세력의 역량이 상대적으로 우월한 상황에서 그 힘과 역량을 가볍게 볼 수 없는 신흥세력을 기성 주도세력들이 받아들이는 방안이다. 상피(相避)의 관계는 역량이 엇비슷한 상황에서 서로 간의 지속적인 갈등상황이 서로에게 도움이 되지 않는다고 판단하여 서로의 영역을 인정하고 할거하는 방안이다. 마지막으로 갈등의 관계는 주도하는 기성세력들의 역량이 상대적으로 취약한 상황에서 새롭게 헤게모니를 장악하려는 후자와 대립하는 방안이다(장세훈, 2013a: 236).

지역사회 내 주요 행위자들 간의 역학관계뿐만 아니라 이들을 둘러싼 외부환경과의 관계도 레짐 분석에서 중요하다. 앞서의 논의(Mossberger & Stoker, 2001)에 비추어볼 때, 기업도시에서 외부환경과 행위자들과의 관계는 〈그림 3〉과 같이 설정해 볼 수 있다.

도시레짐을 구성하는 환경요인으로 국가권력 구조, 산업구조와 정책, 인구구조를 설정한다. 도시정치의 상황변화는 국가적 차원의 정치 및 산업환경의 변화와 밀접한 관련이 있다. 이러한 외부의 환경요인들이 지역의 도시정부와 지역기업과 시민사회(지역주민) 등의 구체적 활동을 매개한다. 그리고 행위

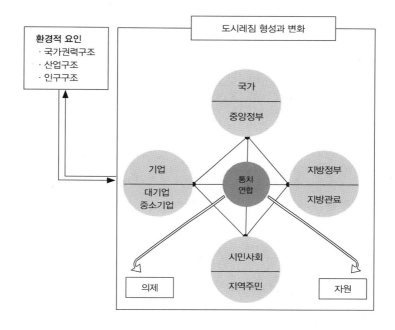

〈그림 3〉 도시레짐 분석틀

자들이 통치 연합을 형성하여 개발자원을 결집·이용하는 도시레짐을 도식화했다.

이를 근거로 어떤 요인이 특정유형의 도시레짐을 형성하는지를 살펴보기 위해 도시레짐 유형을 구분할 필요가 있다. 이에 선행조사 성과들에 비추어 본 연구에 적합한 형태로 주요 레짐 유형을 재구성해보자.

먼저 스톤이 개발 의제와 자원, 그리고 과업의 난이도를 기준으로 현상유지 레짐과 개발 레짐, 중산층 진보 레짐, 하층기회확장 레짐 네 가지 레짐 유형을 제시했다(Stone, 1993). 다음으로 Stoker와 Mossberger는 행위자의 참여 동기와 통치 연합의 구성에 따라 유기적, 도구적, 상징적 레짐으로 유형을 구분하고 있다(Mossberger & Stoker, 2001: 825 ~826). 이들의 유형화는 레짐의 다양한 특성을 잘 정리했지만, 미국적 상황을 전제로 하고 있어 맥락이 다른 나라나 지역에 적용할 때 어려움이 따른다(DiGaetano 1997). 그리고 이런 유형은 전통적으로 중앙정부나 공공부문의 권한이 강하고 영향력이 큰 유럽이나 발전주의 국가에 적합하지 않다. 이 같은 문제의식에서 디케타노는 통치구조(governing structure)와 정책의제를 토대로 도시레짐을 후견주의적(clientelist), 조합주의적(corporatist), 관리적(managerial), 다원주의적(pluralist) 통치구조로 구분하고 있다.[27] 이 중에 후견주의적 통치구조는 후견인(정치인)과 피후견인 사이의 사적인 특수성과 위계적인 관계를 보여준다. 지배적 논리는 후견인과 피후견인 사이의 교환관계로서 보스가 정치적 충성에 대한 시혜를 통해 관계를 이끌어간다(DiGaetano and Lawless, 1999: 548-549).[28] 또한, 엘킨(1987)이 댈러스의 정치체제를 염두에 두고 구분한 3가지 유형 가운데 연방정부의 재정지원을 근거로 한 연방주의적 레짐은 시

---

27 디케타노의 통치구조를 살펴보면, 조합주의적(corporatist) 구조는 기업가 또는 지역사회 리더와 같은 비정부 엘리트와 정부 엘리트 간의 실용적이기보다는 전략적 조합양식을 제도화한다. 관리적(managerial) 구조는 공무원과 사적 이해세력 사이의 관료제적, 공식적 관계에 토대를 둔다. 그리고 다원주의적(pluralist) 구조는 정부가 경쟁적인 사적 이해세력의 중개인으로 간주된다. 정책의제에서 먼저 친성장(progrowth) 의제는 경제 발전의 문제를 중심으로 도시기반시설 개발 및 민간투자를 장려한다. 다음으로 사회개혁 정책의제는 사회적 불평등의 문제를 해결하고, 자원을 재분배하여 저렴한 주택개발과 빈곤층 대상 직업훈련 등이 있다. 마지막으로, 보호 정책의제(caretaker policy agenda)는 치안과 화재 예방, 쓰레기 처리 등과 같은 일상적인 서비스 제공에 국한되어있다(DiGaetano and Lawless, 1999: 550).

28 스코트도 후견인-피후견인 관계를 역할 간의 교환관계로 규정하고 두 사람 간의 유대의 특별한 사례로 보고 있다. 이 유대는 주로 수단적 친교를 포함하는데 사회경제적 지위가 높은 한 사람(후견인)이 자신의 영향력과 자원을 사용하여 지위가 낮은 다른 한 사람(피후견인)에게 보호나 혜택 혹은 이 양자를 제공하고, 피후견인은 후견인에게 사적 서비스를 포함한 일반적인 지지나 보조를 제공하여 그에게 보답한다. 이처럼 후견인-피후견인 관계는 수직적인 양인(dyadic) 협력 관계, 즉 지위, 권력 및 자원이 불평등한 두 사람이 각각 자신보다 우월한 혹은 열등한 다른 당사자를 동맹자로 삼는 것이 이득이 된다고 생각하여 맺은 동맹관계인 것이다(Scott, 1972; Powell, 1970; Lande, 1973; 박종민, 2002).

사하는 바가 크다. 물론, 지역주민조직과 노동조합이 연대하여 수립한 정치 체제인 만큼 한국의 수직적인 중앙집권체제와 비교할 수 없지만, 중앙정부에 의존했다는 점에서 주목할 필요가 있다.

따라서 본 글에서는 스톤과 스토커·모스버그의 레짐 유형과 이를 개념 확장한 디케타노의 레짐 유형을 융합하고, 엘킨의 레짐 유형을 일부 차용하여 포항 사례에 적합한 유형을 설정하고자 한다. 즉, 스토커와 모스버그가 개발한 '유기적 레짐(organic regimes)'과 '상징적 레짐(symbolic regimes)', 스톤의 '진보 레짐(progressive regimes)', 디케타노의 '후견주의적 레짐(Clientelist regimes)', 그리고 엘킨의 연방주의적 레짐과 스톤의 개발 레짐을 한국적 상황에서 적용한 '중앙집권적 개발 레짐(centralist development regimes)'이다. 여기서 '유기적 레짐'은 지역에서 도시가 개발되기 이전의 형태에서 나타나는 레짐 유형으로 '중앙집권적 개발 레짐'은 발전국가를 지향하면서 지역개발을 국가가 직접 개입하여 추진하는 유형으로 볼 수 있다. 그리고 '후견주의적 레짐'은 권위주의적 통치구조에서 나타나는 현상으로 개인적 위계적 관계에 의해 통치 연합이 형성되고 자원이 동원되며 정책의제를 수행하는 유형이다. '상징적 레짐'은 레짐의 목적과 방향, 그리고 지배적 가치에 대해서 상당히 불확실하고 과도기적인 레짐 유형이다. 이 레짐은 일시적으로 산업구조 조정기에 이미지와 권력 구조를 변경해 갈 수 있지만, 폭넓은 지역주민의 참여와 사회적 소외계층에게 더 많은 기회와 서비스를 확장하는 레짐을 형성 유지하는 데는 제한적이다. 마지막으로 '진보 레짐'은 스톤의 중산층 진보 레짐과 하층기회확장 레짐을 하나로 통합한 것이다. 진보 레짐은 경제적으로 규제강화와 비영리 기업 촉진, 그리고 시민참여와 하층 기회 확대로 구분할 수 있다. 이상의 레짐 유형을 행위 양식[29] 중심으로 정리하면 〈표 2〉와 같다.

〈표 2〉 도시레짐 유형

유형 기준	주요의제	행위 양식
유기적 레짐 organic regimes	· 안정적 도시관리	· 지배적 행위자 – 국가(지방정부) · 관계유형 – 지시적 관계 · 사회적 하층계급 배제
중앙집권적 개발 레짐 centralist development regimes	· 국가 수준의 도시 개발	· 지배적 행위자 – 중앙정부, 기업 엘리트 · 관계유형 – 수직적 관계 · 해당 개발지역 주민 배제
후견주의적 레짐 clientalist regimes	· 피후견인 수혜를 중시하는 개발사업	· 지배적 행위자 – 중앙정부 중앙권력과 연계된 기업 엘리트 · 관계유형 – 지배종속 관계, 사적 특수관계. · 지역주민 배제
상징적 레짐 symbolic regimes	· 도시 정체성 및 산업구조 변경	· 지배적 행위자 – 지방단체장(시장), 지역정치인(시의원 등), 전문가 및 지역주민대표 등 · 관계유형 – 협력적 관계 · 지역주민 참여확대
진보 레짐 progressive regimes	· 저소득계층 집합적 이해 수용 및 기회 확충	· 지배적 행위자 – 지방단체장, 중산층지식인, 지역 시민사회 · 관계유형 – 쌍방향적 수평적 관계 · 저소득계층 참여확대

〈표 2〉에서 유기적 레짐은 국가에서 도시를 안정적으로 관리하기 위해 지시적 관계로 통치하지만, 귀속적 연고주의도 도시정치에 영향을 미친다. 이 레짐 유형의 지배적 행위자는 국가(지방정부)이고 사회적 하층계급이 배제

---

29 행위 양식(Action Style)은 행위의 일정한 모양이나 형식, 특히 오랜 시간이 지나면서 자연히 정하여진 방식을 의미한다. 틸리(Tilly)는 행위 주체가 다른 주체들과 갈등을 겪는 상황에서 개입할 때 '그들이 하는 것'뿐 아니라, '그들이 어떻게 해야 하는지 알고 있는 것' 등을 포함한다고 했다(Tilly, 1986; 조철민, 2014: 9). 여기서는 통치 연합 행위자의 구성과 행위 주체들의 내부적 관계의 차이에 따라 행위 양식에 차이가 발생한다. 즉, 레짐의 지배적 행위자와의 관계와 배제대상이 누구냐에 따라 행위 양식이 결정된다고 할 수 있다.

대상이다. 다음으로 중앙집권적 개발 레짐은 중앙정부가 대기업과 연계하여 직접 도시 공간에 개입하여 개발을 주도한다. 개발과정에서 지역주민을 배제하고 지역사회와의 관계는 일방적이고 수직적이다. 그리고 후견주의적 레짐은 중앙정부와 기업 엘리트 및 국가권력의 추종자들이 상호 간 지배종속 관계로 활동한다. 행위자들 간 위계적이고 후견-피후견 관계에서 시혜를 주기 위해 도시개발을 주도하며 지역주민을 배제한다. 또 상징적 레짐은 지방자치제 실시 등에 따라 지방단체장(시장)과 지방정치인(시의원 등), 토착 엘리트(지역기업 엘리트, 전문가, 지역주민대표 등) 등이 협력적 관계를 형성하고 도시정치를 주도한다. 중앙정부와 지역 대기업과의 관계는 제도적 제약과 도시정부의 통치역량에 한계가 많아 여전히 영향력을 받는다. 그러나 선거에 의해 선출된 대표성을 띤 지방 권력이 형성됨에 따라 지역주민의 참여가 확대되고 통치형태도 협력적이다. 끝으로 진보 레짐은 지방정부가 중산층 엘리트와 지역 시민세력이 함께 저소득계층의 집합적 이해를 수용하고 그들에게 기회를 확충해 주기 위해 활동한다. 지역 레짐 유형은 저소득층을 대폭 참여시켜 행위자 간 쌍방향적이고 수평적인 통치 관계를 보여준다(Mossberger & Stoker, 2001; 엘킨, 1987; DiGaetano & Lawless, 1999; Stone, 1993 참조).

또한, 이 조사의 시간적 범위는 전술한 바와 같이 도시레짐의 형성과 변화를 확인하기 위해 도시정부 공공행위자의 법정 재임 기간을 초과하는 8년 이상(Ostaaijen, 2010)을 분석단위로 했다. 그래서 개발 의제의 수행역량과 지속성과 연계하여 단계적으로 조사 기간을 설정한다. 조사 기간은 포항제철이 들어서기 시작한 1967년부터 성장기인 1987년까지 20년 기간이다. 그리고 산·학·연 협동체제와 테크노파크 개발이 시작된 1987년부터 2005년까지 18년 기간으로 나누어 탐색한다. 물론, 조사를 위해 종합제철소 건설논의가 시작하는 1960년 초반과 2006년 이후도 필요한 시기에 대해서는 부분적으로 살펴볼 것이다.

이상의 분석틀을 통해 철강도시 포항을 아래와 같은 문제를 초점으로 검토한다.

문제 1) 기업도시의 개발을 추동하고 지역정치를 지배해온 통치 권력의 실체는 무엇인가? 그 권력을 도시레짐으로 볼 수 있는지, 있다면 그 유형은 무엇이며 어떤 특성이 있는가?

문제 2) 도시통치가 일어나는 정치·경제적 맥락에서 개발 의제를 둘러싸고 통치 연합이 어떻게 형성되고 자원이 이용되는지 그리고 도시레짐과 유형에 영향을 미치는지 주된 요인은 무엇인가?

문제 3) 지방자치 이후 사회적 환경과 도시 행위자의 변화에 따라 대기업과 지역사회 간에 어떠한 변화가 이루어져 왔으며 지방정부의 자율성은 어떤 수준이며, 그 의미가 무엇인가?

제3장

포항지역의 일반적 특성

1. 역사적 배경과 인구 · 지리학적 특성

포항은 경상북도 동남쪽 영일만에 위치하여 내륙과 해상 교역을 잇는 교통의 중심이자 외적의 침입을 막는 방어기지로서 넓은 평야와 해양자원이 풍부하여 농업과 어업이 발달한 곳이었다. 이 지역은 원래 연일, 장기, 청하 등 영일군의 내륙을 중심으로 행정권이 형성되다가 항구도시로 성장해왔다.

포항이 경북 동해안의 항구도시로 본격적인 개발이[1] 된 것은 일본인들의 한국진출과 직접 연관된다. 조선 시대에 전통적인 도시로서 기능을 하였던 곳은 서울, 대구, 평양 등 3곳뿐이었고, 나머지는 일제의 조선 침략의 전진기지로서 1876년 병자수호조약 이후 일본의 강압적인 요구로 개항된 항구와 어촌이었다(권태환 외, 2006: 58~60). 거의 대부분 조그마한 항구이거나 어

---

1 당시 동아일보 지방논단에 포항의 발전과 조선인의 각오란 글에 다름과 같이 쓰여있다. "포항은 경북에서 둘째가는 도시이며 어항지(漁港地)로서 조선에 제일의 위치라 해도 과언이 아닐 것이다. (생략) 보라, 포항도로는 어떠한가? 조금만 비가 온다면 그만 문전 출입을 못하는 판이 아닌가? 거기다 하수도 시설조차 없으니 일상(日常)주민의 불편도 불편이거니와 당국자의 불편인들 없지 않을 터지 (생략) 그런데 하수도 시설이 없으니 집집마다 허드렛물을 버릴 때가 없어 부득이 문 앞에 버리게 되니 통행로인지 얼핏 보아서는 판단하기 어려운 듯하다"(동아일보, 1933.8.19).

촌에 지나지 않았던 지역에 개항과 함께 어업교류가 활발해지고 큰 배가 드나들 수 있는 축항 공사와 일본인 거주지 조성 공사가 이루어졌다.

1901년 일본인 사업가 中俗竹三郎이 포항에 첫 이주를 하였고, 1902년에 부산 일대 상권을 장악하여 상당한 자산을 이룬 岡野四郎助와 岡本利八 등 6~7명이 포항으로 옮겨왔다(田中正之助·加納安正, 1935; 손경희, 2008: 3). 이들이 농업과 수산업 등에서 성공을 거둔 소문이 퍼지자 일본인들의 포항유입이 늘어났다. 1916년 동해중부선이 건설되어 배후지역인 경북 내륙으로 물류수송이 빨라지고 수산업이 호황을 보이면서 포항은 동해안 수산물 유통의 중심지로 발달했다. 포항 인구수가 4,034인으로 안동과 경주, 상주에 비해 적었지만, 일본인들의 수가 많아지면서[2] 일제는 포항을 식민도시로 본격 개발하기 시작했다. 이에 따라 1933년 8월에는 中俗竹三郎를 비롯한 일본인 사업가와 김두하, 강주석, 김용주[3] 등 지역 상인들이 주축이 되어 포항 상공회가 발족하였고,[4] 1941년 11월에 포항상공회의소가 출범하여 지역경제인들이 본격적으로 일제 식민권력과 결탁하기 시작했다.

---

2 포항은 1904년 일본과의 통어(通漁) 조약이 체결되면서 일본 어민들의 이주자가 늘어났다. 1905년 이후 통감부 통치가 실시되자 그 관리를 일본 각지에 파견하여 어민을 설득시켜 단체적 이주를 장려하면서 1909년경에 일본인은 310명이나 되었다. 1920년 전후부터는 일본인이 많고 재력이 풍부하고 비교적 도시적인 곳에 특별히 지정면을 설치할 때(1917년)에 포항이 포함되었고, 1931년에 포항읍으로 승격된다(포항시사편찬위원회, 1999; 350~353).

3 김용주는 1905년생으로 경남 함양에서 출생하여 청장년 시절을 대부분 포항에서 보내며 기업 활동을 했다. 1926년경 포항에서 은행을 그만두고 삼일상회를 창업 후 본격적으로 기업 활동을 하여 ㈜포항무역대표와 전남방직을 설립했다. 1935년부터 민선(3선) 경북도의회 도의원, 한국전쟁 당시에 주일특명전권공사를 지냈으며, 재경포항향우회 초대회장을 지낸 김창성(87)과 국회의원 김무성(65)의 부친이다. 강주석은 지역의 해방공간에서 우익활동을 전개한 인물로 알려져 있다(경북일보, 2015.8.23.; F-6).

4 1933년 8월에 발족한 포항상공회의소 회장은 中俗竹三郎, 부회장은 김두하, 大土留造 이사에 강주석, 原田一雄 등이었다. 1935년 7월에 제2대 의원이 구성되어, 임원들은 대동소이하지만, 김용주 씨가 의원으로 활동하기 시작한다,

"일제 때 포항에서 돈이 많은 사람 중에 강주석 씨란 사람이 있었는데. 그 사람이 한국당 국회의원인 김무성의 외삼촌이야, 강주석 씨는 원래 영일군 마산사람인데, 그 아버지가 수산업을 하여 돈을 많이 벌었어. 김무성의 부친인 김용주가 하도 똑똑해 보여 욕심이 나서 사위를 봤다고 하더라. 강주석 씨는 1960년대에 도의원을 했어. 그 아들이 지금은 작고했지만, 친구라서 좀 알지. 그때 김용주 씨는 경남상고를 나와 은행(조선식산은행)에 들어가게 되어 포항에 와서 근무하다가 강주석 씨를 만났다고 하더라. 친일논란이 있지만 잘 모르겠고, 어쨌든 김용주 씨가 돈을 번 것은 그때 당시 일본놈들의 도움 없이는 아무 것도 할 수 없었던 시절이니까 뭐"(F-6).

실제로 1940년대에 이르러 일제 군벌이 만주사변을 일으켜 대륙침략을 감행할 때 포항상의는 군수물자를 조달하는 총 본산이 되었다(포항상공회의소, 2003: 70). 이러한 활동은 해방 이후 지역상공인의 유력한 경제인으로 부상하는 발판이 되었으며, 특히 일본인이 운영하던 기업체를 인수한 지역유지[5]들은 손쉽게 자본을 축적할 기회를 확보할 수 있었다.

이러한 일제의 침탈과 식민도시개발 속에서 포항은 1926년에 1만 명을 약간 상회하던 인구가 1942년에 3만 5천 명을 넘는 양적인 팽창을 하였고, 포항의 인구변동에는 일본 거류민의 유입이 크게 작용했다.

그러나 일제강점기 도시의 형성과 성장은 이중적 단절을 경험했다. 첫 번째 단절은 전통적인 도시화로부터의 단절이었다. 두 번째는 일제의 패망에 따른 단절이다. 전자의 사례는 영남의 대표적인 곡물창고이자 지역발전을 촉

---

5 일본인이 남겨두고 떠난 지역기업은 대표적으로 삼륜포도주공사(1918년 설립)와 남일정미소(1945년 이후 김유 경영), 도정 및 압맥회사인 삼화양곡가공압맥공장(1941년 설립, 1954년 정명방우 경영) 등이었는데, 이를 인수하여 김유와 정명방우는 1950~60년대 지역의 대표적인 경제인으로 활약했다(포항상공회의소, 2003 자료 참조).

진시켰던 포항창진이[6] 일제에 의해 폐쇄되어(윤은정, 2001) 내발적 도시화로 갈 기회를 상실한 것이다. 두 번째 단절은 포항이 일제 식민도시로부터 벗어나 새롭게 발전할 수 있는 계기가 되었지만, 해방 이후 등장한 국가권력은 지역을 효율적으로 동원하는 중앙집권체제를 강화시켜 그 가능성을 차단했다.

해방 이후 포항은 귀환 이재민이 늘어나[7] 1942년 3만 5천여 명 수준이었던 인구가 1962년 포항항이 국제개항장(무역항)으로 지정되고 해병대 주둔 등으로 약간씩 증가하여 포항제철이 개발되기 직전인 1968년에는 7만여 명에 이르렀다. 하지만 이러한 수준은 앞으로 도시개발과 인구 성장에 비해 미미한 변화였다.

2. 정치·경제적 특성과 지역 엘리트

1970년 이전 포항의 정치 환경은 정당 간의 경쟁이 비교적 치열했던 지역이었다. 지금은 포항이 보수정당의 텃밭으로 비치고 있지만, 해방 이후 좌우 갈등이 극심했고, 이는 지역정치의 역동성을 가져다주었다.

해방 이후 지역사회를 주도해 나간 세력들은 일제강점기부터 지역의 농·

---

6 포항창진은 지형이 험하고 토양이 척박하여 흉년이 잦았던 북관의 백성을 구휼하기 위한 전담창고였다. 삼남 지방의 곡물을 집결하여 해운을 통해 함경도로 이속하기 위한 최적의 입지로 영일현 바닷가에 대규모 제민창인 포항창진을 설치했는데, '포항'이라는 지명이 이로써 사용되었다고 한다. 우리말 지명인 갯메기(표준말 갯목)의 한자화(개울·개·물가 '浦' 자와 목 '項' 자)로 이루어졌다고 보고 있다(포항시사편찬위원회, 2010: 262~265).

7 인근 대구시의 자료에 따르면 해방 후 귀한 이재민이 급증하여 1944년 20만 7천여 명의 대구 인구가 1947년에 29만 3천 명으로 약 10만 명 정도가 늘어났고, 이재민 수가 82,241명, 구호대상자가 40,125명이었다고 한다(대구시사편찬위원회, 1995: 53).

수산업을 기반으로 성장했던 자본가들과 우파청년 활동을 전개했던 정치세력들이었다. 이들은 해방 직후인 1946년 2월 치안유지와 반공 활동을 목적으로 영일애국동지회[8]와 뒤를 이어 포항청년회를[9] 조직하여 좌익단체와 본격적인 투쟁을 전개했다.

> "포항청년회는 지금 육거리 신한은행(자리)에 사무실이 있었는데, 좌익청년들에게 습격받아 사무실이 박살 난 적도 있었다고 해요. 당시에는 미군정이 어느 편도 들지 않았기 때문에 시내 길거리에서 죽이고 테러를 가하는 일이 비일비재하고 거의 무법천지 같았어요. 그때 활약했던 우익청년들이 나중에 영일군수(최원수), 포항시장(박일천)과 국회의원도 하고, 대부분 지역의 힘쓰는 인물이 되었지요"(F-1).

1960년대 이전 포항의 정치적 특성은 1963년 제5대 대통령선거에서 박정희 후보보다 야당인 윤보선 후보가 근소하게 앞서는 등[10] 일반적인 '야도여촌(野都與村)'이 관철되던 야당세가 강한 특성을 보여주었다.

그러나 1971년 제7대 대통령선거 이후 지역주의 대결 양상(정준표, 2015)과 지역개발에 대한 기대가 높아지면서 포항은 특정 정치세력의 아성으로 굳

---

8 1946년 2월경 포항지역 인민위원회의 좌익활동이 거세지자 이에 맞서 이일우, 박동주, 한봉문, 이화일, 김동덕, 김두하, 최원수, 박일천 등이 영일애국동지회를 조직하고 대한독립촉성국회회 지부를 결성했는데, 이러한 활동을 통해 이들은 지역의 중요한 권력이 되었다(김상숙, 2014: 124).

9 포항청년회는 영일군 애국동지회를 조직했던 청년들 50여 명이 중심이 되었는데 당시 주요 인물은 최이봉, 강주석, 김영수, 김성도, 오종근, 박일천, 정상택 등이었다. 포항청년회는 포항광복청년회특별단부 및 대동청년단으로 발전했고, 반공 투쟁에 앞장섰다(포항시사편찬위원회, 2010).

10 1963.10.15.일에 치러진 제5대 대통령선거에서 영일군은 민주공화당 박정희 후보 53.8%, 민정당 윤보선 후보 36.8%로 박정희가 앞섰지만, 포항시에서는 박정희 46.7%, 윤보선 47.7%로 야당이 이기는 결과를 표출했다. 당시 경북 전체는 박정희 55.6%, 윤보선 36.1%였다.

게 자리 잡아갔다. 당시 박정희 후보와 김대중 후보의 격렬한 대립은 '표의 동서 현상'으로[11] 뚜렷하게 나타났고 박정희 정권의 지역통치체제가 강고하게 고착되었다. 이런 현상은 한국 민주화 과정을 거치면서도 크게 변하지 않고 포항 정치의 구조적 특성으로 자리매김하고 있다.

> "박정희의 등장은 요새 사람들 말하는 것과 다르게 그때는 전국이 데모로 무척 혼란했어요. 그래서 군이 정권을 잡아 안정되게 하는 것을 국민들이 지지해 줬기 때문에 박정희가 권력을 계속 유지할 수 있었다고 봐요. 그리고 포항은 포항제철 건설이다 석유개발이다 하여 시골 촌사람들이 들썩했어요. 김대중은 사상이 좀 문제가 있다 이런 얘기들이 나돌았어요. 박정희를 지지한 것 그것 때문이라고 봐요"(F-6).

한편, 포항경제는 1960년대까지 주로 수산업계에 의존해 왔는데, 어업생산량이 지속적으로 증가해왔고(포항시사편찬위원회, 2010), 1962년 포항항이 국제개항장으로 지정되면서 동해안의 수산업 및 유통의 중심지로서의 역할을 더해 갔다. 동해안 어선들은 포항을 본부로 삼아 동해바다로 나가고, 채취한 해산물은 포항으로 집결하여 전국으로 공급하고 해외로 수출했다(홍철, 1996: 46~47). 1960년대 들어 수산업과 상업 등을 통해 성장한 토착 경제인들이 포항의 새로운 실력자로 활약한다.

> "포항제철이 들어서기 전에 포항의 대부호는 당연 김두하 씨였어요. 그분의 집이 덕수동(현 포항북 CGV)에 있었는데, 큰 기와집이었어요. 그 당시 포항에서

---

11 제7대 대통령선거는 1971.4.27.에 박정희와 김대중이 후보로 등록하여 실시되었는데, 유례없는 부정선거가 이루어진 상황에서 포항시 유권자는 박정희 73.4%, 김대중 26.1%의 지지를 보냈다.

최고 부자였고 전국 랭킹에 들어갈 만큼 부자였어요. 그분의 사위가 순천향병원을 만들었어요. 그 뒤로 포항은 양조장이나 포목상, 정미소를 운영하여 장사를 하는 사람들이 돈을 벌었어요. 정부미 장사를 했던 정명바우 씨가 돈이 좀 있었고, 정미소와 부동산을 한 김유 씨, 정미소와 양조장, 포목상을 하던 홍봉춘 씨, 해상무역을 한 오실광 씨 등이 포철이 들어서기 전에 포항에서 돈이 있던 사람이었던 것 같아요. 그리고 하태환 씨는 동지상고 교장을 하고 수산대학(현 포항대학)을 설립한 사람이에요. 정치를 하려고 교육사업에 손을 댄 것처럼 보였어요. 그때는 고등학생들도 선거운동을 하고 했거든요. 그리고 하태환 씨를 꺾은 정치인은 김장섭 씨였죠. 김장섭 씨 그분은 아마 총독부 판사를 했다고 들었는데, 내무부 차관도 하고, 국회의원을 여러 번 했어요."(B-1).

김두하, 정명바우, 김유, 홍봉춘, 오실광 등은 사업가로서 포항상의를 중심으로 활동했으며 하태환, 김장섭은 국회의원을 하면서 포항의 교육계와 정치계를 주도했다.[12]

"해방 이후에 이들이 지역에서 돈을 조금씩 쥐고 있었어. 만석꾼은 없었고, 그저 천석꾼 정도였어. 그 당시 기준은 석(石)이야. 그런 사람들이 영일군 합쳐서 20명 되었어. 그 사람들이 동네 주축이 되고. 거기에서 돈이 없어도 뛰어난 사람들이 있었어. 대표적으로 하태환 씨야. 그는 빈손으로 학교를 세웠어. 학교허가 얻으러 기차 타고 12시간 만에 서울에 도착이야. 해방공간에는. 허가 안 내주면 문

---

12 김두하는 1950년대 중반에 활약하는 수산무역을 하는 거상이었는데, 당시 억대 부자라는 소리를 들었다고 한다. 김유는 포항상공회의소 15대 회장 출신 김봉우의 부친이고, 홍봉출은 전 대구가톨릭대 총장 홍철의 부친이다. 하태환은 1958년 제4대 국회의원(자유당)으로 당선되어 국회국방위원장을 지냈고, 1960년대에 무소속 후보로 낙선, 1967년에 민중당 후보로 나와 김장섭에게도 또 떨어졌다. 그는 포항대학 하민영 전총장의 부친이다. 김장섭은 1940년 조선총독부 판사를 지내고, 해방 이후 검사로 근무했다. 1958년 내무부 차관 등을 하다가 1960년 영일군에서 자유당 후보로 당선, 1963년 민주공화당 후보 출마하여 당선, 1969년 국회 법제사법위원장을 지냈다(포항시사편찬위원회, 2010; B-1).

교부 장관실 앞에 고무다리 떼서(다리 불구) 거기서 잔다. 장관이 들어올 때까지. 안호상 장관하고 친구다. 그렇게 서울에서 허가증 딱 받아와 가지고는 동기들 모아서, 하태환 씨 명의로 학교 간판을 단 거야"(F-5).

한편, 오래전부터 포항은 해도동, 죽도동 일대에 천일제염으로 소금밭이 발달했는데, 1960년대에 제염면적이 70,286평에 제염 장소 18곳, 종업원 수가 54명에 달했다고 한다. 소금 생산량의 대부분은 포항지역이나 인근 지역에 소비되었는데(포항시사편찬위원회, 1999: 784) 포항제철이 개발되면서 완전히 사라졌다.

"포항에서 부자면 왜 전국 랭킹에 들어가느냐 하면, 바다를 끼고 있었기 때문이야. 그때 부자는 농토(農土)잖아. 포항 부자는 농토에 염전을 하고 있었어. 바다를 가지고 있잖아. 다른 지역의 부자들과 스케일이 달랐어. 물고기와 소금밭까지 가지고 있어. 그런 곳이 많지 않아. 소금밭 때문에 산이 다 망가졌어. 포항 염전은 화염이야. 솥이 큰 방만 하지. 넓은 솥을 두고 밤새도록 불을 때 소금물을 부어 넣고 밤새도록 증발시켜서 아침 되면 소금이 앉잖아. 밤새도록 불을 때려면 우마차가 2대가 되어야 해. 그래서 나뭇값이 얼마고, 우리 집 같은 데는 장작을 많이 사야지. 솔갑(솔잎낙엽)을 따로 묶어온다. 산이 망가질 수밖에. 큰돈이 안 되었지만 그래도 농사짓는 만큼은 되었어. 그 소금밭이 지금 있으면."(F-5)".

또한, 포항 일대는 장시(場市)가[13] 활성화되어 한 달에 장이 서지 않는 날

---

13 조선 시대 장시는 농촌의 생활경제에서 매우 중요한 기능을 하였는데, 장시는 상품유통의 중심지로서 물화의 집산지 또는 최종 소비자로 자리 잡으면서 다양한 사회적 기능을 하였다. 장시는 대체로 5일마다 정기적으로 개설되었고 상인들은 물론 농민이나 수공업자들도 장날을 중심으로 생활주기가 짜였다(김대길, 2012).

이 없을 정도로 고을마다 장이 열렸다. 대표적인 장시는 부조장[14], 포항장, 여천장 등이며 이들 장시는 해운의 중심지역 장시로 성장하여 물류수송과 상업발달에 큰 역할을 담당하였다. 남빈동 냇가에 소규모 서민 시장으로 출발했던 죽도시장은 광복 후에 활기를 띠다가 6.25전쟁으로 소실되었다. 전쟁 후다시 개설된 죽도시장은 1960년대에 지역 토착세력이 성장하는 발판이 되었다.

그러나 포항 도시에 가장 큰 변화를 가져다준 것은 두말 할 것도 없이 포항제철이었다. 1970년대 초 포항제철이 들어서고 연관철강기업들이 입지하여포항은 비약적인 성장을 거듭하며 과거와는 전혀 다른 도시로 변모했다.

3. 문화적 특성

지역마다 나름의 다양한 문화가 있고, 그 지역 문화는 종교와 깊은 상관관계를 가지며 종교 엘리트들의 역할이 중시되어 왔다. 전통적으로 포항에서는고대 신라문화와 영남의 유교와 동학 그리고 기독교의 도래에 따른 서구문화등이 향토문화를 형성하며 지역의 사회적 · 정치적 이데올로기 역할을 감당했다.

포항이 인근 경주에 비해 문화의 불모지라 할 수 있지만, 바다와 인접해 있어 해양 문화적 요소들이 많다. 특히 포항문화의 근원으로 여겨온 '연오랑세

---

14 부조장은 형산강 하류에 어귀가 깊고 넓은 대포구를 근거로 큰 배의 출입이 가능하고 내륙과 연결되는 교통의 요지라서 전국 각지의 상품유통이 용이하여 전국적으로 명성을 얻은 장이다. 당시 부조장 상인은 480명, 구매자 수 3,000명 수준이었다고 한다(김형수, 2003).

오녀' 설화는[15] 지역의 문화적 특성을 단적으로 보여주고 있다. 즉, 포항은 해상 교역을 통한 경제적 부를 용이하게 축적하였고, 다양한 문화와 정보의 교류가 활발하여 동해안의 문화적 거점이었다. 그래서 다른 지역에 비해 외지 세력의 영향을 많이 받아 문화적 개방성과 다양성이 높은 특성을 지니고 있다.

국토의 맨 동쪽에 자리 잡았기 때문에 피난 및 유배지식인들이 많이 다녀갔고, 유교 교육시설과[16] 지역에 부임한 관리들이 남긴 문화자원이[17] 많이 남아있다. 또 포항은 동학의 2대 교주 해월 최시형이 자란 곳으로 초기 동학 교단이 형성되어 활동한 지역이지만,[18] 천도교의 쇠퇴와 함께 그 영향은 미미하다. 반면에 20세기 초에 전래된 개신교는 3.1운동과[19] 교육 · 계몽 활동을 통해 근대문화를 형성하는 데 기여하면서 지역적 기반을 확대해갔다. 특히 해방 후 기독교 국가를 지향했던 이승만의 등장과 한국전쟁으로 개신교 세력이 중요한 정치 · 사회세력 중 하나로 성장할 수 있었다. 개신교는 이승만을 주축으로 해방정국 이후에 친미 · 보수 반공체제의 형성과정에서 선봉에 선 사회집단 중 하나였다(이수인, 2002). 개신교의 친미 · 반공주의적 성향은 한국

---

15 포항은 삼국사기에 실린 '연오랑세오녀' 설화를 지역 문화의 원형으로 설정하고, 설화의 관련된 테마인 '빛' 등을 활용하여 '한반도 해맞이 축제'와 '포항국제불빛축제' 등의 지역 문화 콘텐츠를 개발하고 있다.

16 포항의 향교는 장기향교, 흥해향교, 영일향교, 청하향교 등이 있으며, 서원으로는 오천서원, 죽림서원, 중앙서원, 곡강서원, 학산서원, 입암서원 등이 있다.

17 장현광(張顯光), 박인로(朴仁老)가 임진왜란기에 포항 입암으로 피난했고, 송시열과 정약용 등이 장기에 유배되어 문학작품을 창작했다. 그리고 부임해온 관리는 많았는데 대표적으로 겸재 정선이 청하현감으로 와서 '금강전도' 등 좋은 작품들을 남겼다.

18 최시형은 포항신광의 검등골의 마을 터일에서 성장하여 종이공장에서 17세부터 19세까지 직공 생활을 했으며 최제우가 처형되자 관의 추적을 피해 은신하다가 도인들을 모아 동학의 교세 확장과 조직 체계를 공고히 했다(채길순, 2013).

19 포항면의 3.1운동은 포항제일교회와 영흥학교가 중심이 되었고, 청하와 송라면까지 확산되었다(포항 시사편찬위원회, 1999).

전쟁으로 더욱 강화되었으며, 지역의 교회는 서구문화를 전래·이식하는 첨병 역할을 담당하며 문화적 헤게모니를 관철해갔다.

> "구호물자를 교회에서 나눠주니까 사람들이 교회에 몰려들었지. 전쟁으로 사람들이 정신이 없던 때라 교회에 오니 먹을 것도 주고, 신앙으로 위로도 받고, 그래서 동란(한국전쟁) 후 교회가 막 커졌지. 포항의 큰 교회들이 행세깨나 하는 것도 다 이유가 있지, 당시 전쟁구호책임을 맡았던 박순석 목사[20] 같은 사람이 자유당 정권 때 국회의원에 계속 당선된 것도 아마 그런 이유가 있었을 거야. 교회가 미국과 중앙권력을 등에 업고 권력의 통로가 되다 보니 그들이 그리 설치는 거지. 지금도 큰 교회 장로만 되면 어깨 힘주고 시내 돌아다니고 있잖아"(C-5).

한편, 1950년대 이후 지역 문화계를 주도했던 엘리트들은 이명석, 박태준, 한흑구, 박일천, 이상조 등이었다. 이명석은[21] 일제 시기부터 문화의 불모지였던 포항에 YMCA 순회연주단을 조직해 청소년과 시민들에게 음악회, 촌극, 강연회 등을 해방 이후까지 개최하며 지역 문화 운동을 주도했다. 그는 포항문화원 설립과 포항개항제(현 일월문화제) 등 문화예술 활동 이외에도 전쟁고아를 위한 선린애육원과 애린공민학교 설립 등 다양한 사회사업에도 앞장섰다(김삼일, 2014: 23~25).

---

20 박순석은 1904년 흥해군(현 포항시) 출신으로 흥해교회에서 목사로 활동하면서 1948년 제헌 국회의원 선거에서 무소속으로 당선되었고, 6.25 전쟁 중인 1951년 전시원호대책중앙위원회에서 피난민 구호부장으로 활동하였다. 1954년 제3, 4대 국회의원 선거에서 자유당 후보로 당선되어 자유당에서 원내부총무, 경상북도당 위원장 등을 역임하였으며 1961년 3.15 부정선거 연루를 이유로 반민주행위자로 결정되어 공민권이 제한되고 피선거권이 상실되었다(나무위키, 2017 참조).

21 이명석은 일본관서미술학교에서 미술과 예술, 철학을 공부하고 돌아와 포항제일교회 장로로서 포항문화원 설립 및 초대원장 선린애육원 등 교회를 기반으로 사회사업을 전개한 지역의 엘리트로서 이진우(전 국회의원), 이대공(전 포항제철 부사장)의 부친이다.

"이명석 씨는 1950년대 6 · 25 당시 벌써 교회 장로가 되었어. 이명석 선생의 활동은 말도 못해. 진짜 대단해. 우리나라 문둥이를 모아서 애도원(현 선린애육원)을 설립해서 거기에 전부 문둥이를 자기 집에 데려와서 돌보고 했어. 살림은 자기가 노력해서 겨우겨우 살면서 말이야. 이명석 선생은 일본 관서미술학교를 나온 사람이야. 대구 교남학교를 나왔는데 두 군데 다 졸업은 못했지 싶어. 영덕에 학교가 없어 다니지 못해 대구까지 걸어서 다닌 사람이야. 이 사람은 행동파야."(E-3).

그리고 포항의 음악 활동은 포항제일교회 성가대를 중심으로 음악 활동이 전개되다가 한국전쟁으로 피난 왔던 작곡가 박태준이 3년간 지역에 머물면서 활기를 띠었다. 그 당시에 악기연주만이 음악으로 인식하던 때에 청년들에게 합창과 독창, 작곡의 중요성을 일깨워주고 교회 합창단 중심의 음악으로 지역사회로 지평을 넓혀주었다.

"박태준 씨는 '동무 생각'을 작곡한 유명한 작곡가야. 그분이 포항에 왔을 때 아마 미문화원의 원장이었을 거야. 작곡가 박태준 씨가 포항에 머물렀다는 것만으로도 포항은 엄청난 축복을 받은 거야. 그때 포항은 서울이나 대구, 부산에도 보기 드문 음악공연이 열렸어, 헨델의 메시아 전곡이 연주되었지. 박태준 씨가 지휘를 했고, 교회(포항제일교회) 합주단과 오천에 주둔해있던 미 해병군악대가 연주했어. 그리고 노래는 제일교회 성가대가 불렀어. 한국과 미국의 합주단과 합창단이 함께한 연주와 합창은 그야말로 포항음악계의 일대 사건이었어. 그분이 떠난 뒤에도 동우회를 만들어 계속 음악 감상회가 열렸어(E-3).

또한, 향토사학자 박일천과[22] 극장운영을 한 이상조 등이 지역의 문화조사

---

22 박일천은 향토사학자로서 1952년 5월에 초대 민선(간접선거) 시장을 역임했고, 포항제철 유치위원회 부위원장, 포항공대건립 추진위원회 위원장 등 대표적 토착 유력자였다.

와 문화산업을 주도해 나갔다.

> "박일천 씨는 1950년대부터 설화나 고인돌, 명승고적과 서원 등을 탐방하고 촌
> 로들에게 직접 전설이나 설화 등을 직접 듣고 지역 문화를 조사하여 '영일향지'
> 를 발간하기도 하고 했어요. 그리고 이상조 씨는 시민극장, 포항극장, 아카데미
> 극장 등을 운영하여 시내에서 대단한 사람이었어요. 당시 유명했던 배우 최O희
> 와도 스캔들이 났다고 할 정도였으니까요."(E-3).

이 외에도 월남한 한흑구는[23] 분단의 고통을 수필 문학으로 승화시켰다. 그
의 작품 중에 포항 호미곶 구만리에 펼쳐진 보리밭을 보고 창작한 '보리'는
한국수필 문학의 최고미로 손꼽힌다. 그에게 문학과 예술을 전수 받은 후학
은 그 이후 오늘날까지 포항문화를 주도해온 인물들이다. 문학에 손춘익, 박
이득, 김일광, 연극인 김삼일 등이 그들이다.[24] 특히 이들은 급속히 진전된 산
업화과정에서 사라져가는 전통적 가치와 근대적 지역 문화의 정초를 마련하
는 데 앞장섰다. 그러나 이러한 지역 문화인들의 활동은 자율적 존재 즉, 권
력에의 저항이라는 근대적 주체 형성이나 포항의 독자적 정체성으로 나아가
지 못했다.

이처럼 포항은 지리적 조건에 따라 고래로부터 문화적 유입에 따른 개방성
과 진취성이 강했으며 외부의 문화적 충격 속에서 도시의 정체성과 고유성을

---

23 한흑구(본명 한세광)는 1909년 평양 출신으로 '105인 사건'에 연루되어 미국에 망명하여 템플대학에
    서 유학하고 귀국하여 중앙일보 수필연재 등 활동하다가 1948년 포항으로 거처를 옮겨 지역대학(포
    항전문대) 교수와 작품 활동을 했다(이희정, 2014). 한흑구의 아들 한동웅(전 동지고 교장)은 포항환
    경운동연합 등 지역사회 단체에서 대표로 활동하고 있다.
24 '푸른 바다 저 멀리' 작품 등으로 유명한 아동 문학가 손춘익은 2000년 9월에 타계했고, 나머지는 현
    재까지 활발히 작품 활동을 하며 포항문화예술을 이끌고 있다.

형성 · 강화시켜온 특성을 갖고 있다. 따라서 이러한 지역 문화적 특성이 외지세력으로 하여금 지역에 정착하고 지배적 영향력을 행사하는 통치 기제로서 작용하였다고 볼 수 있다.

제4장

권위주의시대의 도시체제

1. 환경적 요인

1) 발전국가와 박정희 시대

근대화 초기에 일본의 식민지 지배와 해방 이후 자유당 정권의 혼란기, 한국전쟁 그리고 분단 1960년대 이후 박정희 정권하에서 한국형 발전국가를 추구하는 과정에서 지역개발이 시작되었다.

박정희가 내놓은 조국 근대화 목표는 경제적으로 피폐했던 당시 상황에서 국민들로부터 상당한 호응을 받았으며 적극적 시장개입과 수출 지향적 산업화를 통해 장기간의 고도성장을 달성했다. 박정희 시대의 최우선 국정과제는 근대화였고 그 출발점은 일본의 근대화 모델이었다. 일본 천황의 지위와 같은 사회적 구심체로서 강력한 국가와 재벌의 협력체제는 일본의 발전모델인 동시에 한국발전모델의 핵심구조였다. 그러나 박정희 정부는 시작부터 경제발전을 통한 '조국 근대화'라는 경제적 민족주의(이병천, 2000)에 국가 정당성의 근거를 두는 발전국가를 지향하는 성격을 띠었던 것은 확실하지만, 공업 중심의 산업화전략이나 경제정책에 대한 명확한 방향과 추진계획을 가지지 않았던 것은 분명했다. 한국형 발전모델로 상징되는 산업화전략의 특성과 그 성공은 미국 원조정책의 변화, 한국산업화에 대한 미국의 개입과 압력에 따른 발전국가의 출현 등이 대외지향적 산업화로의 전환을 가능케 한 핵심 요인이었으며, 당시 세계 경제의 호황은 이러한 산업화전략을 안착시키는 배경으로 작용했다(윤상우, 2006).

특히 권위주의적 발전국가체제는 압축 경제성장에 성공한 동전의 이면에서 엄청난 부정적 폐해를 누적시켜왔다. 그러므로 이러한 국가모형은 단지 그 성공의 결과라는 이유뿐만이 아니라 내부모순 때문에 지속 불가능하게 되었던 것이다. 그런데 권위주의 체제를 반대하는 세력들은 제도적 민주화를 실질적 즉, 사회경제적 민주화로 더 나아가 일상생활의 민주주의를 확대·심화시키려 했다. 하지만 이들 내부에서는 실질적 민주화인 참여민주주의를 추구하려는 흐름과 민주화를 제도적 민주화에 국한하고 시장의 자율성과 규제 완화에 관심을 둔 경제적 자유주의 흐름으로 대별할 수 있다. 후자의 흐름이 발전국가모형 이후 한국의 경제 질서를 주도했다. 그리하여 박정권은 재벌을 발전의 주역으로 내세워 '방어적 근대화', 또는 '반공근대화' 프로젝트의 구조적 특권세력으로서 발전지배 연합을 구축·재생산했던 것이다(이병천, 2000: 111).

한편, 권위주의 정권들은 정치적 불안정성 억제를 위해 특권세력을 이용하여 지방행정을 통제하였다. 한국의 중앙과 지방 간의 관계는 권위주의 정치체제에서 극도로 중앙집권화 되었다. 그것은 전통적인 사회·문화적 유산 및 경제적 효율성과 기술적 합리성 등에 의해 야기된 측면이 있다. 그러나 한국의 중앙집권화 경향은 정치적·관료적·경제적 지배세력의 이해관계로 설명하는 것이 보다 현실적이다. 지역적 차원에 있어 고도로 집권화된 중앙통제는 지역정치 엘리트들의 권력유지에 불가결한 요소가 되었다(정용덕, 1988:

148~149).

권위주의 정치체제에 의해 질식된 정치가 부활 조짐을 보이기 시작한 것은 1987년 6월 민주항쟁의 성과로 대통령직선제 이후부터이다. 비록 수직적이고 중앙집권적 체제는 급변하는 한국 민주화 이행에 의해 많이 탈색되었지만, 여전히 변하지 않고 작동하고 있다. 전통적으로 한국의 지방통치 본질은 중앙정부에 의해 형성되어 왔으며, 지방정부는 권력의 중앙집권화에 의해 하위집행기구의 성격으로 조력자(enabler)의 지위에 머물러 있거나 강요당해 왔던 것이다.

그 당시 국가 차원에서 시행된 도시개발정책은 산업화 성장단계에 따라 목표와 내용, 구체적인 정책수단 등을 추진해왔다. 1960년대는 도시, 경공업 위주의 경제개발을 공간적으로 보조하는 단편적이고 소극적인 것이었고 1970년대는 중화학 산업화의 추진에 맞추어 성장거점 전략을 주 내용으로 중앙정부가 주도한 하향적 지역개발정책이었다(윤대식 외, 1992). 이는 중앙정부의 정치적 배경과 정부 간 관계에 기초하여 형성된다는 점에서 레짐이론의 원형모델인 공공과 민간의 협력은 갖추어지지 않았다. 즉, 미국의 도시에서 자주 발견되는 지역 레짐의 형성조건인 국가와 도시 행위자 간의 협력이 당시 박정희 시대에서는 나타나지 않았다고 볼 수 있다. 하지만, 도시를 장기간 지배해온 세력의 맥락에서 보면 중앙정부의 정책이 지역개발 활동을 통해 레짐 형성의 조건이 될 수 있다.

2) 경제 · 산업구조와 철강정책

가. 국가의 철강정책

① 해방 후 한국 철강정책

해방 후 미국 정부는 정부개입 없는 기업 우위의 미국식 자본주의와 안정적인 균형발전전략 그리고 국제분업에 기초한 비교 우위적 산업육성을 한국경제의 성장전략으로 설정했다. 그러나 이미 1950년대부터 한국정부는 신속한 전후 복구와 성장을 위한 토대구축, 성장지향의 불균형발전전략 그리고 자립지향의 기초공업 육성을 추구하였다. 특히 철강은 모든 산업의 기초 원자재이므로 미국의 반대에도 불구하고 일관제철소 건설계획을 지속적으로 추구하였다(권용립, 2006; 박영구, 2014)

이승만 정부는 1952년 "철강업 재건계획"을 입안하고 1953년 4월에 대한중공업공사를 국영기업체로 발족하는 한편, 정부 외환보유고를 동원하여 철강공장 건설에 착수했다. 그리고 서독의 최대 철강 설비 제작업체인 데마그(Demag)를 접촉하여 설비건설 및 기술지원을 받아 1959년 12월에 중형 압연공장을 준공했다. 이에 따라 1959년에 1,461톤에 불과하던 압연제품 생산량은 1961년에는 4만 5,180톤으로 증가하였다. 대한중공업은 1959년 12월 중형 압연공장 건설과 1960년 4월 박판 압연공장을 준공하는 성과를 보였다. 대한중공업의 공장건설은 외국의 차관에 의존하지 않고, 국내자금에 의해 추진되었다. 그것은 그 당시 외환 사정을 고려해 볼 때 정부의 강한 의지가 없었다면 불가능했을 것이다. 그리고 대한중공업 철강공장 건설과정에서 한국의 철강기술 인력에 대한 교육훈련이 이루어져 이후 포항제철 건설에 중요한 역할을 했다(송성수, 2000). 그렇지만 대한중공업의 시설들은 고철을 용해하

여 철강을 생산하는 것이어서 고철의 고갈이 예견되는 상황에서 정부는 선철
생산을 위한 일관제철소 건설이 절실했다.

② 박정희 정부의 철강정책

1961년 박정희 정권의 등장은 한국의 산업화와 일관제철소 건설에 중요한
전환점이 되었다. 박정권의 철강정책은 과거 정부에서 입안한 일관제철소 건
립계획안을[1] 제1차 경제개발 5개년계획의 중추 과제로 추진하면서 전개되었
다. 그 당시 군수산업의 근간인 철강생산 능력에서 남한은 북한과 비교 불가
능한 수준이었다. 이런 상황에서 군사력을 고려해서 최우선적으로 철강공업,
일관제철소 건설에 나서고자 했던 것이다. 그러나 당시 일관제철소 건설계획
은 미국과 독일, 일본의 비협조, 특히 한·미 간 충돌로[2] 외자조달에 실패하
여 사업이 취소되었다. 한국은 원조를 지렛대로 하는 미국의 압력을 수용해
야 했지만, 그렇다고 미국의 시장 자유주의 패러다임을 전면 수용한 것은 아
니었다. 제철소 건설이 중단되었지만, 외교적 대응과정과 보완작업을 통해
산업정책 전략을 발전시켜 나갔다(이병천, 1999: 176; 박영구, 2014: 334).

박정희 정부는 1961년 7월 제철건설계획이 포함된 5개년종합경제재건계
획(안)을 발표한[3] 이래 1962년 1월에 발표된 제1차 경제개발 5개년계획에

---

1 제철소 건립계획은 자유당 및 민주당 정부에서도 꾸준히 제기되어 입안되었는데, 박정권의 구체적인
　제철소 설립계획은 1960년 서독 데마그사가 최초로 한국에 제출한 연산 제강능력 22만 톤의 일관제철
　소 건설 계획이었다(박영구, 2014; 이상철, 2004 참조).

2 미국국제개발처(AID)는 비교우위에 입각하여 한국은 철강 수입이 유리하며 소요자금을 노동집약적
　인 산업에 써야 한다고 주장했고, 한국정부는 독일과 일본을 끌어들여 미국을 자극하는 경쟁유도 전략
　을 사용하였지만, 한·미 간 타협점을 찾지 못하고 종합제철사업을 포기해야 했다(박영구, 2014: 339-
　343).

3 5개년종합경제재건계획(안)에는 "기초산업으로서의 종합제철은 내자 300억과 이자 32,000천 불
　로 220천M/T의 강철생산능력을 가진 시설을 목표연도까지 완성시킬 계획이며, 이로써 앞으로 연간

35만 톤 규모의 종합제철소를 울산에 건설하는 내용을 추가했고 120톤 규모의 제철공장을 인천에도 건설하는 내용도 포함했다(이상철, 2005). 또한, 1962년 4월 한국종합제철주식회사를 발족하는 등 제철소 건립에 박차를 가했다(이대환, 2004: 219~220), 그러나 이번에도 과거처럼 투자재원을 확보하지 못해 번번이 제철소 건립 시도는 좌절을 맛보았다. 그 보완책으로 '부정축재자 처리법'으로 환수한 국고를 바탕으로 주식공모를 더하는 내자 동원 방안[4], 제일 교포 기업을 통한 민간제철소 건설 등을 모색했지만 이 또한, 성공하지 못했다(장세훈, 2013a: 208). 결국 유일한 대안은 제철소 건설재원으로 외국차관을 빌려오는 것이었다.

당시 미국은 동맹국에 대한 경제원조를 달러방위라는[5] 명목하에 1950년대 말부터 전략적으로 감축 정책을 추진했는데, 한국도 예외는 아니었다. 또 케네디 정권부터는 원조의 성격이 소비재 위주의 무상원조에서 개발을 지원하는 차관형 원조로 전환되었다. 이렇게 되자 한국도 대미 의존형 경제체제를 탈피하기 위해 자립적 기반의 산업화를 조속히 추진해야 한다는 절박한 인식을 가질 수밖에 없었다. 이에 정부는 제철소 건설에 필요한 자금과 기술을 타개하는 방법을 대일관계에서 찾았다. 만약 한일회담이 타결되면 상당한 액수의 청구권 자금이 들어올 것이고 더 나아가 일본과의 경제 관계가 정상화된다면 다량의 자본과 기술을 도입하여 경제개발에 활용할 수 있다고 계산

13,000천 불의 외화 절약은 물론 국내 제반 산업발전의 기반을 조성을"(서울경제,1961. 7. 24.).

4 부정축재자 환수자금으로 종합제철소를 건설한다는 계획에 따라 이정림, 이양구, 설경동, 그리고 남궁원 4인의 '투자공동체'가 건설을 맡기로 되었으며, 일산 120톤 규모의 제철공장은 이광우가 신한제철을 설립하여 건설하도록 하였으나 1962년 10월 AID 측의 반대로 중단되게 되었다(서울경제신문, 1962. 5. 21.).

5 50년대 말부터 미국은 전후 대소전략의 일환으로 천문학적인 숫자의 경제원조를 서유럽을 비롯한 동맹국에 쏟아 넣은 결과 달러의 과도한 방출로 인한 후유증에 직면하게 되어 미국은 달러방위에 나서게 되었다(이원덕, 2000: 43).

한 것이다(이원덕, 2016). 한일 두 나라는 극심한 반대와 수차례의 협상결렬 끝에 1965년 6월 한일 국교정상화협정을 체결했다. 한일회담의 최대 난제가 재산청구권 문제였는데,[6] 일본 이케다 정권은 한일회담의 본질을 경제문제라고 인식하고 청구권 문제해결방안을 경제협력방식으로 접근했다. 경제협력 방식은 자본지원이 아닌 공업생산 제품과 용역이었다. 이 방식은 전후 일본이 인도네시아, 필리핀 등 국가에도 이러한 방식을 적용하여 동남아시아 지역 진출을 위한 토대로 활용했다.

1960년대 말 한일수교 타결은 한국의 경제개발과 종합제철소 건설을 가능케 했다. 당시 한국은 KISA[7]와 기본협정을 체결하기 전까지만 해도 철강산업에 대해 제대로 알지 못하고 있었다. 그러나 종합제철 사업계획을 추진하는 과정에서 점차 규모와 입지, 실수요자, 비용 등 철강산업을 독자적으로 추진할 수 있는 역량을 갖춰갔다. 그 결과 1969년 7월에 한국정부는 새로운 종합제철소 건설계획을 수립하는 한편, KISA와 맺었던 협정을 파기하고 제철소를 대일 청구권 자금[8]으로 건설하기로 결정했다. 마침내 1969년 12월 3일 김학렬 부총리와 가나야마 주한일본대사가 "포항종합제철건설에 관한 한일 간 합의서"를 서명하면서(송성수, 2000) 포항종합제철소 건립이 현실화 되었다.

---

6 한일기본 조약 제1조에 일본이 10년에 걸쳐 한국에 무상 3억 달러, 유상 2억 달러를 한국에 제공하기로 되어있다. 이 조약이 지속적으로 논란이 된 것은 제2조에서 재산청구권 문제가 완전하고도 최종적으로 해결되었다고 규정됨으로 일본의 식민지 지배와 관련하여 한국은 일본에 일체의 물질적 보상 및 배상요구를 할 수 없게 된 것이다.

7 KISA(Korea International Steel Association)는 대한국제제철차관단으로 한국의 종합제철 건설을 담당할 목적으로 1966년 12월 10일 일본을 제외하고, 미국과 서독의 5개사와 영국의 웰먼(Wellman) 및 이탈리아의 임피안티(Impianti) 등 4개국 7개사가 12월 6일에 피츠버그에 모여 발족하였다.

8 한국정부는 1969년 말 대일청구권 자금을 두고 일본 측과 협의한 결과 결국 대일청구권 자금 7,370만 달러(유상 4,290만 달러, 무상 3,080만 달러)를 3년에 걸쳐 공여하고 일본수출입은행이 5천만 달러의 상업차관을 제공하는 것으로 정해졌다(송성수, 2000: 48).

나. 포항개발과 산업구조변동

포항은 1960년대 초반까지 경제·산업구조 면에서 보면 농업과 어업 위주로 구성되어 취업인구의 50% 이상이 이 산업에 종사했다. 이러한 사실은 1954년 포항상공회의소 회원들의 업종별 현황 현황을 보면 대략 짐작할 수 있다.[9]

또한, 1968년 조사된 통계자료에 의하면, 30개 도매업체에 종업원 53.8%(780명)로 가장 많았고, 71개 이발업 18%(284명), 섬유공업 14.7% (214명), 금속제품 10.5% 순이었다. 이는 당시 사업체의 고용이 상업 중심임을 알 수 있다.

한편, 한국전쟁으로 포항항은 막대한 피해를 입어 해방 후 40만 톤이었던 하역능력은 8만 톤으로 저하되었으나, 전후 복구로 1953년 15만 톤, 1961년 36만 톤으로 회복되었다(남찬교, 1993: 22). 그리고 1962년에 포항항이 국제개항장으로 지정되어 잉여농산물을 운반하는 입·출항이 증가하였다. 1960년대에 영일군 구룡포에 수산가공업체가 설립되어[10] 활기를 띠었지만, 도시 성장에는 큰 보탬이 되지 못했다(포항시사, 2010).

포항시의 산업구조 변동에 따른 경제성장을 가장 명료하게 보여주는 것은 포항시의 재정 규모이다. 포항시의 재정 규모는 1968년까지 큰 폭은 아니지만 지속적인 성장률을 보여준다. 포항시 재정은 일반회계와 특별회계를 합한

---

9 1950~60년대 포항의 경제·산업 현황을 공식적으로 집계한 통계자료는 없으며 다만, 포항상공회의소 회원 업체 관련 자료와 1968년에 조사된 포항시 통계자료만 일부 확인할 수 있다.

10 1960년 6월에 창립된 ㈜고합산업, 1961년에 ㈜경품산업, 1964년에 ㈜동양수산이 설립·가동되면서 수산가공업의 발전을 가져왔고, 1963년에 ㈜삼경산업이 설립되면서 수산물가공 수출이 활기를 띠었다. 그리고 1964년에 ㈜경주규조토광공업의 설립으로 광산물 이용가공업과 1966년 협동제관회사가 들어서 금속통조림용기를 생산하여 포항공업에 변화를 가져왔다.

연도별 세출 결산 액을 기준으로 살펴보면 1957년도에 2천여만 원이던 것이 1961년에는 1억 원을 넘었으나 이는 교육예산 병합으로 인한 일시적 현상이었다. 그 후 다시 감소하였다가 1966년 1억 원을 돌파했다. 포항제철 설립공사가 시작된 1968년에는 3억 4천만 원으로 증가하는 것을 보여준다.

이처럼 당시 낙후된 지역경제의 현실에서 중공업 위주의 경제개발이 불가피한 선택이었고, 그것을 추진하지 않았다면 국가 경제도 지역 도시도 급격한 발전을 할 수 없었을 것이다. 그러나 그 과정에서 경제력 집중과 불균형 성장이 이루어졌다. 근대화 과정에서 경제개발은 하나의 모델만 있었던 것이 아니다. 즉, GNP 성장, 근대산업의 육성, 시장 경쟁력의 강화 등을 핵심으로 하는 '주류 성장론(일명 하향적 발전론)'과 부존자원의 활용, 기초 수요의 충족, 참여를 통한 내발적 발전(from-within development)을 강조하는 '대안적 발전론(일명 상향적 발전론)'도 있었다(조명래, 2003: 34). 그래서 구술자들 중에 포항제철이 들어서지 않았다면 여전히 포항은 미개발된 채로 정체되어 있을 것이라는 주장은 특정한 개발이데올로기에 치우친 단견이 될 수 있다.[11] 만약 포항이 산업화과정에서 지역자원을 활용한 대안적 발전이 가능했다면 어떻게 되었을까?[12] 지금과 같이 산업화한 기업도시가 아니라 전혀 다른 도시가 되어있을 것이다.

---

11 기업체와 지역 행정에 관여된 구술자들은 이구동성으로 포철이 들어오지 않았다면 포항발전은 상상이 어렵다고 주장했다(C-2; D-1; D-4).

12 어떤 분은 포철이 없는 포항은 상상할 수 없다는 주장에 대해 "말도 안 되는 소리다. 그러면 포철이 없는 도시는 개발이 안 되고 다 굶고 있는가, 도리어 공해산업 포철이 들어와 천혜의 자연경관을 훼손되었다. 세계를 다녀 봐도 포항만 한 곳이 많지 않다. 어릴 때 봤던 그 천혜의 경관을 아직도 갖고 있다면 최고의 해양관광도시로 발전할 수 있었다"(F-5)라며 흥분하는 분도 있었다.

3) 인구학적 변화

앞에서 살펴본 바와 같이 포항은 1949년 포항시로 승격될 당시에는 5만 명(50,131)이었고, 1955년 5만 2천 명(52,379), 1960년 5만 9천 명(59,536)으로 연평균 0.14%로 전국(2.78%)이나 경북(2.7%)보다 적은 인구 성장률로 조금씩 성장하여 1966년에는 6만 명(60,051) 수준이었다. 포항제철 건설이[13] 시작된 1970년에 연평균 7.34%로 대폭 늘어나 8만 명(77,690)이 되었다. 영일군은 포항읍이 시로 승격·분리된 1949년에 22만 명(225,943)이던 인구가 한국전쟁을 겪은 후 1955년에 17만 명(174,333)으로 성장률이 −3.8%로 5만 명 줄어들었다. 전후 1960년 다시 성장률이 2.28로 19만 명(194,041)으로 늘어났다. 인구가 갑자기 늘어난 것을 인구조사가 발전하여 상주인구와 유동인구가 잘못 조사 집계된 것으로 보고 있지만, 사실상 영일군 오천읍에 해병대 주둔과 1962년 국제개항장 지정이 인구 증가의 주요 요인이다. 1966년에는 20만 명(208,347)으로 약간 증가하던 영일군의 인구는 포철이 들어선 이후 대송면 일대와 연일읍, 동해면 일월동이 포항시로 편입되어 1970년에는 마이너스 성장(-1.57%)으로 19만여 명(195,256)이 되어 인구가 감소하기 시작했다.

포항과 영일군의 지역 인구를 총인구와 경북 인구 성장률을 비교했을 때 영일군은 감소하거나 정체되었다면 포항은 영일군의 일부 읍·면을 편입하면서 조금씩 인구가 늘어났지만 큰 변화는 아직 시작되지 않았다.

다수의 연구에서 흔히 6-7만 명에 불과한 소규모 도시에서 포항제철이 들

---

13 포항제철은 2000년에 국영기업에서 민영화되었고, 2002년에 들어 포스코로 사명이 바뀌었다. 하지만, 이 논문에서는 지역연구의 공간적 특성을 강조하고 있고 현재도 널리 사용되고 있는 포항종합제철이란 사명을 그대로 사용하여 축약하여 포항제철 또는 포철이란 용어를 혼합하여 사용한다.

어선 것으로 보는 견해[14]가 있지만, 사실상 포항제철이 들어설 당시 지역 인구는 영일군과 포항시를 합쳐 27만 명 수준이었다. 물론, 포철이 설립된 후 지역 내외의 유휴자본을 형성 또는 투자촉진의 기회를 제공하여 급속한 인구 증가와 도시화가 수반되었다. 그러나 사실관계를 지나치게 견강부회(牽强附會)한 것은 포항제철의 위상이나 영향을 강조한 결과이다.

어쨌든 1970년대 이전까지 포항(영일군 포함)은 30만에 가까워 인근 지역보다 규모가 있고 인구 성장은 지체되어 있었지만, 성장잠재력은 비교적 높은 지역이었다.[15] 그리고 당시의 인구분포로 보면 마을 부락 단위로 면대면 접촉과 연고주의가 강하게 작동하여 결속력 높은 사회적 관계망이 형성되어 있었으며, 변화에 큰 기대를 갖거나 지역개발에 적극적이지 않았다.

2. 포항제철 개발 의제

1) 박정희 정부의 최대과제: 종합제철소 건설

　　– 박태준의 하와이 구상, 사실인가?

---

14 이 견해는 전상인(2011) 등 여러 문헌에서 거론되고 있는데, 이는 포항시를 행정구역에 한정하여 영일군과 분리시켜 보고 있거나 포항제철의 영향을 확대한 것이다. 1974년 포철을 비롯한 철강 공단 전체 종업원의 비율을 보면 1차 금속제조업이 1,919명, 조립금속업 573명, 운송지원업 494명 등 전체 3천3백 명에 지나지 않았다(최의운, 2002). 1980년대에 들어 전체 고용인력이 10,509명 수준이 되었으므로 포항시 인구가 대폭 늘어난 것은 포철 고용인구 증가원인도 있지만, 포철이 들어선 이후 영일군의 일부 지역을 병합하고 포철개발에 따른 외지인구가 유입되면서 급상승했다고 봐야 할 것이다.

15 1966년 당시 인근 지역의 인구는 경주시가 8만 5천 명(85,728), 월성군 20만 명(205,948), 안동시 6만 명(63,534), 영천군 20만 명(198,471), 영덕군 12만 명(119,191) 수준이다. 당시 산업구조에 따라 농촌지역에 인구가 집중되어 있었다(통계청, 2018).

의제 형성(Agenda Setting)은 '정책입안자들이 우선권을 부여하는 일련의 과제'로서 다양한 의제를 둘러싼 여러 세력들의 요구가 도시정책 결정 과정에서 주요 고려사항이 되기 위해 경쟁하는 역동적인 과정이다. 이 과정에서 자기 이익(self-interest), 공통된 가치(shared values)에 의해 촉발된 각 집단 간의 경쟁과 갈등은 사회적, 정치적 이슈들을 공식적 의제화(formal agenda)하는 데 중요한 역할을 한다. (Stone, 2005; 전용주, 2003).

종합제철소 건립은 대규모 예산이 투입되고 기술적으로 어려우면서도 산업발전에 파급효과가 큰 사업이라 해방 후 여러 차례에 걸친 시도와 좌절이 있었다. 1961년에 박정희 정부가 들어서면서 종합제철소 건설 의제를 제시했다. 당시 경제개발 우선순위를 놓고 중화학공업과 경공업 중 어느 것을 먼저 개발할 것인가에 대한 논의가 많았다. 하지만 정부는 중화학공업 우선 정책을 분명히 하여 1961년 9월 제1차 경제개발 계획에 종합제철공장 건설 의제를 포함하여 발표했다.

박정희 정권이 종합제철소 건설을 중심과제로 선택한 데에는 세 가지 이유가 있었다. 첫째는 권력 획득 과정인 5·16의 정당성 확보를 위해 경제개발이 필요했고 이를 위해 기초 철강공업이 요구되었다. 둘째, 종합제철 건설은 이전 두 정권을 거치며 추진되었지만, 중단되었다는 점에서 박정권의 차별성을 보여줄 수 있었다. 셋째, 5·16 당시 군인이었던 박정희를 비롯한 주요정책 결정권자들은 남북한 군사력경쟁을 중요시했는데 군수산업의 기초가 바로 종합제철 건설이었다(박영구, 2014: 399).

그러나 제철공장은 대규모 자금의 확보가 용이하지 않은 상태에서 서독의 DKG(Demag Krupp Ghh) 그룹과 미국의 Blaw-Knox사들이 경쟁적으로 종합제철 기술계획서를 작성·협약하였지만, 건설 투자금 확보가 용이치 않았다. 이에 더해 국내적으로도 연이은 홍수와 흉년에 외채상환 부담마저 과중

해져 정부는 제1차 5개년 계획을 재조정하게 되었다.

최고회의에서는 ① 대규모의 용광로 제철방식의 울산계획을 그대로 밀고 갈 것이냐 ② 특별공법의 예비환원 제철방식을 도입해 인천중공업만이라도 확장할 것이냐 ③ 기존 중소기업체들을 지원 육성할 것이냐를 두고 일대 논란이 일어났다. 재정난으로 종합제철 공장건설이 힘들게 되자 결국 30만 톤 규모의 울산의 종합제철소 건설계획은 무산되었다. 제1차 경제개발 5개년 계획에 있어 정부는 모든 부분에서 계획목표를 초과 달성했다. 그러나 오직 종합제철소 건설만은 별다른 성과를 거두지 못했다. 많은 교섭과 논의 끝에 1967년부터 시작된 제2차 경제개발 5개년계획에 50만 톤 규모의 제철소 건립사업이 재수립되어 종합제철소 건립이 본격화되었다. 1981년경 박태준은 조선일보와의 대담을 통해 그 당시 상황을 소상히 밝혔다.

> "그때 계획(1차)했던 30만 톤 규모의 제철소가 과연 경제성이 있느냐는 상당히 문제가 됩니다만 10년 동안 제철소 건설과 조업을 이끌어온 저로서는 경제개발 1차 5개년계획에서 30만 톤 규모의 제철 건설계획이 무산된 것이 오히려 전화위복이 되었다고 봅니다. 마침 2차 계획 착수 무렵 대통령께서 미국 제철공업의 중심지인 피츠버그를 방문하시고 당시 경제기획원 장관 장기영 씨한테 제철공장을 만들 수 있게 교섭해 보라고 하여 미국뿐 아니라 제철 선진국을 모두 하나로 묶어 어떤 컨소시엄을 만들어 해보자는 아이디어로 미·영·불·독·이태리 등 5개국 8개 회사로 KISA(대한국제제철차관단)를 구성, 한국정부와 KISA 간에 50만 톤 규모의 제철소를 짓는다는 가계약을 체결했는데, 저희에게 그 주체가 되라는 임무가 맡겨진 것입니다"(조선일보, 1978.4.16.).

한국정부는 1967년 10월에 KISA와 60만 톤 규모의 종합제철 건설에 관한 기본협정을 체결했다. 그러나 제철소 건설비용 과다 등 여러 가지 문제점이 드러났고,[16] 필요한 차관을 조달하는 데 성공하지 못하면서 60만 톤 제철소 건립계획은 폐기되었다. 해방 이후, 종합제철소를 건설하려던 역대 정부와 마찬가지로 건설자금을 확보하지 못해 실패한 것이다.

그래서 이를 타개하기 위해 한일국교 정상화를 통한 일본 청구권 자금 차관을 활용하여 1973년 7월 3일에 포항제철을 마침내 준공했다. 물론, 포항제철의 설립은 한국산업화와 제철소 건설과정에서 기득권을 확보하려는 미국 중심의 서방국가와 일본의 치열한 경쟁의 산물이라 할 수 있다(장세훈, 2013a: 207~208; 정대훈, 2011). 다시 말해 한국의 종합제철 건설에 지속적으로 반대해온 미국 정부와 당시 경쟁 관계였던 일본과의 역학관계를 활용한 유도전략이 성과를 거둔 것이다.

먼저, 한국정부는 종합제철 건설을 위해 독일을 끌어들여 미국을 자극하는 경쟁 구도를 만들어갔다. 해방 후 한국경제에 절대적 영향력을 가진 미국 정부가 한국에 관철시키고자 하였던 것은 기업 우위의 미국식 자본주의와 정치·경제적 안정 그리고 정태적 우위론에 따른 산업 간 국제 분업체계였다. 그러나 한국정부는 1950년대부터 전쟁 폐허에서의 신속한 전후 복구와 자립지향 기초공업 육성 등을 추구했다. 박정희 정부 또한, 경제개발과 군사력 향상을 위해 종합제철소 건설을 중시했다(박영구, 2013: 330~331).

한국의 종합제철 건설은 정부 차원에서 끊임없이 추진되었지만, 미국의 지지를 얻지 못해 독일에 협조를 의뢰했다. 1960년대 한미관계는 미국의 눈치

---

16 당시 일본조사단의 47만 2천 톤 규모의 제철소 건설 소요비용을 약 8천만 5천 달러 정도라고 했고, 한국에 파견된 UNDP 조사단도 KISA의 사업계획서에서 제시한 두 단계로 하여 100만 톤 규모의 제철소 건설계획서를 타당성이 없다고 봤다. 제철소를 두 단계가 아닌 한 단계로 건설해야 하며, 그 경우에 건설비용도 30~35% 정도 절감할 수 있다고 했다(송성수, 2000: 32~34).

를 보지 않을 수 없는 상황이었다. 이때 일본은 한국전쟁으로 인한 호황과 전쟁특수를 통해 전후 재건에 성공했고(염미경, 2001b: 118~119), 1960년대 초반부터 한국의 철강 시장에 눈독을 들이고 있었다.

한국이 당시 철강산업 선두국가인 미국, 독일, 일본을 모두 잠재적 파트너로 놓고 종합제철소 건설을 진행한 것은 미국의 비협조에서 비롯된 것이지만, 이들 3국 간의 견제와 경쟁을 이용해 최선의 조건을 얻고자 한 이유도 있었다. 그러나 미국 정부는 한국이 타국 기업과 손을 잡아야 한다면 독일, 일본이 아닌 미국을 선택해야 하고, 산업의 비교우위에 비추어볼 때 한국이 철강산업 등 중화학공업에 나서지 않아야 한다는 판단을 내렸다. 그 결과 1960년대 초 종합제철소 건설계획은 미국의 의도대로 경제개발 5개년계획 수정에서 삭제되었지만, 한국정부는 포기하지 않았다(박영구, 2014).

박정희 정부는 제1차 경제개발 계획추진으로 2배 이상 늘어난 철강 수요와 북한의 도발에 대한 대응으로 제철소 건립을 쉽게 포기할 수 없었고, 1964년 말부터 제철소 건설논의를 재개했다. 이때부터 가장 중요한 정책파트너는 일본이었다.

1968년 말부터 미국 정부의 조직적인 거부는 결국 KISA의 종합제철 건설계획을 폐기하게 만들었고, 이러한 상황에서 새로운 차관 조달선으로 일본이 주목을 받았던 것이다. 당시 일본은 한국에 한일수교에 따른 대일 청구권 자금을 지불하고 있었고 KISA 회원국에서 제외되어 있었다. 그래서 대일청구권 자금을 전용해서 종합제철소 건립재원으로 활용하는 방안을 모색할 수 있었다. 이는 추가적인 투자 부담 없이 한국의 종합제철소 건립에 참여할 수 있다는 점에서 일본의 호응을 끌어낸 묘안이었다(송성수, 2000:37; 장세훈, 2013a: 211).

장세훈(2013), 박영구(2013)는 기존에 알려진 바와 달리 일본의 청구권 자금 아이디어나 박태준의 역할이 과대평가가 되어 포항제철 설립자금에 대한 내용이 와전(訛傳)되었다고 주장했다. 장세훈은 "박태준이 대일청구권 자금전용의 아이디어를 떠올렸다는 '하와이 구상'이나 박태준의 막후교섭이 사실상 일본의 협력을 끌어낸 원천이었다는 주장 등(이대환, 2004: 272~233; 서갑경, 2011: 209~228; 송복 외, 2012)이 그것이라는 것이다. 그는 "대일청구권 자금 전용의 발상은 실제로는 당시 재일 참사관에 의해 처음 발안된 것이었고(오원철, 1996: 232~233), 박태준의 비공식적 접촉은 정부 차원의 공식적 접촉과 유기적으로 결합되었기 때문에 실효성을 발휘한 것"이었다고 설명하고 있다(장세훈, 2013a: 211).

또한, 박영구는 한·일 외교자료 분석을 통해 "1965년에 이미 경제기획원에서 종합제철 일부 시설을 '대일 재산청구권 중 2억 달러 재정차관을 포함시켜 추진'한다는 아이디어가 제시되었다"라는 것과 "정부 내에서 외자 협력처를 놓고 1960년대 중반까지 미국지향과 일본지향의 의견대립이 계속 지속되었다"라고 주장했다. 그는 당시 경제기획원의 자료 〈표 3〉에서 알 수 있듯이 1965년 일본정부가 한일국교 정상화 후 해외경제협력 기금에 의한 차관이 타당하다는 내용을 주 내용으로 하는 일본정부의 주장에 대해 현재 대일 재산청구권 중 2억 달러 재정차관에 포함하여 추진하겠다는 한국정부의 입장이 나와 있다(박영구, 2013)고 했다.

<표 3> 철강공업 육성 종합계획의 종합제철 건설에 대한
일본정부의 주장과 한국정부의 입장(1965년 5월)

	일본정부의 주장	한국정부 입장
시기	한일국교 정상 후	계속 추진
규모	1) 기업 단위 2) 가격 국제경쟁력 3) 타 연관사업 파급영향을 고려하여 제철능력 30~40만 톤 무리 4) 최소한 100만 톤으로 수정해야 함.	1) 현시점에서의 목적은 국제시장경쟁이 아닌 수입 대체 2) 수익성 외 파급효과 고려 투자순위 결정 3) 막대한 시설투자 요구로 한 번에 국제단위공장건설 내·외자 동원 불가 4) 과잉생산 시 수출능력 안 됨 5) 인도 제철소도 수년에 걸쳐 규모 배가 6) 필리핀 25만 톤 소규모 제철소 다수가 경쟁발전 7) 일본도 소규모 건설에서 점차 확대 발전하였고 현재도 10~20만 톤 소규모 제철소 다수가 경쟁발전 8) 대규모 공장 경영관리의 비효율성 9) 이상 일본의 100만 톤 규모 제안은 불합리
입지	수송문제 고려할 때 울산은 문제	1) 울산은 제반 여건이 가장 유리한 입지 2) 미국 블로녹스 및 서독 DKG 그룹의 기술검토에서 증명됨.
외자자금	1) 민간연불차관보다 일본의 해외경제협력 기금차관이 유리 2) 30만 톤 규모의 경우도 7~8,000만 달러 필요	1) 아사히제철 이자 7~8,000만 달러 하회(下廻) 가능성 2) 회동의 요청 2,200만 달러로 20~40만 톤 종합제철 시설도입 안 됨. 3) 수익성이 낮은 제선, 제강, 대형 압연 기초시설 위해서 약 3,500만 달러는 장기 재정차관이 타당하므로 현재 **대일 재산청구권 중 2억 달러 재정차관**에 포함 시켜 추진
원료구입	원료조달 외자 소요도 고려해야 함.	1) 분광(5%) 및 코크스 제외 국내조달 가능 2) 분광과 코크스 수입은 소요원료의 극소 부분이고 연간 약 500만 달러 이내로서 연간 철강재 수입 4,000만 달러와 비교해 규모 상 문제가 안 됨.
우선순위	기타큐슈 제철업자 입장 있음.	국가 우선순위 기간산업이며, 일본이 제철공장 수출을 기피하므로 정부가 계속 지원 필요

자료 : 외무부 장관(1965); 경제기획원 공공차관(1965).

물론, 이 경우에도 KISA의 자금조달이 어렵다고 최종 확인한 박태준이 꺼내든 유일한 카드가 대일청구권 자금전용일 수 있다. 당시 한일국교 추진과정에서 농림수산 분야에 주로 집중 투자하기로 합의한 일본 청구권 자금을 포항제철 건설자금으로 전용한다는 발상은 사회적 비난을 감수해야 했기 때문이다. 특히 이 대목에서 한국의 철강 시장에 관심이 많았던 일본 철강업계와 박태준의 관계에 주목해야 한다. 한국정부가 일본을 끌어들여 미국과 일본과의 경쟁전략을 선택할 때부터 정부 내에서도 '미국지향'과 "일본지향" 지지세력 간의 대립이 있었다. 경제기획원을 맡아 미국 차관단 지향을 주도했던 장기영 경제기획원 장관과 포항제철 건설을 맡은 박태준의 갈등은[17] 한국 종합제철 건설을 둘러싼 미국과 일본의 경쟁에서 일본으로 저울추가 기운 단면으로 봐야 한다. 다시 말해 1965년 6월 박태준은 가와사키 제철의 니시야마 야타로 사장을 한국에 초청하여 자문을 받을 때부터 일본통인 박태준은 이미 "일본지향"을 대변하는 데 앞장서 있었다고 봐야 한다.

한편, 한국 제철소 건립을 둘러싼 논의에서 미국과 일본은 서로 대척점에 서 있지 않았다. 일찍이 스즈키 타케오[18]는 식민지 통치를 긍정적으로 평가하며, 조선공업의 특징으로 일본공업과 유기적인 관련 속에서 발달해 왔다는 점을 강조했다. 그리고 해방 후 블록경제 해체에 따라 한국은 인위적으로 보장된 경제적 채산성이 사라짐에 따라 붕괴한다고 했다. 그는 식민지시기에 구축된 일본과의 경제적 관계 틀과 경제구조는 조선이 해방된 이후에

---

17 장기영 경제기획원 장관은 일제강점기에 조선은행의 고위직을 지내 일본에 친분이 많았고(박영구, 2013), 박태준 사장도 와세다 대학을 나와 일본 정·재계 관계는 두 사람 모두 자타가 공인하는 일본통이었다. 장기영과 박태준은 제철소 설립을 놓고 지속적으로 갈등을 빚어 왔는데, 1967년 9월 25일 KISA의 기본협정 합의각서를 놓고 장 부총리실을 박차고 들어가 소란을 일으킨 일과 1967년 10월 3일 종합제철 기공식에 박태준은 참석하지 않았고, 기공식으로 이동하던 장기영이 해임을 당하게 된다 (이대환, 2004: 237~241).

18 스즈키 타케오는 1928년 경성제대 법학과에서 조선경제 연구를 하였고, 패전 후에도 조선정치·경제론을 저술한 거의 유일한 한국통 브레인이었다. 그는 일본정부가 배상문제를 대처하기 위한 조사연구 프로젝트에 중심적인 역할을 하였으며 일본의 조선에 대한 식민지 지배에 대해 통치의 긍정적 측면을 강조하였던 인물이다.

도 자유무역체제에 입각하여 유지되어야 한다고 봤다. 그리고 조선에는 일본제 기계의 수입이 필요할 것이며 조선 수출을 대가로 미국산 필요물자를 수입할 수 있다는 이점이 있어 미국의 '태평양지역 경제통합'에도 협력하는 것으로 평가했다. 이러한 시각은 미국의 한국공업 자체발달에 대한 비관적 전망에 많은 영향을 미쳐 해방 이후 대한정책의 형성 및 동아시아 지역통합구상에서 일본 지식인의 조선 인식을 무비판적으로 수용한 측면이 있었다(송병권, 2002). 따라서 미국은 스즈키의 인식 즉, 일본의 제국주의적 '내선일체론'을 경제적 측면으로 연결하여 한일배상과 제철소 건립을 정책적으로 수용한 것으로 해석해 볼 수도 있다.

어쨌든, 박정희 정부는 국내의 많은 반발 속에서 대일청구권 약 1억2천 달러를 일본으로부터 재정차관으로 제공받아 종합제철소 건설 의제를 구체화했다. 그리고 정부의 이런 정책에 따라 지역 차원에서도 제철소 유치운동이 본격화되었다.

2) 포항제철 설립과정

가. 제철소를 어디에 세울 것인가?

KISA와의 종합제철 건설계획이 본격화되기 시작한 1967년 4월에 들어 제철소 입지선정문제가 논란이 되었다. 철강산업에서 입지선정은 다른 어느 산업보다 중요한 부분이다. 대체로 일반제조업에서 입지를 선정할 때 고려사항은 부지면적과 지질, 항만, 도로, 철도, 용수, 전력 등 사회간접시설과 원료조달과 상품시장과의 접근성, 산업에 필요한 노동력을 공급해줄 배후도시 등이다. 철강산업도 일반제조업과 비슷하지만, 원료를 많이 조달해야 하고, 대규모 시설이 필요한 산업이기 때문에 매우 복잡하고 까다로운 입지선정 절차가 필요했다. 건설부는 종합제철공장의 건설 후보지를 울산, 삼천포, 월포, 포항, 보성 5개 지역으로 선정했다. 이 사실이 언론을 통해 알려지면서[19] 해당 후보 지역에서는 제철소 유치경쟁이 치열하게 벌어졌다.

종합제철소를 어디에 세울 것인가에 대한 관심은 오래 전부터 있었다. 1958년 8월 상공부가 강원도 양양을 입지로 하여 연간 20만 톤 규모의 선철 생산을 할 수 있는 제철소 추진계획을 밝혔다. 이는 이승만정권이 삼화제철 소가 있는 동해안을 지목하고 그 일대에 종합제철공업단지를 지을 계획이었 다(포항제철, 2004). 이승만정권이 강원도 일대를 주목한 것은 단순하고도 절박한 이유였다. 국내재원이 없는 상태에서 외국에서 원료를 수입해올 수 없으니 국내산 철광석을 사용하자는 것이다. 양양철광은 1933년 일본에 개 발된 철광생산지였다. 그러나 이러한 계획은 외자 유치 실패 등으로 물거품 이 되었고, 1961년 민주당 정부가 다시 제철소 설립을 동해안 일대에 계획했 지만, 정권이 단명(短命)하여 동해안 제철소의 꿈은 사라지고 말았다.

이후 등장한 박정희 정권은 종합제철소를 짓기 위해 외자 유치와 제철소 입지선정에 박차를 가했다. 종합제철소 입지로 1950년대부터 계속 거론된 지역은 인천, 강원도 등 중부지역이었다. 이유는 철강 수요지나 원료 생산지 가 가깝기 때문이다. 그런데 일본과 지리적으로 가까운 동남부 지역으로 제 철소 입지가 전격 변경된 것은 군사적 측면 즉, 유사시에 미국과 일본, 미국 과의 군사적 연결을 중요하게 인식했기 때문이었다.

"박 대통령은 군 출신이니까, 창원도 북한의 폭격에 방어하기 좋은 곳에 공단을

---

19 조선일보 기사에는 울산, 삼천포, 포항, 보성 4개 지역으로 후보지를 정하기로 기사화되어 있다(조선 일보, 1967.4.9.; 4.21. 참조).

세웠어요. 그곳이 분지라서 폭격이 어려워요. 근처에 해군기지도 있고 해서. 박대통령이 군 출신이니까, 포항제철도 그런 점을 많이 생각하여 입지를 선정하지 않았나 싶어요."(B-4).

당시 박정희 대통령의 의중은 방위산업에 있었으며 방위산업과 직결된 철강, 기계공업은 최남단과 오천 해병대와 같이 방위력이 있는 지역을 선호하였다(박영구, 2014: 399). 또한, 양양의 국내 철광석은 그 당시 품질 문제로 매력이 상실된 지 오래되어 철광석의 해외 수송을 위해 우선 필요한 것이 항구였다. 그래서 항구가 있는 지역이 제철소 입지의 우선 대상이 되었다. 동해안의 속초, 삼척, 묵호, 월포, 포항, 울산, 남해안의 부산과 진해, 마산, 여수, 보성, 목포 그리고 서해안의 군산, 장항, 비인, 아산, 인천 등 총 17개 지역이 후보군에 올랐다(최의운, 2002).

1965년 일본의 제철소 조사단이 후보지를 돌아보고 울산, 삼천포, 염포, 마산 등을 적격지로 추천했지만, 이는 투자가가 결정되지 않은 상황이라 사전조사만 했다. 입지선정 작업이 본격적으로 이루어진 것은 KISA 결성 이후인데, 미국 코퍼스 기술진들이 1967년에 들어와 현지답사를 하면서 전개되었다. 당시 미국 기술진은 인천, 포항, 삼천포, 울산 등 7개 지역을 집중 조사하고 삼천포, 울산을 유력한 후보지로 추천했으며, 뒤이어 경제기획원 입지조사팀이 연산 300만 톤 규모의 제철소 부지 조성을 목표로 월포, 포항, 보성 등 5개 지역을 조사했다(포항제철, 1989: 107; 서갑경, 2011: 155; 장세훈, 2013a: 231 재인용). 이들 평가와는 별도로 제철소 후보군에 오른 각 항구 도시들은 제철소 유치에 큰 기대를 걸고 있었다. 1967년 5월 3일이 제6대 대통령선거 시기였고, 6월 8일이 제7대 국회의원 선거였기 때문에 유치경쟁이 더욱 뜨거웠다.

각 도시에서 시민들이 주최하는 유치대회가 개최되어 지역정치인들은 "자신이 반드시 제철소를 우리 고장으로 가져오겠다"라고 열변을 토했다. 청와대까지도 정치인들을 앞세운 로비로 몸살을 앓을 지경이었다(국토교통부, 2013).

1967년 5월 11일, 제6대 대통령선거가 실시된 바로 그날, 건설부는 한국종합기술개발공사와 1개월 기간으로 삼천포, 포항, 월포, 군산, 보성 등 5개 후보 지역에 대한 '현지조사 및 비교검토'를 위한 용역계약을 체결하였다(이대환, 2014: 232).

제철소 부지가 어디로 갈지 모르는 상황에서 후보지인 포항은 포항상공회의소를 중심으로 제철소 유치가 지역발전의 전기(轉機)가 될 수 있다고 보고 '종합제철소 유치를 위한 동해지구 개발협회'를[20] 결성하여 활동에 들어갔다. 당시 유치경쟁이 가열되는 상황에서 동아일보는 사설을[21] 통해 "입지선정을 늦추는 것은 공장건설과 관련 투자를 그만큼 지연시키는 것이고 이미 정부에서 따질 만한 것을 모두 남김없이 따져보았다고 할 수 있기에 더 이상 늦출 필요가 없다"라고 강조했다.

드디어 1967년 6월 21일 종합제철소 부지선정 용역을 맡은 한국종합기술공사는 최종입지를 결정한다. 입지선정의 주요기준은 조강생산 규모, 공장부지, 공업용수, 원료, 항만, 전력 등을 집중적으로 검토하여 지원시설에 대한 투자비가 가장 저렴한 포항이 적합하다고 봤다. 포항으로 입지선정이 된 다음날 포항은 상공회의소 주관으로 대대적인 '범시민 입지 결정 환영대회'

---

20 포항 · 영일 지구에 종합제철 유치를 위한 '동해지구개발협회'의 회장에는 포항상공회의소 오실광 회장, 부회장에 이정기(영일), 이달환(영일), 김경섭(포항 구동인의원장), 정명방우(포항) 씨가 선출되어 사무실을 상공회의소에 두었다(포항상공회의소, 2003: 170).

21 동아일보(1967.4.8.)

를 개최하며 뜨거운 관심을 나타냈다.

발전국가의 의제 형성에서 지역사회가 내세우는 낙후지역 발전 담론이 비집고 들어갈 틈이 없이 일방적이었다. 실제로 중앙정부의 입지선정 절차는 지역사회의 요구에 크게 흔들리지 않은 채 전개되었다. 건설부의 용역을 맡은 한국종합기술공사가 나서 5개 후보지를 대상으로 조사한 결과 포항이 제철소 지원시설 건설비가 가장 낮은 지역으로 밝혀졌다. 그 외에 포항의 양호한 항만 조성여건과 대량의 해수 · 담수 공급 여건까지 더해지면서, 포항을 최종후보지로 선정된 것이다(포항제철, 1989: 107; 이대환, 2004: 231, 장세훈, 2013a: 215 ~216).

종합제철소 입지선정을 위한 정부의 의제설정은 평면적으로 볼 때 여러 지역 입지를 놓고 지리적 여건이 유리한 기술적 판단에 따른 선정과정이었다. 그러나 당시 종합제철소 입지에 대한 정부 내에서도 여러 입장이 있었고, 실제 입지선정을 결정하는 과정에서 다양한 변수들이 영향을 미쳤다.

나. 제철소 부지선정과 결정요인

종합제철소 입지선정 경쟁이 처음 전개될 때만 해도 제철소가 포항에 들어올 것이라고 아무도 예상하지 못했다. 포항이 제철소 입지로 선정된 것에 대해 여러 가지 견해들이 있다. 작가 이대환은 포항제철 부지선정과정에서 정치권력이 개입하여 유치경쟁이 치열했으나 최종 결정은 흔들리지 않고 과학적이고 비정치적인 결정을 했고, 이를 가능하게 한 것이 박태준의 역할이라고 했다. 즉, 박정희의 특명을 받은 박태준은 정치 논리가 객관성, 공정성, 합리성을 깔아뭉개는 것을 막아내는 데 앞장섰다고 강조한다(안상기, 1995; 이대환, 2015).

"다른 많은 사람들은 포항이 아닌 곳을 지목했다. 경제기획원은 삼천포를 지목했다. 박태준은 박 대통령에게 포항이 제철소가 들어서야 할 적지라고 강력하게 주장했다.' 그의 주장은 후에 입증되었다시피 정말 타당했다. 최종 선정지가 포항으로 결정된 이유 가운데 하나로서, 무엇보다 박태준에 대한 박 대통령의 깊은 신뢰를 빼놓을 수 없을 것이다."(프리미엄 조선, 2014.10.31.).

또 조갑제가 쓴 박정희(2006)의 대목을 추가시켜 부지선정과정에서 포항이 결정된 것은 정치 논리가 아니었다는 것을 강조한다.

"당시 정계 실력자들 사이에서는 종합제철소 유치경쟁이 치열했다. 포항만 아무도 미는 사람이 없었다. 정부가 후보지를 조사해보니 포항이 가장 적합한 곳으로 나타났다. 어느 날 박 대통령은 황병태 국장을 부르더니 김포로 가는 자신의 차에 동승하게 했다. '황 국장, 소신대로 이야기해 주어야겠어. 종합제철 입지를 놓고 말이 많은데 어디가 제일 좋아?' '다른 데는 미는 사람들이 있는데, 사실상 포항이 제일 바람직한 것으로 판단됩니다. 미국용역회사 보고서도 수심이 깊은 포항이 제일 좋다고 합니다.' '알았네. 포항은 미는 사람이 없으니 자네가 미는 걸로 하지, 나중에 경제동향보고회의 때 자네를 부를 테니 그때 소신대로 이야기하게'."[22]

그러나 미국용역회사가 포항이 제일 좋은 입지라고 한 것이 앞에서 거론한 내용과 다르고, 박정희가 포항을 미는 사람이 없어 황병태를 활용했다는 것도 박태준이 관료 회의에서 포항을 적극 주장했던 것과 약간의 차이가 있다. 입지선정과 관련하여 경북도청에서 종합제철 유치업무를 보던 이기형 씨는 6월 15일에 통보를 받기 전까지도 월포가 입지로 결정된 것으로 알고 있었다.

---

22 안상기, 1995; 프리미엄 조선, 2014.10.31. 재인용

"그때는 여러 후보지 중에서 경남의 삼천포와 경북의 영일군 청하면 월포리가 가장 유력한 후보지로 압축되어 있었다. 그러다 보니 경상북도에서는 종합제철의 필수요건인 항만, 공업용수, 지형 등에 걸친 현지조사가 활발히 진행되고 있었다. 그때 나는 현지조사를 진행하면서 반드시 경상북도에 제철소를 유치해야 한다는 다짐을 되씹곤 했다. 그러나 종합제철소의 입지는 우리가 전혀 예상하지 못했던 곳으로 결정되었다. 경상북도 내에 유치하는 것은 성공했지만, 그 장소는 영일군 대송면으로 확정되었던 것이다. 입지가 확정되던 67년 6월 15일, 나는 과장과 계장을 통해 종합제철의 입지가 영일군 대송면으로 확정되었다는 사실을 통보받았다"(이호, 1998: 26~27).

지역에서도 초창기에는 삼천포가 유력하다가 후에 월포에 들어선다는 얘기가 떠돌았다고 한다(E-3). 그 상황을 조선일보와 동아일보 기사에서 추정해 볼 수 있다. 두 신문사는 다음과 같이 동일한 내용으로 후보지와 입지조건을 게재했다.

"건설부는 종합제철공장 건설을 위한 국제차관단과의 기본합의서가 맺어짐에 따라 그 후보지에 대한 기초조사를 오는 5월 말까지 끝낼 예정이다. 건설부는 종합제철 후보지로는 ① 1백만 평 이상의 용지를 확보할 수 있어야 하고 ② 1일 10만 톤 이상의 공업용수를 공급할 수 있어야 하며 ③ 4만 톤급 이상의 선박이 접안할 수 있는 곳이어야 한다고 밝혔다. 후보지로 물망에 오르고 있는 곳은 울산·삼천포·포항·보성 등 4개 지역이다"(동아일보, 1967. 4. 8.; 조선일보, 1967. 4. 9.).

여기에는 후보지로 월포가 빠져있고, 나머지 네 곳이 경합을 벌였는데[23] 동

---

23 이대환(2015)은 1967년 2월경 울산이 협소하다는 의견이 지배적이어서 제외되었다고 기록하고 있지

아일보에서 5월경에 포항이 빠지고 월포가 들어가 있는 것을 볼 수 있고, 후에 6월경 조선일보 기사에는 포항이 다시 후보지에 들어가서 최종입지로 선정된다.

> "년 조강 백만 톤 규모의 종합제철 공장건설 입지선정 작업을 추진해온 건설부는 24일 전국 17개 후보지 중 삼천포 · 보성 · 울산 · 월포 등 4개 항구를 선정, 이에 대한 각종 지원시설비 등 종합적인 자료를 마련했다"(동아일보, 1967. 5. 24.).

> "각 지방의 유치경쟁을 논란이 많았던 이 공장의 설립지 선정문제는 그동안 기술조사를 용역 맡았던 한국종합기술공사의 최종보고서가 21일 확정단계에 들어간 것이다. 삼천포 · 보성 · 울산 · 포항 등 설립 후보지에 대한 기술조사를 마친 종합기술공사는 다음과 같은 이유를 들어 포항지구가 가장 적당하다고 보고했다. ▶일관작업이 가능한 효율성을 갖고 있다. ▶양양 등 국내 원료 공업지가 가깝다. ▶배후지가 넓어 앞으로 조선 등 연관공장이 들어설 자리가 많다. ▶지질이 좋아(단단한 砂質) 중공업지로 적합하다"(조선일보, 1967. 6. 22.).

이처럼 먼저 삼천포가 유력하다가 월포로 온다는 얘기가 지역에서 떠돌아 월포에 땅을 매입하는 소동이 있었는데, 최종적으로 포항이 선정된 것은 여러 가지 복합적인 요인이 작용했겠지만, 우선 지리적 여건이 좋았기 때문이라는 주장이 가장 유력했다.

> "약삭빠르게 월포에다 땅 사두었던 친구는 하루아침에 알거지가 되고, 어리석게

만, 동아일보 기사에서 확인할 수 있듯이 최종까지 경합을 벌였던 후보지 중 하나였다.

도 월포 땅 팔아 포항 땅 산 친구는 하루아침에 횡재했네. 월포에 땅 샀다고 으스대던 놈, 잘됐지, 약은 고양이 밤눈 어두운 줄 모른다더니 바로 이번 일을 두고 하는 말일 걸?"(이호, 1998: 27).

"월포로 간다고 했지만 조건이 맞지 않았어요. 수심이 맞아야 합니다. 내 기억엔 수심이 최하 8-9m 이상 깊어야 되는 조건이 있더군요. 월포는 6미터 50(센티미터) 밖에 안 되었어요. 삼천포도 그리 안 되고, 그래서 포항이 되었어요. 포항은 모래 파내고 나면 수심이 깊어요. 수심 때문에 포항에 왔다고 했어요. 그런데, 물이 없어서 문제가 되어 당장 오지 못했어요. 나중에 안계댐 만들어 물을 보내주는 계획을 세우고 포항이 확정되었지요"(C-1).

지역주민의 얘기에 따르면, 포항은 제철소에 필요한 물 공급이 어려워 월포를 유력한 후보지로 변경했다. 그런데 월포는 수심이 얕아 큰 배가 접안할 수 없어서 다시 포항을 검토하고, 댐을 만들어 용수를 공급할 수 있는 대책을 수립하여 선정했다는 얘기이다. 그러나 포항제철 35년사에 보면, 애초 선정 과정에서 포항은 항만 건설비용이 천문학적 규모로 예상되어 건설부 조사대상에서 제외될 뻔했다가 재 편입되는 등 입지선정 기준을 둘러싼 혼선이 적지 않았다고(포항제철, 1989: 108) 기록된 것을 봤을 때, 입지선정이 합리적 원칙이나 순수한 경제 논리로만 전개된 것이 아니라는 추측이 가능하게 한다(장세훈a, 2013).

그렇다면, 포항이 선정된 배경에는 또 다른 사회적 요인이 작용했을 개연성이 높다. 우선, 대통령이 종합제철소를 핵심적인 국가방위산업으로 보고 해병대가 있고 휴전선과 멀리 떨어진 동남쪽을 선호했다.[24] 그렇다면 동

---

24 박영구는 창원에 종합기계공업기지를 선택한 것이 휴전선과 멀리 떨어져 있고 바로 옆에 진해 해군기지가 있었기 때문이었고, 제철소 입지도 해병대 기지가 있는 곳으로 선택했다고 한다. 그리고 박정희와 군 출신 인사들은 한국전쟁의 경험으로부터 일본-미국과 연결되는 동남쪽을 선호하여 마산, 창원,

남쪽 중에서 왜 하필 포항으로 선정되었느냐는 궁금증은 여전히 남는다. 포항이 선정된 데는 박영구의 주장처럼 군사 안보적 요인이 중요하게 고려되어 동남쪽으로 정해놓고 여러 가지 상황을 고려했을 것이다. 그중에 결정적으로 작용한 요인이 정치적 요인이라 아닐까 싶다. 당시 정권이 걸린 치열한 대통령선거와 국회의원 선거가 실시되고 있었던 때인 만큼 선거가 입지선정에 결정적 영향을 미쳤을 개연성이 높다. 공교롭게도 입지 결정이 되는 1967년 6월은 제6대 대통령선거(1967.5.3.)가 있고 곧바로 7대 국회의원 선거(1967.6.8.)가 동시에 치러지고 있어 입지 결정 일정과 겹쳐진 시기였다.

제6대 대통령선거는 여당인 민주공화당의 박정희 후보와 야당인 민정당의 윤보선 후보가 경합을 했다. 비록 4년 전 제5대 대선에서 야당 윤보선은 15만여 표라는 근소한 차이로 박정희에게 졌다. 하지만, 제6대 5.3 선거결과는 116만여 표 차이로 박정희 후보가 압도적으로 크게 이겼다. 윤보선은 즉각 5.3 선거를 관권, 금권, 청중동원, 투개표 부정 등 유례없는 부정선거로 규정하여 파문이 일었다.

박정희는 선거를 앞둔 4월 15일 KBS 방송 연설에서 "우리는 아직도 더 많은 공장을 건설해서 국민 생활을 풍족하게 하고, 더 많은 수출을 올려야겠으며, 2차 5개년 계획 기간 안에 국민소득을 배증하고 자립의 목표를 달성하겠다"라고 경제 중심의 선거전략을 내세웠다. 그 전략이 효력을 발휘하여 승리를 쟁취하게 되었다(김지형, 2016). 포항지역은 제6대 대선 이전에는 '여촌야도(與村野都)' 현상이 뚜렷이 나타나던 지역이다. 그런데 대선 이후부터 지역주의가 선거판을 움직이는 여당 일색의 지역이 되었다. 1963년에 치러진 제5대 대선에서 포항은 야당이 승리를 했던 선거구다. 그런데 제6대 대선에

진해, 울산, 포항이 박정희에 의해 선호되고 있었다고 주장한다(박영구, 2014: 401~403).

서 완전히 역전되어 박정희가 30% 이상 더 득표를 받았던 것이다. 이 짧은 기간 내에 무슨 일이 벌어진 것일까?

아울러 그해 6월 8일에 실시된 제7대 국회의원 선거는 당시 여당이었던 민주공화당이 전국적으로 각종 수법을 최대한 활용한 부정선거를 했다. 당시 관권개입 등으로 야당의 선거운동원은 심한 감시와 제약을 받아 대리투표의 행렬이 끊어지지 않았으며, 막대한 금품이 살포되었다는 소문이 퍼졌다. 선거결과 선거인 144,381명에 120,483명이 투표하여 83.4%의 투표율을 기록했고 유효투표수는 116,508표로 김장섭 후보가 47,868표를 얻어 당선되었다(포항시사, 1999).

제7대 국회의원 선거는 자유당 선거 이후 가장 심한 부정타락 선거라는 평가를 받고 있다(고호환, 2006). 당시 부정선거가 극심했고, 소위, '고무신 선거, 막걸리 선거'라는 말이 이때 생겨날 정도로 금권·관권선거가 만연했다. 자유당 때는 경찰들이 동원되어 부정선거가 진행된 것과 달리 이때는 전 공무원들이 대거 동원되고 통·반장까지 선거개입을 했다. 또 정부 여당의 무차별적인 지역공약 남발과 선심 공세는 매우 조직적으로 이루어졌다. 그 결과 선거 사범이 7,694명으로 직전 선거인 제6대 국회의원 선거 보다 6천3백여 명이 증가했다. 선거가 끝나자마자 '6·8 부정선거는 무효'라며 전국에서 데모가 일어나 결국 대통령은 8개의 선거구에 당선자를 제명시키는 정국수습 안을 발표하기에[25] 이르렀다(정호집, 2004). 이러한 불법, 탈법 선거가 난무했던 제6대 대선과 제7대 국회의원 선거 와중에 당시 국가 최대의 공사라 할 수 있는 종합제철소 건설 입지를 선정하는 작업이 진행된 것이다. 이것은 행정적이고 기술공학적인 문제 이전에, 정권의 향배가 걸린 중대한 정치적

---

25 중앙선거관리위원회, 대한민국 선거사 제1집, 1973: 558, 정호집, 2004 재인용.

과제였다. 포항상공회의소 70년사에는 그때의 상황이 상세히 기록되어 있다.

"입지 후보 지역들은 이때를 놓칠세라 전국 각지에서 치열한 종합제철 유치전
이 벌어졌다. 이미 공업지역 면모를 갖춘 울산에서부터 포항·삼천포·보성 등
이 제각기 입지조건이 좋다며 백가쟁명을 하였다. 종합제철을 자기 지역에 꼭
세우도록 해달라는 산더미 같은 연명 진정서가 경제기획원에 매일 쌓이게 되었
다. 정부는 정부대로 각지에 조사단을 보내 입지조건을 면밀히 검토했지만, 결
과에 대해선 일체의 발표를 보류하고 있었다. 종합제철 건설이 정부의 기본 방
침으로 발표되고 경제기획원에서 몇 곳의 후보지가 거론되자 전국에서 제일 처
음 유치운동을 편 곳은 포항이다. 그 역할을 포항상공회의소가 맡았다. 67년 2
월 3일에 포항·영일 지구에 종합제철을 유치를 위한 〈동해지구개발협회〉가 구
성되어 청와대와 관계 요로에 건의서를 제출하였다. 2월부터 5월 사이에 관계
간부들이 무려 13회나 서울에 올라가 관계 장관 및 관계관과 13차례나 면담을
하였고, 2월 11일에는 포항·영일·경주·영덕에서 50만 명의 연판장을 받았
고, 3월 23일에는 1백만 경북 도민의 연판장을 받아 정부에 보냈으며, 개발협회
는 무려 30여 회나 회의를 하였다"(포항상공회의소, 2003: 170).

포항에서 유치운동 조직이 2월 3일에 결성되어 2월 11일 사이에 약 8일간
에 50만 명의 연판장을 받고, 다음 달 3월 23일까지 약 1달 20일 만에 100만
명의 연판장을 상공회의소 회원들이 받았다는 것은 상식적이지 않다. 요즘처
럼 교통과 통신이 발달했어도 쉽지 않은 일이다. 그리고 청와대와 경제기획
원 등에 수십 차례 건의서를 제출하거나 대통령을 직접 만났다는 주장들이
있다.[26] 이는 단순한 유치운동을 넘어선 정치적 활동으로까지 비친다. 이러한

---

26 당시 오실광 회장과 박일천 전임 포항시장 등이 대통령을 만나 담판을 지어 포항이 최종 선정되었다
    는 후문이 있다(서병철, 2011; 포항상공회의소, 2003; 포항시사편찬위원회, 1999: 823~825).

주장에 대해 당시 생존해 있는 관계자들 얘기는 좀 다르다.

"1967년의 상황은 엄혹한 시절이었다. 그렇기 때문에 지역에서 종합제철에 대해 아는 사람이 없었고, 그것이 들어서면 무엇이 좋아질 것인지도 제대로 몰랐다. 상공회의소는 당시에는 존재감이 없었어요."(C-1)

"당시 유치위원회는 상공회의소가 주도했다고 하는데, 포항제철 들어서기 전에는 있는지도 잘 몰랐다. 자발적인 움직임이라기보다는 이 사업을 추진하기 위해 정부에서 민간인들을 앞장세워 분위기를 만들었다고 봐야 한다. 연판장을 받은 것도 뒤에서 관이 도와주고 해서 했을 것이고, 50만 명이란 것은 말이 안 된다. 그때 포항, 영일군 다 합쳐야 30만이 안 되었다. 박일천 씨가 서울 가서 대통령을 만났다고 한다면, 정부에서 오라고 해서 만났을 것이다. 포항이 결정되었으니 정책추진을 협조해 달라는 차원에서 국가에서 불러서 만났을 것이다."(E-3).

이러한 증언을 종합하여 정리하면, 정부는 지역 토착 엘리트들과 비공식적 협력이 잦았고, 이러한 관계를 통해 국가정책과 통치행위를 교환했다고 볼 수 있다. 또한, 당시 관권선거가 난무하던 선거철과 맞물려 있는 상황에서 토착 엘리트들의 제철소 유치 활동이 선거운동과 무관한 활동이라고 보기 어렵다. 1967년 초반에 제철소 부지가 삼천포로 간다고 했다가 포항으로 그리고 월포로, 결국 포항 대송면에 선정되는 과정은 '연판장'으로 표현되는 지역주민 집단요구나 정계 실력자들의 활동[27]등이 상호작용을 하며 부지 결정이 요동쳤음을 보여준다.

---

27 당시 정계 실력자들 사이에 종합제철소 유치경쟁이 치열했다. 충남 비인은 김종필 의장의 연고지였고, 울산은 이후락 실장의 고향, 삼천포는 박 대통령의 대구사범 동창생이자 재계의 막후인물인 서정귀의 연고지였다(프리미엄 조선, 2014.10.31.).

당시 박정희 정권은 국가기구가 효율성 제고와 남북한 대치상황을 앞세워 사회 위에 군림하면서, 내부적으로는 대통령을 정점으로 모든 권력을 집중시키는 중앙집권적 권력 구조를 갖춘 체제였다(장세훈, 2010a; 이병천, 2000). 이는 국가권력이 인적·물적 자원의 효율적이고 신속한 동원이 가능했음을 의미한다. 그래서 지역사회의 개발요구를 어렵지 않게 제압할 수 있었고, 중앙정부의 뜻을 곧바로 관철할 수 있었다. 또 이데올로기 차원에서 국익 우선의 경제 성장주의를 민족주의 이념과 결합하여 확산시켰다. 따라서 지역에서 내세운 낙후지역 발전 담론이 비집고 들어갈 틈이 없었다. 심지어 일부 지역 유지들만 이에 동조할 뿐, 지역사회의 대다수 지역주민들의 관심과 적극적인 호응을 끌어낼 만한 담론으로 확산하지 못했다(장세훈, 2013a: 215)). 그래서 지역에서 전개된 유치 활동이 영향력을 발휘하기 어려운 여건이었다. 하지만, 선거 국면 특히 정권의 향배가 갈리는 대통령선거나 국회의원 선거 시기에는 상황이 다르다. 선거를 통해 권력을 유지하려는 정권의 입장에서는 지역개발 공약 제시와 쟁점개발, 활발한 유세 등 제반 수단을 총동원할 수밖에 없다. 1967년 제6대 대통령선거는 박정희의 6년 집권 기간(군정 2년, 민정 1기 4년)의 성과를 바탕으로 "제2차 경제개발 5개년 계획 수정을 통한 공업 국가 건설과 고도성장"을 공약으로 전면에 내세웠다. 그리고 지방공무원들을 선거운동에 관여시켜 관권선거와 거액의 선거자금을 불법 살포하는 일들이 벌어졌다.[28] 혼탁한 금권·관권선거 양상은 대통령선거 이후 한 달 만인 6월 5일에 치러진 제7대 국회의원 선거에서도 이어져 역사상 유례없는 불

---

28 당시 신민당에 따르며, 공식 대통령 선거자금이 2억8천만 원인데, 각 지구당별로 지급한 1~2백 원과 앞으로 지급될 1~2천만 원, 그 밖의 공화당과 정부가 사용하는 막대한 선전비, 각 단체공작금, 야당 분열 공작금, 행정 각 기관을 통한 매수자금을 합치면 1백억 원이 넘는다고 주장했다. 그리고 공무원의 선거개입과 관련하여 선거연설대회장 허가취소 및 불허, 친야 선거위원장 사퇴 강요, 투표구 단위로 사설 경찰 배치 등을 근거로 제시했다(조선일보, 1967.3.22; 4.30.).

법 선거가 재현되었다. 이는 박정희가 정치적 안정을 유지하는 데 필요한 의석을 넘어 개헌에 필요한 2/3의 의석을 확보하려 한 데서 기인했다(양명지, 2003).

이처럼 권위주의 체제에서의 정권유지전략은 단순한 물리적 억압과 폭력만을 사용한 것이 아니라 사회로부터 동의를 끌어내는 데도 주력했다. 그래서 지역 유력인사나 관변단체 등을 끌어들이고 통·반장들을 선거운동원 역할[29]을 대행하게 함으로써 도시지역의 열세를 보완했다.

따라서 대통령 고향이 있는 경북지역, 그중에서 해병대가 주둔하고 있어 군사 안보적으로도 중요하고 지리적으로도 괜찮은 포항에서 지역 엘리트들의 포철유치 활동은 정치인들에게는 좋은 기회였을 것이다.

그동안 제철소 부지 선정과정에 대한 기존의 견해들은 개발 주체들에 의해 선험적으로 설정된 담론을 무비판적으로 받아들여진 것이다. 이들은 제철소 부지는 비정치적이고 과학적인 판단(이대환, 2004: 234; 전상인, 2012: 273) 즉, 기술공학적 적합성 여부만이 부지선정 결정의 잣대였다고 강조했다. 하지만, 살펴본 바와 같이 지역개발을 둘러싼 정치적 권력 관계가 더 핵심적인 변수가 아니었을까?

결국, 제철소 부지선정은 크게 세 가지 요인 즉, 군사적 요인과 지리적 요

---

29 농촌지역에는 이미 도시의 통·반장제도와 비슷한 기능이 많은 조직들이 산재해 있었고, 이것들이 대중을 동원하는 기능을 담당하고 있었다. 새마을 부녀회, 청년회, 재향군인회, 4H 구락부 등이 모두 이러한 조직이라 할 수 있다. 농촌지역은 이러한 조직망을 통해 국가에 의한 철저한 통제체계가 조성될 수 있었다. 그러나 도시에는 이러한 조직이 미비하다 보니 지방자치단체 조례를 통해 "행정의 말단침투와 주민의 자조 노력에 의한 지역방위를 효율적으로 수행하기 위하여" 그 하부조직으로 통(統)과 반(班)을 둘 수 있게 하였다. 동사무소와 통·반 조직은 국가행정의 말단 조직으로서 통·반장은 동사무소의 업무를 보조하고 각종 행사에서의 인원동원 및 각종 잡부금 징수 등 행정조직의 보조역할을 담당했다. 이 조직은 70년대 후반에 이르러 도시주민의 동원을 위한 가장 중추적인 국가의 제도적 정책수단으로 기능하게 되었다(양명지, 2003 재인용).

인, 정치 사회적 요인이 복합적으로 영향을 미쳐 결정되었다고 보는 것이 보다 타당할 것이다.

다. 포철은 황량한 모래펄 위에 세워지지 않았다.

'가난을 극복하고 민생을 살리기 위해 산업근대화'를 질주했던 1960-70년대는 '예외가 규칙으로 바뀌고, 상시적인 예외상태가 실현된 시대'였다(고지현, 2011). 한국에서 예외상태는 국가권력에 의해 제철소 입지로 선정된 대송면 일대 지역에 단행되었다.

흔히 포항제철이 아무 것도 없는 황량한 영일만 모래펄 위에 지은 것으로 이해되지만, 그곳은 흔하지 않은 경관과 농·수산업이 풍부했던 곳이다. 제철소 부지로 조성되기 전 1966년경 이 일대는 15개 마을과 2,102가구에 12,858명이 토지와 바다를 배경으로 살던 마을이었다. 지역주민 한 분은 당시 마을의 전경과 포철개발 상황을 증언한다. 그는 포철을 설립하기 위해 제철소 부지를 해외조사단과 동행했던 분이다.

"송도바닷가로 가는데 방풍 소나무가 바람이 하도 불어서 다 구부러져 있었어요. 바닷가까지 가는 도로를 닦아 놓았는데 소나무가 하도 많이 우거져서 햇볕이 안 들어왔어요. 같이 간 사람은 독일, 일본, 영국, 프랑스 사람인데, 미국 사람은 없었어요. 지역 사람도 가자고 해서 갔는데, 모래를 보고, 일본사람이 탄복하더군요. 이런 곳은 하늘이 준 땅인데, 이럴 수 없다고. 일본은 오스트리아, 호주 같은 데 가서 모래를 싣고 와서 해수욕장을 하는데, 그때의 해변은 송도해수욕장에서 도구 약전까지 넓게 퍼져 있었어요. 우리가 클 때, 작은 모래 산이 여기저기 있다가 없어졌다가 할 정도로 모래가 많고, 좋았어요. 종합제철은 다른 데 하고, 여기는 얼마 있으면 최고 좋은 땅인데, 위치가 세계적으로 좋은 곳인데, 왜 이런 곳에 공장을 하려고 하는가 하고 일본사람이 막 반대를 하던 것이 아직도 기억이 납니다."(C-1).

1967년 10월경 대송면의 농어촌 5개 리 송정·송내·동촌·괴동·장흥동을 중심으로 국유지 11만 8천800평을 포함해 총 232만 6천951평이 제철부지로 매수되어 개발되기 시작했다. 느닷없이 불도저를 밀고 들어와 주민들은 뿔뿔이 흩어졌다. 개발지역에 이주 및 철거한 세대수는 1,250세대였고, 무허가 세대를 합치면 1천5백 세대로 추정되며, 수백 채의 지상건물과 2,700여 기의 분묘가 이장되었다(서병철, 2011). 이 과정에서 논·밭을 많이 보유한 주민들은 보상을 받은 돈으로 시내 땅을 사서 축재한 경우도 적지 않았다(장세훈, 2013b).

> "당시 산을 보상받을 때 평당 5원, 논은 토지를 보면 등급이 있는데, 21등급, 24 등급은 받고, 아마 3백 원 미만, 2백 몇십 원, 밭은 40원, 50원짜리 논도 그 정도도 있었어요. 그 돈은 지금은 아무것도 아니지만, 그때는 적은 것도 아니었어요. 그것 팔아 가지고 연일 와서 평당 500원, 나도 2백 몇십 만원 받았는데, 지금 시외주차장 땅이 당시에 300원도 안되었어요."(C-1).

그러나 대다수 주민들은 마을이 사라져 살던 집이 철거되고 그곳을 떠나야 했다. 그러나 지역주민들은 순응하기만 하지 않고 강하게 저항했다. 당시 영일군수로 있다가 포철계열사 대표가 된 박준무는 그때 상황을 이렇게 묘사한다.

"주민들의 저항은 이만저만이 아니었다. 보상금을 올려라, 지가(地價) 산정을 다시 하라, 농사를 지을 대토(代土)를 달라, 철거민용 주택단지를 조성해달라는 등 별별 요구조건을 내걸고 매일같이 반대 데모대가 군청 마당으로 몰려왔다. 부지 매도를 끝까지 반대하는 사람들은 자기네끼리 반대단체를 조직하였다. 주민 수백 명이 형산강 다리를 왔다 갔다 하면서 차와 행인의 통행을 방해하고 시위행진을 했다. 논밭도 다 뺏기고 집도 헐리고 이제 다 죽었다고 빈 관을 메고 거리에 나서기도 했다. 이렇게 되자 경찰에서는 포항시가에서의 데모를 강력히 저지했다. 형산강을 건너오는 데모대는 일단 모두 구속하기로 했다. 이렇게 되니 직접 데모 대신에 모든 수단을 동원해 시위를 했다."(박준무, 1998: 279).

또한, 주민 반발이 거세져 마을철거와 주민이주가 늦어지자 정부는 강제 철거를 강행했다. 이에 주민들은 낫을 들고 철거에 동원된 공무원을 쫓아내는 등 거세게 저항했고, 해병대와 경찰이 밤낮으로 포철 직원들의 신변을 보호해야 하는 상황까지 발생했다. 조상 대대로 살아온 삶의 터전을 갑자기 강제철거를 당하고 쫓겨나야 하는 현실을 주민들이 감내하기는 어려웠다. 그래서 주민들은 정부의 강제수용 방침에 대해 적극 저항했다. 물론 국가에서 포철을 건설하는 어쩔 수 없는 상황에서 보상을 받고 이주를 희망하는 사람도 있었다. 그러나 이주보상을 받는다고 하더라도 대토 마련과 이주 정착에 시일이 소요되고, 그 와중에 영세민의 경우에는 형식적 수준의 이주대책으로는 생계 위협을 느꼈을 것이다. 지역주민들은 사생결단의 심정으로 저항했으나 속수무책이었다. 공권력을 앞세운 권위주의 정부는 반대하는 주민들을 회유하여(서병철, 2011) 정부의 정책에 순응하는 '신민(臣民)'으로 만들어갔다.

"포철이 들어오는 것을 반대하고 난리를 치던 사람들이 돈을 좀 주거나 군청에서 술 받아주면 정신이 없어져 확 뒤집혀 포철에 붙어 가지고, 참. 그들이 아직도 영웅 대접 받고 있어요. 일반 주민들은 더럽다고 고향도 없어져 답답한데, 그들을 인간 취급 안 해요. 지금은 좀 산다고 시내에 설치고 다니지만, 주민들을 선동하던 놈들인데. 일제강점기 같으면 일제 앞잡이들 아닌가요."(C-1).

철거민 가운데는 보상이 터무니없다고 불만을 가진 사람들이 많았다. 이주민이 신규 토지를 구입하여 건축을 할 경우에는 보조금을 주고 주택단지를 조성하여 입주권을 주고 은행융자를 저리로 지원했다.[30] 그리고 무허가 이주민에게는 정부에서 송도 인근에 '딴봉 마을'을 건립해주어 그곳에서 살게 했지만, 끼니를 거를 만큼 생활이 어려웠다. 또 이주민의 자녀들은 급격한 주위 환경의 변화에 적응하지 못해 갈등을 겪었고, 진학도 쉽지 않아 빈민으로 전락하는 경우도 많았다(서병철, 2011).

종합제철소 건립은 지역개발을 넘어선 대형 국가 프로젝트이기 때문에 국가가 앞장서서 추진되었다. 당시 정부는 지역사회의 관련 당사자들을 포섭하고 배제하는 전략을 구사함으로써 주민 반발을 조정하고 포철부지를 개발했다.

우선 중앙정부는 지방정부에 경상북도와 영일군에 토지매입 및 철거 업무 등의 역할을 위임했다. 비록 포철개발의 직접적 당사자는 아니지만 지방정부는 현지사정에 밝고 지역주민을 회유하여 포철개발의 대변인으로 활용했다.[31] 이들이 주민과의 소통 통로를 만들어 주민 불만을 차단하고 토지보상심

---

30 주택단지는 오천 문덕동에 '문화주택'이란 이름으로 주거단지를 조성하여 이주민들이 살도록 했는데, 이들이 입주하자마자 홍수에 집이 손상이 가서 피해가 컸지만 보상을 해주지 않았다고 했다.

31 원래 KISA와의 협정상 토지매입 예산통제와 대상 지역 확정, 철거 등의 업무는 포항제철이 직접 담당해야 했다. 그러나 정부는 갈등을 예방·무마하기 위해 협약사항을 어기면서까지 지방정부와 권력기관을 동원했던 것이다. 이에 더해 지방정부가 지방채를 발행해서 토지 매입자금을 마련하도록 함으로써 포항제철의 경제적 부담을 덜어주는 등 경상북도와 영일군, 포항시 주민에 대한 계몽과 설득 회유

의위원회에 주민대표를 참여시켜 토지강매와 부당한 지가 보상이라는 비판을 면하고자 했다(장세훈, 2013a: 219). 그러나 보상가격에 불만을 가진 주민들의 반발이 거세졌고 주민대표들도 감정가에 쉽사리 동의하지 않자 부지매입 교섭이 6개월 이상 지속되었다. 그러나 주민대표의 참여가 단순히 형식적인 불만 무마용인 경우가 많아 보상가격은 시가를 제대로 반영하지 못한 채 결정되는 경우가 허다했다(서병철, 2011). 또 철거과정에서 이주민들을 포항제철에 취업시켜주겠다고 약속했으나 지켜지지 않았다.[32]

강제이주로 살길이 막막해진 주민들의 불만과 저항이 계속되면서 부지 조성이 지연될 조짐을 보였다. 그러자, 정부는 국가정보기관과 경찰, 지방정부 공무원 등 공권력을 동원하여 주민저항을 제압하고 정부에 순응하도록 했다. 포항제철 건설과정에서 이 같은 강압적 조치가 가능했던 것은 권위주의 체제에서의 강력한 국가의 역량 탓도 컸지만, 경제성장 제일주의의 시각으로 판단하고 해석하는 정부 담론의 영향이 컸다(장세훈, 2013a).

제철소 부지개발에서 중앙정부가 지역주민의 삶에 어떻게 영향을 미쳤는지를 잘 보여준다. 권위주의 체제에서의 국가권력은 어떠한 저항이나 반대를 용인하지 않고 효율적인 통치수단을 위해 지역 공간의 독특한 가치를 제거해 버렸다. 그리고 일선에서 포철개발과정에 앞장섰던 지방정부 공무원들은 포철에 입사하거나 중앙관료로 진출하는 발판이 되었지만,[33] 주민들은 철저히 배제되어 지역 공간을 떠돌며 침묵으로 배회해야 했다

를 통해 주민 반발을 크게 누그러뜨릴 수 있었다(장세훈, 2013a: 218).

32 포항제철에 취업한 이주민은 경비직 등에 취업한 5명 정도밖에 되지 않았고, 1차 시험 합격 후에 우선 취업시켜주겠다는 등의 면피성 발언만 거듭할 뿐 정규직원으로의 특채는 전혀 없었다(서병철, 2011).

33 앞에서 거론한 당시 영일군수였던 박준무는 포철계열사인 한진기업 회장을 지냈고, 경북도청에서 포철유치에 앞장선 이기형은 포철 직원이 되었으며, 영일군에서 건설업무를 담당하던 이석수는 건설부 과장, 원주지방국토관리청장, 경북도 초대 정무부지사를 지냈다(F-6).

라. 지곡단지[34] 개발은 왜 시작되었나?

1978년 550만 톤의 생산체제를 갖출 정도로 포항제철은 괄목할 만한 급성장을 거듭했다. 일본기술진이 기술전수를 마치고 본국으로 돌아갔고, 포철은 4기 확장공사를 계획하며 독자적이고 최고수준의 제철소를 만드는 데 박차를 가했다. 기업 성장과 동시에 늘어난 포철 노동자의 주거문제를 기존의 사원주택만으로 그 수요를 감당할 수 없는 데다가 배후도시인 포항시의 열악한 생활환경을 고려할 때 새로운 공간개발이 필요했다. 특히 우수기술인력 확보 및 유치를 위해서는 좋은 주거 환경과 교육시설, 여가문화와 후생시설 등을 두루 갖춘 대단위 복합단지 조성이 더욱 필요했다(이대환, 2004: 259).

일반적으로 포철과 같이 대규모 자본으로 구성되는 기업은 조직을 분산·입지시켜 공간개발을 통한 이익을 극대화한다. 따라서 포철 지곡단지 개발은 주거지 개발에 한정하지 않고, 포철의 중추관리기능을 담당하는 연구시설과 대학을 입지시켜 전문기술 인력과 고급노동력을 확보·유지하고 포철의 방향과 비전을 제시하는 사회적 하부구조를[35] 조성하는 계획의 일환이었다.

"그때 지곡단지는 최고수준이었어요. 포항시민들로 봐서는 지역사회와 어울리지 않아 별천지와 같았지만, 그 당시 고급인력을 배치할 수 있는 그런 곳이 있었

---

34 포항제철 주택단지는 효자단지, 인덕단지, 포항공대, 신단지로 구분되는데, 주거, 교육·연구시설, 후생복리시설이 집결된 지곡 일대(포항공대. 신단지)를 흔히 포철 지곡단지로 부르고 있어 이 책에서도 그대로 사용한다.

35 물리적 하부구조는 도로, 철도, 항만, 건축 등을 하드웨어를 뜻하는 것이며, 가치신념체계는 그 사회의 정신적 축을 형성하는 것으로 주로 지도자 또는 정책결정자의 비전과 전략, 목표 등으로 가시화되고 조직의 방향과 이상을 담고 있다. 사회적 하부구조는 물리적 하부구조와 가치신념체계를 연결하는 기능으로서 컴퓨터에서는 운영체제(operating system)에 해당한다. 조직 및 집단의 구조와 활동, 지역 기반 기술 수준, 혁신능력 등을 포괄하는 용어이다(강현수, 1995).

고 그런 곳에 결국 하이테크 고제품인 파이낸스와 같은 것, 파이낸스 원재료가 어디서 떨어진 것으로 알지만. 그래도 그와 같은 것을 만들었기 때문에 현재까지 포철이 살아남았다고 봐요"(C-2).

제2기[36] 포항제철 지곡단지 개발계획이 수립되고 영일군, 포항시 승인절차에 들어갔다. 공사제안자는 ㈜조선내화 등 포철 연관업체(대표: 천신일)가 주축이 된 주택단지조성사업협의회(이하 주택협의회)에서 토지구획정리 사업을 추진했다.[37] 당시 지방정부는 행정적으로 적극 지원을 했다.

"포항종합제철이 매년 증설됨에 따라 종철 연관업체 또한, 단지가 계속 확장되고 있어 연관업체, 직원 주택난 및 산업인구 정착에 불균형으로 인정되지 못한 실정이므로 2) 연관업체 주택단지 조성은 증가하는 포항시의 주택난 해소와 구릉지를 개발하여 택지를 조성함으로 국토이용에 효용도를 증진시키고 3) 조사계획상 중심부에서 변두리에 택지를 조성하므로 급증하는 교통량을 분산하고 균형 있는 도시개발 목적인바 도시계획시설 일정이 가하다고 사료됩니다."(영일군, 1978).

본격적인 사업은 1979년 초부터 시작되어 약 2백3십억 원의 공사비[38]가

---

36 제1기 지곡단지 개발은 포철이 들어오던 초창기인 1971년부터 제철학원과 낙원아파트 등을 개발하면서 시작되지만, 대규모 개발은 1978년부터 추진된 지곡중, 포철공고 등 제철학원 설립부터 제2기 개발이 본격화된다.

37 주택협의회가 제안한 지곡 주택단지 개발계획 취지는 "포항종합제철 및 연관 철강단지의 계속적인 확장에 따른 공업인구 및 관련 사업 인구의 증가로 주택난이 심화되고 있어 각 회사가 보유하고 있는 지곡동, 효곡동 부지를 주택지로 조성하여 직원들의 주택을 건설한다는 계획"이었다(포항시, 1978).

38 포철 주택단지 조성비는 부지 85,137평에 매입비(지상물 보상비 포함) 6백81억여 원, 조성비(성토, 절토, 석축, 배수 포함)는 87,707평에 공사비 1백5십2억여 원, 지원시설(축조 및 포장) 18,580평에 3백2십억여 원, 상수도 8,327평에 약 2십5억 원, 어린이 놀이터 2,163평에 약 4십3억 원, 전기외선 시

들어가 1980년 8월경 아파트 64동, 주택 900동, 그리고 놀이터, 조경 등 국제적 수준의 쾌적한 주택단지를 건립했다(영일군, 1978). 지속적으로 공사를 확장해 나가 효자단지는 1995년까지 39만 평에 단독주택과 아파트를 건설하였으며,[39] 주위에 각종 나무와 숲마다 산책로를 내며 인공연못 설계를 지시했을 정도로 조경에 심혈을 기울였다. 국내외 내빈들과 외국 기술자들의 숙식 문제를 해결할 호텔로 영일대와 청송대, 백록대를 지었고 쇼핑센터와 공연장, 체육관까지 배치했다(한국일보, 2016. 2. 11.).

그리고 1995년부터 2001년까지 포항시 지곡동 57만 평에 신단지를 조성, 총 5,237세대에 아파트를 건립하고 초등학교와 그린 프라자 등 근린상업시설, 골프연습장과 축구장 등 각종 여가 및 후생시설을 지었다(POSCO, 2004).

한편, 포철 지곡단지의 건설과 확장이 단순한 후생복지 증진대책 및 기업 성장전략에 그치지 않고 이들과 포항주민을 가르는 주거지 격리(residential segregation)를 심화시켜, 결국에는 포항을 기업사회와 지역사회로 양분된 분단도시(divided city)로 재편시켰다. 박태준을 위시한 당시 포항제철 경영진들은 직원들의 사기를 앙양시키기 위해서는 이들에게 자신들이 '보통시민'이나 '일반 노동자'와 다르다는 일종의 선민의식을 고취시켜야 한다고 판단했다. 따라서 포항제철 직원 이외에는 시설 이용뿐만 아니라 출입도 규제해야 한다고 보았다(장세훈, 2007: 179). 그 외에도 포철과 포철 직원은 산업 분야에서 국토방위를 위해 특수업무를 수행한다는 안보 논리를 내세웠다.

설 3,726평에 약 4십5억 원, 조경 10,360평에 약 1억 5천여억 원, 기타 부대비에 1십7억여 원이다 (POSCO, 2004).

39 효자단지는 포항시 남구 효자동과 대잠동 일대에 위치하고 있으며, 1971년부터 1995년까지 주택건립과 노후주택 재개발을 통해 총 1384세대에 단독주택 456세대(대잠, 지곡), 아파트 928세대(승리, 행복, 인화, 낙원)를 개발했다(POSCO, 2004).

"포항 지곡단지에 왜 보초를 세우고 일반인 출입을 금했는가 하면, 나쁜 의도가 있다고 보지 않아요. 박태준 회장이나 포철은 할 말이 있을 거예요. 뭔가 하면, 당시 포철은 방위산업체였어요. 물론 포철 전부는 아니고 후판 공장 앞이 그것 인데, 산업스파이를 방지하는 것이 제일 중요했어요. 국가방위시설 정보가 밖으로 나가면 안 되잖아요. 그래서 포철에도 들어가기는 어려웠잖아요. 포철 지곡단지도 마찬가지예요."(C-5).

선민의식이든 안보 논리든 포항제철의 주거지 격리는 지역사회에서 포철의 우월적 지위와 공간지배를 영속화하기 위한 차별적이고 불평등한 개발이 었다. 여기에 더해 포철은 이미 추진되어온 교육사업[40]을 확대하여 최고수준의 교육 단지를 만들려는 계획을 하고 있었다. 특히 포항에 4년제 대학을 설립해야겠다는 생각은 1980년 광양제철소 건설을 계획하면서 본격화되었다. 광양제철소 준공으로 더욱 필요해진 고급인재 수요에 대처하기 위한 인재확보방안으로 대학설립을 구상했던 것이다. 동시에 지역사회에서도 포철의 협력을 얻어 대학을 유치하려는 움직임이 있었다.

"그때 포항대학을 '4년제로 만들자'라고 제안도 했지만, 포항대학은 관심이 많지 않았어요. 그리고 지역 전문대학들은 도리어 4년제 대학이 들어오는 것을 제일 방해했어요. 특히 OO대학은 지역의 유지들이 똘똘 뭉쳐있는 곳이잖아요. 선거 때마다 4년제 유치를 하자고 해도 그들이 반대했어요. 다른 대학이 못 들어오도록 해놓고 전문대학이 쉽게 컸잖아요. 당시 전문대학은 지금도 그런 기능을

---

40 포철이 최초로 설립한 교육기관은 1971년 9월 개원한 효자제철유치원과 1974년에 3월에 개교한 공립 지곡초등학교와 1978년 3월에 문을 연 공립 지곡중학교가 있다. 그리고 본격적인 교육사업을 위해 학교법인 제철학원을 설립하고 1978년 9월에 포항제철공고와 1980년 3월 공립 지곡중학교, 1981년 3월 사립 포철고등학교를 개교했다(이대환, 2004: 514~517).

하지만, 대학에 가지 못하는 사람들의 보충기능을 했잖아요. 포항에 4년제 대학이 늦게 들어오게 된 것도 그들의 영향이 컸어요. 그래서 지식계급 형성이 늦어져 비판적 지식인이 없는 도시가 되었다고 봐야죠"(B-5).

그래서 박태준은 일본의 ㈜동경급행전철과 공동으로 하는 설립계획안[41]을 검토했다. 그러나 이 구상은 문교부(현 교육부)의 거부로 계획이 어려워지자 1984년 12월부터 몇 차례의 회의를 거쳐 독자적으로 공과대학을 건설하는 계획으로 변경되었다. 그리고 이를 실행하기 위해 포철 내 '대학건설본부'[42]를 만들어 이대공 상무이사를 대학건설추진책임자로 임명했다. 대학건설본부의 가장 어려운 일은 토지를 매입하는 것이었는데, 효자동 산 31번지 계곡 안쪽까지 50여만 평에 대해 도시계획시설 결정승인을 포항시에 요청하고 부지매입에 들어갔다. 하지만 포항시는 이 지역이 도시 계획상 주택단지로 지정된 곳으로서 대학부지로 전용될 경우 이해당사자들의 민원을 야기할 수 있다는 문제를 제기하였다. 이에 포철은 포항시의 숙원사업인 4년제 대학을 건설한다는 명분과 최대한 보상한다는 방침을 내세워 1985년 6월 1일 포항시 도시계획시설 결정승인을 받았다. 그리고 당시 경상북도는 문교부의 대학설립 계획승인도 나지 않은 상태에서 도시계획시설 결정부터 하는 것은 모순이

---

41 ㈜동경급행전철과 협의한 내용은 국제적인 대학으로 만들기 위해 재학생의 교류를 실시하고, 학점을 상호 인정하며 투자비를 반반씩 분담하는 방안이었다. 이에 포항제철은 1983년 3월 국제관계학·법학·기계공학 등 3개 학과에 학과별로 40명을 모집하는 한국아시아대학 설립안을 문교부에 제출하였다. 그러나 국제학교라는 말조차 생소하던 시절에, 더욱이 협력파트너가 일본이라는 점에서 일본에 거부감을 가진 문교부 관계자들이 반대했다. 그 와중에 ㈜동경급행전철의 사장이 타계함으로써 양측 회사의 협력작업은 더 이상 어려워졌다(POSTECH, 2017: 26~27).

42 초창기에는 '대학설립추진반'이란 명칭으로 시작하여 대학건설본부로 확대 개편되었으며, 이대공 상무이사를 건설본부장으로 하여 김용운 부장을 행정팀장에 임명하여 활동하다가 8월에 박정우 부장이 대학기획부장을 맡았다(POSTECH, 2017: 29~30).

라는 의견을 제시했으나 포항시의 숙원사업임과 공기 준수상의 불가피성을 인정하여 경상북도 지사는 문교부 승인을 전제로 '조건부 사전승인'이라는 이례적인 행정조치를 그달 18일에 해주었다(POSTECH, 2017). 이 과정에서 포항시와 경상북도는 포항공대 부지를 도시계획시설로 결정하는 것이 문제가 있고 시기상조라고 판단했지만, 포철의 힘에 눌려 조건부 결정을 해준 것으로 비친다.

> "박 회장이 그때 아마 국회의원을 그만뒀을 거예요. 박 회장 뒤에 5공이 있다는 것을 아는데 포철이 하는 일을 어떻게 막아요. 아, 당시에 공무원들 사이에 말이 많았지요. 내 생각에는 시장이나 도지사가 청와대 눈치 보지 않았겠어요. 박 회장이 정치를 때려치운 것이 전두환과 무슨 문제가 생겨 그만뒀다고도 볼 수도 있었으니까. 그런데, 보니까 가깝거든, 그래서 도장 찍어줬을 겁니다."(B-6).

포항시의 예상대로 포항공대 부지로 예정된 효곡·지곡동 일대 37만 평을 조성하는 과정에서 지주들과 지역주민들의 반대가 심했다. 낙원아파트 맞은편 자연부락 주민은 대다수가 수 대에 걸쳐 살아온 붙박이이자 농경에 의지해 살아가는 농민이었다. 주민들은 상당수가 제1기 지곡단지 개발할 때 즉, 제철학원과 낙원아파트 건립 시 이주했던 철거민들이다. 이주한 지 몇 년도 안 되어 또 철거하라는 것은 포항제철의 횡포라고 반발하며 수차례에 걸쳐 관계기관에 연명으로 진정하거나 집단항의를 벌였다. 주민들은 자신들의 거주지역인 5만 3,000평을 대학부지에서 제외해 주거나 아니면 별도의 이주민 주택단지를 조성해 줄 것을 요구하였다.

> "철거주민들은 기가 막혔죠. 생각해보세요. 마른하늘에 날벼락 맞듯이 갑자기

포철이 들어와 고향에서 쫓겨나고 산골짜기에 겨우 보금자리를 어렵게 만들자
마자 또 와서 나가라 하니 어느 누가 가만히 있겠어요. 당시에는 또 전두환 시절
이라, 박정희 때와는 분위기가 확 달랐지요. 경찰들이 뒤에서 데모하는 사람 조
사도 하고 했지만 어림없었어요. 포철 만들 때처럼 마음대로 할 수 없었어요. 그
래서 참 시끄러웠어요. 오래갔고."(F-6).

"포철부지 조성할 때나 효자 지곡단지 개발할 때 공무원들 모두 힘들었어요, 끝
까지 한 푼이라도 더 보상을 받으려고, 참. 그러나 주민들이 많이 받지 못했어
요. 처음 대송면 보상받을 때보다는 좀 많이 받았지만, 그곳에 나올 때는 형편
없었지만, 보상을 받고 현재 시외버스터미널 근처에 땅을 산 사람들은 돈 벌었
지요. 주민들 일일이 성향과 동향을 파악하여 대처하느라 저희도 고생 많았어
요."(C-5).

대체로 묘지를 갖고 있던 문중들과 보상금을 200만 원 이하로 받은 영세민
들의 반발이 가장 거셌지만 버티다가 이주할 수밖에 없었다. 이들은 이주에
따른 생활대책과 재감정을 요구하며 수령을 거부하고 집단항의를 했다. 이를
해결하는 데 앞장선 사람은 다름 아닌 대아그룹의 황대봉 회장과 천신일 대
표였다. 가장 어려운 토지보상과 이주민 철거문제가 타협으로 해결된 후 포
항공대 건립공사는 1985년 12월에 착공하여 포항공대 개교 이전인 1986년
12월 전에 공사를 완료했다(POSTECH, 2017).

"포항공대 짓는다고 하는데 할 말이 있겠어요. 그런 것 가지고 불만을 가지기가
힘들어요. 마치 서울 강남이 개발될 때 강북사람들이 좀 그런 것과 같아요. 새로
개발되는 것은 항상 좋잖아요. 그 정도 가지고 불만을 가질 수 없어요. 그리고
제철고는 시민들 자식들도 갔잖아요. 제철이 학교 수준을 올렸다. 저거 잘 안 지

어났나. 그 정도지요. 그때 박태준 씨가 광양에 갈 때는 돌이 날아와서 헬리콥터에서 도로에 못 내렸다고 해요. 포항사람들이 얼마나 순한지 아시오. 그저 데모를 해도 지곡에서 주민들이 땅값 좀 더 받자고 한 수준이었지"(C-5).

이처럼 1980년대 초중반에 전개된 원주민들의 철거 · 이주가 포철을 지을 때처럼 강압적으로 할 수 없었다. 그것은 전두환 정권이 권위주의 체제였음에도 노동세력 등 저항세력을 억압하고 경제적 안정을 희구하는 도시 중산층을 지지세력으로 포섭하려는 정치적 의도가 있었다(김용철, 2012). 그래서 과도한 국가의 개입과 통제가 부분적으로 축소되던 시기였다.[43] 지역주민들도 지역의 숙원사업인 4년제 대학인 포항공대를 짓는다는데 적극 반대할 명분이 적었다.

지곡단지 개발이 이루어진 후 그 지역에는 가속기연구소와 테크노파크 등 첨단산업 및 R&D 시설이 들어서고, 인근에 포항 시청사까지 이전되어 포항의 신흥 도심권이 형성되었다. 덩달아 토지가격도 급상승했다.

이처럼 지곡단지는 개발추진을 위한 정책 결정 과정에 접근이 가능한 소수의 세력이 주도한 소위 '내부접근형 의제설정'(Cobb, 1976)으로 이루어졌다. 포철은 기업에 필요한 고급 전문 인력 확보에 유리하도록 지역주민과의 차별화된 공간을 분업 · 조직화하고 포철 기업의 성장과 이해관계를 지속유지 · 강화했다.

---

43 당시 권력을 잡은 5공 신군부들은 심각한 경제위기와 사회적 불안을 해소하는데 급급했고, 경제위기의 원인이 과도한 국가개입이라 보고 국가의 통제와 개입을 축소하고 시장기능을 강화하려고 했다. 물론 전두환 정권의 사회통제의 완화를 정부개입의 축소로 봐서는 안 된다. 정부 주도적 산업화에서 나타난 금융부문의 부실과 같은 조건은 지속적인 정부개입을 필요로 했고, 개발 국가의 지속성을 보여주고 있기 때문이다(배응환, 2001).

3. 통치 연합과 행위자

1) 박태준 사단

1960년대 말부터 국가적 의제였던 종합제철소를 지역에 설립하고 성장시키기 위해 협력을 주도한 세력은 박태준을 비롯한 포철 창립주역들과 이를 행정적으로 지원한 지방정부(공무원), 그리고 제철소 지역유치협회를 결성하여 활동한 지역기업인들이다.

당시 박정희 정권의 정책 결정구조는 대통령을 중심으로 하나의 '유기체'처럼 움직였으며(구현우, 2009: 158), 포항제철 건설과 같은 목표를 이루기 위해 박태준과 그의 창립세력들은 강한 응집력과 추진력으로 일로매진했다. 지역에서 이러한 대규모 개발을 신속하게 추진하기 위해 지역사회 '포섭과 배제전략'을 통해 개발을 방해하는 지역주민들을 통제하고 지역사회의 협조를 강제했다.

이를 시행하기 위해 제철소 유치운동을 전개할 당시부터 앞장섰던 세력은 공식적으로 지역경제계를 대표하는 포항상공회의소(이하 포항상의)였다. 포항상의는 일제강점기 1933년 7월에 창립한 이래, 한국전쟁 후 1954년 3월에 포항상의를 재건하여 설립인가를 받고 활동을 재개해 갔다.

1967년 2월 포항·영일 지구에 종합제철소를 유치할 목적으로 상공회의소 회장단과 전임 포항시장 등이 주축이 된 종합제철소 유치를 위한 '동해지구 개발협회'를 결성했다(장세훈, 2013a: 214). 이들 중 상공회의소가 유치운동에 가장 앞장설 수밖에 없었다. 지역개발에 관심을 가진 민간단위에서 운영경비나 사무 요원을 제공하고 활동할 수 있는 기관이 기업연합기관인 포항상의뿐이었기 때문이다. 제철소 유치협회의 회장에 상공회의소 오실광 회장,

부회장에 이정기(영일), 이달환(영일), 김경섭(포항 구동인의원장), 정명방우(포항)였고, 사무실을 상공회의소에 두고 청와대와 관계기관에 건의서를 제출하는 등 유치운동을 전개했다. 7월 7일 포항 입지선정 결정이 내려지고 7월 22일에 종합제철 공장 확정 환영대회가 개최된다. 당일 환영대회는 포항상의와 지방공무원(영일군·포항시), 포항경찰서, 언론 기자, 지역 문화계, 교육계 등의 인사들이 총망라하여 성대한 행사를 거행했다(포항상공회의소, 2003: 170).[44]

포항상의 오실광 회장은 1964년 4월 포항상의 5대부터 회장을 맡아 1972년 1월 사임할 때까지 포항 상공인을 대표했다. 그는 지방정부와 함께 1962년 포항항 개항장 지정에 앞장섰으며, 포항제철 유치에도 활약했다. 하지만, 포항상의의 위상이 그리 크지 않았으나 1970년대 포철건설공사와 연관단지가 조성되면서 위상이 강화되어 가기 시작했다. 지역에 포철이 들어서게 된 것은 향토기업인들에게 최대 호기였다.

당시 포철과 협력하여 사업을 확장할 기회로 활용한 경제 엘리트들은 급속히 힘을 키울 수 있었다. 삼일기업의 강신우와 대아그룹의 황대봉이 대표적이다. 두 기업인은 부의 축적과정이 달랐지만, 지역 금융과 언론, 교육, 정치참여 등에서 비슷한 경로를 걸어갔다. 반면에 이러한 변화와 무관하게 전통적인 사업에 안주해 있던 기업인들은 대부분 지속적으로 성장하지 못하고 사업이 어려워졌다. 이들은 도정업자로서 포항의 부자로 소문났던 경제 엘리트들이었다.

---

44 그러나 전술한 바와 같이 한 지역주민은 그 당시에 포항상의 등 민간의 자발적인 활동이 불가능했다고 증언한다. "그 시절을 이해해야 해요. 포항제철이 온다고 하지만, 종철이 오면 뭐가 어떻게 되는지 아는 사람이 없었어요. 그것을 알았으면 다 부자가 되었을 거예요. 상공회의소가 뭔지도 잘 몰랐어요. 정부에서 시킨 일이지요. 하라면 해야만 하던 때였으니까요. 상공회의소의 유치운동이다, 환영대회다 뭐다. 전부 정부에서 기업인들을 앞장세워 하라고 한 것으로 보면 될 거예요."(B-1).

"당시에는 도정업자들이 지역경제를 쥐락펴락했어요. 이 사람들이 (지역) 세금을 가장 많이 냈고 은행에도 제일 큰 손이었죠. 정명바우, 최헌정, 홍봉춘, 김유 같은 사람들이 그때 최고 부자라고 소문났어요."(C-3).[45]

또한, 포항제철과 같은 거대한 공기업을 지역에서 성공적으로 추진하기 위해서는 지역 파트너가 반드시 필요했다. 그래서 지역협력 차원에서 기업은 상공회의소를 창구로 하여 일감을 조금씩 밀어주고 민원들을 떠넘겨 풀어가고자 했다. 포항상공회의소는 강신우가 1973년부터 포항상의 회장으로 활동하면서부터 본격적으로 활성화되기 시작했다.[46]

"강신우 씨는 영덕사람인데, 80년대 중반에 삼일운수로 포철 일하면서 돈을 많이 벌었어요. 그 사람은 영화배우 강OOO과 이복형제간인데, 그 부인이 배우 엄OO이잖아요. 그래서 대구 방천시장에서 박 대통령 모친과 엄OO 모친과 사이가 가까웠고 박태준 회장과도 오래전부터 친분이 깊었다고 해요. 그래서 강신

---

45 당시 외국 원조미의 6할이 입항지인 포항지역에서 도정을 하였는데, 도정업자들이 지역경제를 쥐락펴락했다고 한다. 이들이 지역에서 세금을 가장 많이 냈고 은행에도 큰 손이었다고 한다. 포항양곡조합의 최헌정, 수안양조와 제일정미소의 홍봉춘, 남일정미소의 김유, 삼화압맥공장의 정명바우, 홍해의 이장우, 배수성, 김석암, 연일의 박병일, 대송 이영준, 기계의 박용수, 청하의 정기수 씨 등이었다. 이 중에 지금의 영남병원 옆에 있었던 삼화압맥공장은 전국 최대 규모를 자랑할 만큼 명성이 높았다고 한다. 압맥(壓麥)은 기계로 누른 납작보리를 말한다(C-3; E-2; B-1; C-1).

46 포항상공회의소 회장 가운데 포항제철과의 관계를 초창기부터 만들면서 기업을 성장시켜온 인물은 강신우이다. 그는 포항제철이 본격 가동되기 시작한 1973년부터 1988년까지 15년에 걸쳐 포항상공회의소 회장을 맡았으며, 포철원료와 제품 등을 운송하는 삼일운수를 통해 사업이 번창했다. 삼일운수는 뒤에 '삼일그룹'으로 명칭을 변경하여 꾸준한 성장세를 보여 1997년 모회사 '삼일'을 코스닥에 등록시키는 데 성공했다. 2017년 사업보고서를 보면 '삼일'은 카고 트럭 45대, 트랙터 142대, 트레일러 152대, 덤프트럭 5대를 보유한 대형 운수업체가 되었다. 강신우는 포항지역발전협의회 등을 만들어 지역 정서를 대변하려고 노력한 것으로 평가되고 있다(한국일보, 2018.8.9.; 포항상공회의소, 2003; C-3; B-1).

우 씨가 박태준 회장과 자연스럽게 만나 가깝게 되고 상공회의소 회장이 되면서 포철 일을 많이 하여 지역의 대표적 기업인이 되었을 것이라고 추측합니다"(B-1; C-5).

강신우는 1965년 12월 삼일운수를 설립했는데, 트럭 6대가 전부였다. 그러나 포항제철과 관련한 운송을 도맡으면서 황대봉의 '대아그룹'과 함께 포항의 2대 향토기업인 '삼일그룹'을 크게 성장시켰다. '삼일'의 성장은 포항상의의 위상이 커지는 것과 동시적이었다.

"강신우 씨가 박태준한테 잘 보인 이유가 있을 거야. 정확히는 몰라도 그 사람은 조용하게 쌓아 올라왔어. 삼일운수에 짐을 주니까, 그때는 포철에 일한다 하면 요율대로 다 받고 땅 짚고 헤엄 치기지. 강신우 씨는 포항 정서가 강했던 사람이었어요. 포항상의 회장으로서 공익적 입장에서 역할을 감당하려고 했어요. 지역발전협의회 회장도 하고. 물론 포철의 이익에 반하면서까지는 못했지만."(E-3; C-3).

포항에 철강업체들과 관련 하청 기업들이 많아지고 포항상의 회장이 박태준과 친분이 있는 인물이 들어서면서 포항상의의 역할이 커지는 것은 당연했다. 포항제철도 포철협력업체와의 관계와 생산의 물리적 하부구조인 항만이나 수송, 도로 등을 확충하고 노동 인력을 유지·공급하는 노사문제에 있어 지역기업과의 협력을 무시할 수 없었다.[47] 그렇지만, 포항상의는 결코 포항제

---

47 포철개발 초기에는 포항상의나 지역기업과 포철과의 협력이 거의 없었고, 강신우와 같이 포철 박태준과의 관계에 의해 선별적 협력만 있었다고 볼 수 있다. 그러나 협력업체가 많아지고, 지역기업이 성장하면서 포항상의에 포철연관업체 대표뿐만 아니라 포철 공장장도 들어오면서 지역기업과의 협력에 관심을 두기 시작했다.

철과의 관계에서 독립적으로 활동을 하지 못했고 포철의 성장을 위한 하나의 성장 연합 보조세력이었다고 볼 수 있다.

포항상의가 포철에 의존적일 수밖에 없었던 이유는 자명했다. 강신우 등의 역할로 포항상의의 활동이 강화되자 1976년도에 포항철강공단과 강원산업이 회원 업체로 참여한다. 그 이듬해 동양석판, 제철화학, 조선내화 등 철강 관련 제조업체들의 참여가 늘어났고, 1988년에 들어서면서 포항제철이 포항상의 회원 업체로 정식으로 활동하기 시작한다(포항상공회의소, 2003). 포항제철과 계열사들이 대거 포항상의에 진입해 들어옴으로써 포항상의는 포항제철과의 관계에서 대등한 위치를 갖지 못하고 포항제철의 영향권에 휘둘릴 수밖에 없는 처지가 되었다.

> "지금도 불만이지만, 철강 공단이 어쨌든 상공회의소 안에 포철이 있어야 되는데, 상공회의소는 포철의 지시를 받아 움직이는 하나의 기관이 되는 관계가 되었단 말이에요. 적어도 상공회의소 회장이 되면 포철과 대등한 위치에서 지역 경제나 국가 경제를 가지고 얘기를 할 수 있어야 되는데, 상공회의소 회장이 포철 임원은커녕, 부장만도 영향력이 없다고 봐야 하는 거 아닌가? 그게 사실 아닌가? 그게 지방의 한계라서 극복할 수 없다고 하면 회장을 안 해야지. 그 자리는 탐내고 그건 말이 아니죠. 그러니까 상공회의소가 아무 기능을 못하는 거예요."(A-1).

포항제철은 애초부터 운송 등 일부 하청을 제외하고, 지역 업체에 공사를 맡기지 않았으며, 계열사[48] 또한, 포철 임직원들의 퇴직 후 임기보장 형식으

---

48 계열사는 포스코 외주 파트너사라는 명칭으로 불리는데, 59개사로 구성되어 있다. 선강 · 압연 등 공정에 22개사, 기계 · 전기 등 정비 등에 18개사, 가공 분야에 10개사, 건설 · 경비 · 청소 등 전문지원 분야에 9개사로 구성되어 있다

로 교체하면서 운영했을 뿐, 현재까지도 지역 기업에 외주업체를 맡기지 않았다. 물론, 포철은 퇴직자들 중심으로 운영되기 때문에 기술의 연속성과 함께 노무의 안전성이 있다고도 주장하지만(경상매일신문, 2012.10.17.), 지역사회를 배제해온 관행을 그대로 유지해온 셈이다.

반면에, 권위주의 시대의 지역주민들은 직접적인 피해를 당해도 포항제철을 비판하거나 항의하는 것이 쉽지 않았다. 혹여 철거 이주민이 생존권을 놓고 결사 저항해도 공권력으로 제압하거나 배제시켜 버리는 전략이 사회적으로 용인되었고, 그러한 행위가 국가발전을 위한 '제철보국'의 충정으로 미화되었다.

도지사나 포항시장 등 지방공무원들은 기본적으로 지방자치제 이전에는 중앙정부의 대리인(agent)으로서 포철을 지원하는 역할에 불과했고, 독자적인 활동에는 한계가 있었다. 그리고 행정 내부의 형식적인 직제나 직급에서 포항제철이 포항시에 비해 월등히 높아 포철 회장이 포항시에 오면 포항시장이 예우를 갖추어 모셔야 하는 문화가 관행처럼 굳어졌다. 포항지역은 포항제철 외에도 해병대 사단장이 포항시장보다 직급이 높았다. 그래서 지방자치제 이후 민선시장이 들어섰지만, 오랜 관행에 익숙해 있는 지역의 유지인 토착 엘리트들은 포항제철의 눈치를 보며 시장을 낮춰보려는 행태가 있었다고 한다. 포항시장과 포항제철, 해병대의 관계에 대해 전임 포항시장이었던 분은 이런 얘기를 했다.

"1994년 12월 31일까지 포항시장의 직급이 3급이여, 포철뿐만 아니라 국영기업 사장은 차관 예우야. 포항시와 포스코 양쪽 기관에서 포스코 사장이 직이 높

(news@bujadonge.com, 2016.3.18.).

은 거야, 회장이랑 사장은 같은 급이라고 봐야 되고, 그래서 포스코 사장은 포항 시장을 무시하는 경향이 있는데, 과거 관료 시대부터 쭉 내려왔다고 봐야 돼요. 포스코 외에도 해병대 사단장이 투스타(Two Star)잖아요. 행정기관에 비유하자 면 1급에 가까운 예우를 받는데, 이게 포항시장보다 격이 높은 거라, 민선시장 이 되면서 대등한 관계가 되었어요"(A-3).

"공무원을 지낸 분도 비슷한 얘기를 했다. 박태준 회장이 시청에 오게 되면, 시 장이 안내하고, 갈 때 안내하며 포스코 회장을 영접했어요. 공무원들에 비해 더 많은 권한이 있고, 포항시청 공무원을 비하하는 측면도 있었어요. 포스코 회장 과 관선 시장과의 관계는 협력적이었지만, 파워 면에서 박태준 회장이 박정희 대통령의 전권을 갖고 있었기 때문에 박태준 회장이 몰락하기 전까지는 포항시 장은 거의 안중에도 없었어요"(C-3).

이처럼 경북도와 포항시(영일군 포함)는 중앙정부의 하위기관으로서 행정 적으로 포철개발을 지원하는 집행기관에 지나지 않았다. 그러나 지방행정이 보조적인 역할이었지만, 그 역할이 적잖이 컸다. 그것은 정부 체계상 형식적 으로 엄연히 중앙과 지방의 이원적 권한 배분으로 되어있고 내부적으로는 역 할을 분담하여 포항제철 건설을 행정적으로 지원했다. 지금의 포항 북부소방 서 2층(포항시 덕산동 소재)에 건설부의 '포항공업지구 공사사무소'가 설치 됐다. 공사사무소는 항만 건설과 편입지역 토지보상 관련 조례안 입안, 기공 식 준비 등 포항제철소 건설에 따른 민감한 업무들을 추진했고 경상북도와 영일군 등 지방정부는 부지매수와 건교부를 지원하는 창구역할을 담당했다 (이대환, 2014; 경북일보, 2018. 8. 20.). 이 중에서 지역주민의 개발갈등이나 민원 등을 직접 조정·통제하는 역할은 고스란히 지방정부의 몫이었다. 포철 개발에서 경상북도는 공업단지 조성본부를 꾸리고 애향심 캠페인을 통해 공장 부지매입에 앞장섰다. 필요한 공장 부지가 350여만 평이 넘는데 국유지는 50만 평에 지나지 않았다. 그래서 지역주민과 진통을 겪으며 영일군과 포항시의 지원을 받아 협조하도록 설득하였고, 경북도가 100억 원을 기채하여 매입을 완료하고 공장건설 부지를 1968년 8월 포항제철에 귀속하였다(포항상공회의소, 2003). 이는 1970~80년대 지방정부가 해야 하는 기능과 역할이었다. 즉, 포철의 공간개발을 위해 지방정부는 지역주민의 생활공간을 관리 통제하고 조직화하는 데 앞장섰던 것이다.

누가 뭐래도 포항은 포철의 박태준의 영향력 안에 있었다. 대통령의 절대적 신임을 배경으로 박태준은 포철뿐만 아니라 포철의 배후도시가 된 포항의 실질적인 지배자였다. 아직도 회자되고 있는 그의 일화[49]는 지역에서 무소불위의 권력을 행사한 박태준의 진면목을 보여준다.

물론 박정희와 박태준과의 관계를 정점으로 하여 이들을 보스로 삼은 특별한 개인적 유대관계에 있는 사람들이 피라미드처럼 수직적으로 후견인 – 피후견인 관계로 엮인 개발 연합세력이 배후에 있었다. 이를 일명 '박태준 사단'[50]이라 부르는데 이들은 단순히 기업 엘리트이기 전에 대통령으로부터 권력을 위임받아 행사하는 공적 권력의 담지자였다. 박태준의 주위에는 그의 피후견인으로서 가신그룹이라 할 수 있는 포항제철 설립에 참여한 창립 주역들과 포항 출신 임원들이 지난 20여 년간 지역사회의 대표적인 '지배 연합'세력으로서 영향력을 행사했다. 이들은 자칭 '포항제철 신화'의 주체로서 박태

---

49 "차를 타고 가던 박태준 차량 앞으로 버스가 지나가자 버스를 세워, 버스 기사의 뺨을 때렸다거나 포철 간부 가운데 박태준에게 군홧발로 '조인트' 까여보지 않은 사람이 많지 않다는 일화는 박태준이 지역에서 권위주의 시대의 최고 실력자이었음을 알 수 있다.

50 '박태준 사단'이란 말은 언론(국민일보, 1993.3.13.)에서 언급하여 유포된 박태준(TJ) 사람들로 조말수 사장과 김만제 회장 시기에 철저히 소외되었다가 김대중 정부 때 다시 복귀한 박태준의 측근을 두고 한 말이다. 이들은 황경로, 박득표, 유상부, 이대공, 여상환, 차동해, 구자영 등이다.

준과 일체가 되어 마치 군사조직처럼 일사불란하게 움직였다. 대표적인 창립 멤버로는 대한중석 출신(고준식, 황경노, 노중렬, 안병화 등 16명)과 박태준의 육사 후배인 정재봉, 윤동석, 이홍종 등 19명, 고향 후배 박득표이다(이대환, 2004; 248 -249). 그리고 지역 출신으로는 포철에서 임원을 맡은 이대공, 이형팔 등이다. 이 중에 이대공은 1980년대부터 지역구 국회의원을 지낸 이진우와 형제간으로 지역사회에서 포철 박태준의 대리자로 불렸다. 이들 포철 창립맴버들이 포철건설에 앞장서며 훗날 사장과 회장 등 포항제철 핵심임원을 맡아 '철강왕 박태준', '태준이즘' 등 박태준의 신화 만들기 주역들이다.

그러나 대체로 포항제철의 지역 출신들은 주류가 아니라 영업, 생산, 구매, 홍보 등 회사의 기능을 보조하는 역할에 머물렀다(D-2).

박태준은 포항제철 사장을 맡으면서 1인 권력체계를 구축했다. 포철 건립을 국제차관단(KISA)이 미국(코퍼스사) 중심으로 짜인 것을 대일청구권 자금으로 일본이 참여하도록 주도한 것은 박태준이었다. 포항제철 개발을 중앙정부가 주도했기 때문에 스톤의 지역 레짐 개념과는 분명한 차이가 있다. 중앙정부가 직접 포철의 추진계획 입안과 시행을 맡아 추진하였고, 박태준을 비롯한 군부 엘리트가 집행했다. 박태준과 그의 측근인 군사 엘리트들 즉, 창업세력들이 포철개발에 어느 정도 기여했는가에 대해서는 좀 더 면밀히 논의되어야 하지만, 그들과 국가권력은 분리되어 있지 않고, 박정희와 박태준을 보스로 삼은 정치세력이라 할 수 있다. 또한, 포철개발에 보조세력이었지만, 지역과 중앙을 연결하고 측면 지원한 지역기업인들을 비롯한 토착 엘리트들을 간과할 수 없다. 이 세력들은 포철개발을 위해 중앙정부와 직ㆍ간접적으로 결속을 하며 지속적으로 지역에 지배적 영향력을 행사해 왔다. 따라서 중앙정부와 박태준을 정점으로 한 포철 창업세력 그리고 토착 엘리트는 한국의 권위주의 국가체계 속에서 변형된 성장연합세력이라 볼 수 있다.

2) 지곡 개발 주역과 토착 기업인

포철 지곡단지 개발은 포철설립 초기부터 이미 계획된 바에 따라 추진되었지만, 추진세력들이 누구이며 어떻게 개발이 이루어지고 개발의 의도가 무엇이었는지를 알아볼 필요가 있다.

지곡단지 개발의 공사제안자는 의외로 포철이 아닌 ㈜제철화학 등 포철 연관업체들이었다.[51] 이들은 주택단지조성사업협의회(이하 주택협의회)를 구성하고 천신일[52]을 대표로 세웠다. 그런데 포철지곡주택단지 조성에 포철이 아닌 연관업체가 나서게 된 이유는 분명치 않지만, 한국기업의 토지개발을 통한 자본축적과정을 이해하면 대략 유추할 수 있다.

> "지금도 비슷하지만, 포철 협력업체가 어디 다른 회사인가요? 포철이 하지 마라 하면 문을 닫는 회사인데, 형식적으로 다를지 몰라도 실지는 포철이 갖고 있는 회사로 봐야죠. 내가 협력회사를 하나 맡으면 배후지를 마련하고 시작하지요. 옮기라 하면 옮겨야 하니까 옮길 땅을 확보해야 하거든. 공장이 들어서고 나면 모든 부지가 다 오르잖아요. 땅을 확보해 놓지 않으면 나중에는 열 배를 주고도 못 해요. 공장을 확장해서 옮길 부지라든가, 직원 숙소나 부속 부지를 확보해야지요. 또 지금도 기업들이 이렇게 하지만, 미리 부지를 매입해 놓았다가 때가 되면 되팔아서 고수익을 올리고 있잖아요. 그때도 그런 것으로 봐야지요."(C-5; B-6).

---

51 당시 앞장선 포철연관업체는 제철화학 외에 조선내화, 삼화화성, 동해건업, 동해조경 6개 업체였다.

52 천신일은 윤천주 국회의원 비서관으로 근무하다가 미국유학에서 이건희 삼성그룹 회장 등을 만나 인적자산을 만들고 사업에 뛰어든다. 삼성의 이병철, 이건희와도 가까웠고, 이명박 전 대통령의 고려대 동창이다(C-5).

초기에 포철 협력업체는 국가권력 또는 포철의 지배세력과 관계를 맺으면서 선별된 업체들이 지역에 들어와 연합세력의 구성원으로 활동했다. 지곡단지 개발에서 천신일과 연관업체 기업가들은 포철 지배세력과의 관계에 의해 토지개발을 주도하며 매매차익을 확보해 갔던 것이다. 지금도 도시개발방식이 과거와 크게 다르지 않지만, 대체로 계획적인 도시개발에 의해 대규모 집합적인 조성과 공급이 필요할 경우에는 수용 또는 사용방식을 선호한다. 이는 개발지구 내 거주 중인 주민을 보상하고 이주시켜야 하므로 초기자금을 많이 필요로 한다.[53] 지곡단지 개발도 수용방식으로 추진했는데, 포철연관 협력업체들이 개발에 앞장서게 된 것에 대해 이런 얘기를 했다.

> "당시에 포철이 외국차관을 많이 끌어다 쓰고 있었고, 포철 4기 확장공사다, 제2제철소 만든다 하면서 단지를 개발할 현찰이 많지 않았을 거예요. 거기다가 대송면 포철 개발할 때 얼마나 주민저항이 셌어요. 그래서 포철이 협력업체들을 내세우지 않았나 싶어요. 그리고 포철과 협력업체들 간의 거래 관계도 생각해볼 수 있고요"(F-3; F-5).

포철이 전면에 나서지 않은 것은 부지매입이나 공사비 등 막대한 초기개발자금을 들이지 않고, 무엇보다 개발과정에서 주민과의 마찰을 줄이고 사업을

---

53 도시개발방식은 수용 또는 사용하는 방식과 환지 방식, 이를 혼용하는 방식으로 구분한다. 환지 방식은 사업지구 내 토지소유자로부터 토지를 제공받아 공공시설용지 및 사업비로 충당하고 개별 소유자는 사업시행 후 다른 토지로 교환되거나 개발한 후 토지 가치에 불균형이 발생할 경우 청산금을 징수·교부 하는 방식으로 토지소유자에게 공평한 수익과 부담을 주고 있으며 공공시설의 정비와 택지이용의 증진을 도모하는 데 제도적 특징이 있다. 혼용방식은 수용과 환지 방식을 절충한 방식으로 지가가 낮고 건물이 적은 곳은 수용방식을 적용하고 지가가 높고 건물이 산재한 곳은 환지 방식을 적용한다(김수한, 2011).

추진할 수 있는 최적의 선호방식이었을 것이라 본다.[54]

아무튼 지곡 주택단지 개발로 이윤을 얻게 된 것은 개발업자들과 토지소유자, 포철 관련 종사자이다. 포철 직원에게 주택을 무이자로 분양하여 주택소유주가 되고 지곡단지에 거주하게 한 것은 엄청난 시혜이다. 당시 지곡단지는 우리나라에서 찾아보기 드문 거주지였고, 부동산 가치도 높아 그 지역에 살고 있다는 것만으로 일반 시민들과 다른 차별화된 의식을 갖는다.[55]

1980년대 초 지곡단지를 개발한 천신일은 포철과의 관계로 1974년에 제철화학을 설립하여 1977년까지 대표이사장을 맡았고, 지곡단지 건설을 위해 제철화학 대표를 그만두고 동해건업과 동해조경 회사를 세웠다고 볼 수 있다. 천신일은 지곡단지를 개발하면서 사세를 확장하여 1980년 초에 태화유운과 동해산업 등을 설립 · 인수한 후 1982년 ㈜세중을 창업하여 전국적인 기업인으로 성장하였다. 이처럼 천신일이 지곡단지 개발 이후 지역을 떠난 반면에 사실상 포항제철과 함께 도시개발을 주도한 행위자는 황대봉[56]이었다. 그는 포철이 들어와 도시가 성장하여 인구가 급증하는 환경을 최대한 활용하여 막대한 부를 획득한 대표적 향토기업가였다.

---

54 포철과 협력업체들 간의 이해관계와 역학관계는 더 구체적인 조사가 필요하여 후속연구로 미루고 본 논의는 개괄적 접근에 한정한다.

55 2018년 현재 포철 사원주택을 초기와 달리 전 · 월세 비용을 저리로 융자해주고 있다. 그래서 포철 사람들은 평균 3억 원 전후의 아파트를 소유하고 있으며 지곡아트홀에서는 포철 가족에게 한정하여 대도시에서나 관람할 수 있는 공연을 무료로 공연하고 있고 문화 · 여가생활과 교육여건도 좋아 일반인들과 다른 중산층의 생활양식을 누리고 있다.

56 황대봉이 실질적인 포항의 행위자였다는 주장에 대해 반론이 있다. 그 이유는 박태준이나 이상득은 전국적 정치 거물인 반면에 황대봉은 민주한국당 전국구 재선 국회의원을 하다가 경북지역을 중심으로 사업을 한 토착 기업인이라는 것과 지역에서 대중적 지지를 받지 못했기 때문이다. 그러나 지역정치 연구에서 박태준은 대부분 서울에서 거주하며 활동한 반면에 황대봉은 지역에서 토지구획정리 사업이 대중교통, 언론, 금융, 교육 등 지역의 모든 분야에 가장 많은 영향을 많이 미쳐왔다는 점에서 도시정치의 주요 행위자였다고 볼 수 있다.

"80-90년대 포항에 두 개의 왕국이 있었어요. 하나는 포철의 박태준 회장, 다른 하나는 대아의 황대봉 회장이었죠. 둘을 비교하는 것은 어폐가 있어 보이지만, 지역에서는 달라요. 한때는 '강남 이남에서 최고의 현금을 보유한 사람이 황대봉이다', '포항에서 황대봉 땅을 밟지 않고는 걸어 다닐 수 없다'라는 말이 나올 정도로 지역에서는 대단한 인물이죠. 그분은 부동산 개발에 귀재죠. 땅에 관해서는 박사예요. 아무도 따라갈 사람이 없어요"(C-3).

황대봉이 부동산 개발로 큰돈을 모으게 된 계기는 1967년 버스사업을 시작하면서부터이다. 불과 7대의 버스로 시작한 황대봉은 1977년 주식회사 형태로 변경하여 시내버스뿐만 아니라 관련 주유소, 택시업, 전세버스 사업 등 수송업을 동시에 추진하며 토지개발에 주목한다.

"버스사업, 그때는 현금장사였어요. 현금으로 시외근교에 헐값으로 땅을 사 모았어요. 당시에 효자동이나 창포, 환여, 오천, 양덕동 같은 곳은 정말 외진 곳이었잖아요. 진짜 땅값이 얼마 되지 않았어요. 버스정류장은 수천 평을 사잖아요. 그런 곳에 땅을 사서 버스정류장이나 차고지로 만들고 인구가 늘어나고 팽창해지면 다른 곳으로 이전하잖아요. 그러면 땅값이 금방 뛰어오르잖아요. 그래서 주차장을 옮길 때마다 돈을 벌었어요. 그중에서 시외버스터미널 개발, 11 토지구획정리사업을 하면서 황대봉 씨는 대부호가 되었어요."(E-2; C-5).

그가 부동산 개발 전문기업인, 토지구획정리의 '달인'으로 불리게 된 것은 1970년대 초 죽도시장(8토지) 구획정리 사업의 조합장이 되면서부터이다.[57]

---

57 황대봉은 1971년 죽도시장 택지조성을 하면서 토지구획을 잘한다는 이석봉 씨를 끌어들여 토지개발에 눈 뜨게 되고, 영진건설을 인수하고 일본에 가서 선진 부동산 개발을 배우고 돌아와 '11 토지구획정리사업'을 통해 구획정리사업의 '마이더스 손'이라는 칭호를 얻게 된다(이한웅, 2017).

그는 1978년 영진건설을 인수한 후 상대동 일원 30만 평이라는 당시 최대 규모의 11 토지구획정리사업을 수십 년에 걸쳐 개발했고, 이에 탄력을 받아 1981년 53만 평 장성동 지구[58]와 오천 문덕지구 토지구획정리사업을 주도했다. '11 토지구획정리사업'은 포철 지곡단지를 만들던 당시 추진되었는데, 개발지역도 지곡단지 인근의 상대동 일대에서 추진되었다. 이는 황대봉이 포철의 움직임과 도시개발의 방향을 정확히 꿰뚫고 있었음을 의미한다. 그리고 박태준과 황대봉은 정치적으로나 사업적으로 서로 협력하던 관계였다. 두 사람의 관계에 대해 다음과 같은 얘기를 했다.

> "서로 도와준 거죠. 그리고 두 사람 주위에 끈끈한 인간관계가 많았죠. 지곡단지 안에 포항공대 지을 때 주민들이 반대하고 극렬하게 대치할 때 황대봉 씨가 도와줬죠. 박태준의 특명으로 이대공 씨가 찾아가서 황대봉 회장에게 말이 안 되지만 얘기나 해보자 하고 던져보았더니 황대봉 회장이 지곡 땅과 상대동 땅을 1:1로 맞교환해줬어요. 가격 차이가 10:1이나 나는데, 지역에 4년제 대학이 들어온다고 하니 시외버스터미널 근처 땅을 황대봉 씨가 내놓아 철거민들이 그곳으로 옮겨갈 수 있었어요.[59] 그래서 초기에 포항공대 설립 이사로 황대봉 씨가 된 겁니다. 그리고 두 사람이 국회에서 박 회장이 재정위원장 할 때 건교위에 황 회장이 있었죠. 이석수 씨(전 경북도 정무부지사)가 건교위에 파견 나와 있었다고 하더군요. 그때 다른 지역에서 반대했지만, 포항우회도로가 날 수 있었어요.

---

58 1981년 장성·양덕동 토지구획정리지구 개발사업은 '11 토지구획정리사업'과 더불어 황대봉의 최대 도시개발 사업으로 인구 1만 명 거주하던 지역과 생활 쓰레기 처리장 일대를 개발하여 포항법원과 검찰청이 들어서면서 2017년 현재 인구 7만 명의 도내 최고의 동(洞)이 되었다(이한웅, 2017: 99).

59 지곡동 지주들은 포항공대 부지매입에 반대하면서 당시 포항 최고의 알짜배기 땅이었던 제11 토지구획정리지구를 대토(맞교환) 요구를 했다. 지주들은 평당 20만 원 정도의 보상가로 지곡동보다 6~7배 이상 차이가 나는 상도동 구획정리지구 땅과 맞바꿔 달라는 것을 이대공이 황대봉에게 부탁하여 들어줬다고 한다(이한웅, 2017).

포항-서울공항 개설할 때도 두 사람은 유기적으로 서로 협력했다고[60] 하더군
요."(E-1).

이처럼 황대봉은 박태준과 협력 관계 속에서 도시 성장을 주도했다. 특히
제12~13대 국회의원을 지내면서 중앙의 정치인과 고위관료들과 친분을 쌓
았고, 상공회의소의 강신우, 포철의 이대공, 경북도의 이석수 등과 긴밀한 협
력 관계를 유지했다. 또 그는 대중교통을 경영한 경험을 바탕으로 해운업에
도 진출하여 국제여객 노선과 울릉도 관광개발사업, 금융·교육 장학사업과
골프장, 언론사 등을 창간하여 사회·경제적 영향력을 행사했다.

한편, 포철 제4기 설비공사가 마무리되고 제2 제철소를 계획하던 시기에
'10·26 사태'가 발발하여 포항제철과 지역사회 통치세력의 균열이 생겼다.
박정희의 1인 체제가 무너지면서 박태준의 든든한 버팀목이 사라진 것이다.
이제 누가 어떤 방법으로 박태준의 '새로운 울타리'가 될 것인가? 정부가 대
주주인 포철로서는 심각한 사태가 아닐 수 없었다(이대환, 2004: 443). 하지
만, 곧 신군부의 통치 권력 장악으로 박태준은 포철의 울타리가 되어야 한다
는 명분으로 중앙 정치무대에 참여한다.[61]

"그 당시 절대 권력이었던 전두환 시절에 박태준 회장으로서는 분신과도 같은
포항제철을 어떻게든 지켜야 했을 거예요. 잘 알려져 있듯이 박정희 대통령도

---

60 황대봉이 국회의원으로 있을 때 국회입법조사관으로 파견 나와 있던 이석수와 함께 만든 경주 강동~
포항 성곡 간 포항국도 대체 우회도로이다. 1985년에 시작하여 1991년에 완공한 공사로 1천 100억
원의 사업비가 들어갔다. 포항~서울 간 여객기 노선개설도 박태준과 황대봉의 협력하여 만든 사업이
다(이한웅, 2017: 143~145).

61 박태준은 1980.10.29. 국가보위입법회의 제1 경제위원장이 되고, 그 이듬해 2월 제13회 정기주주총
회에서 13년 동안의 사장 자리에서 대표이사 회장으로 취임했다. 그리고 3월에 제11대 총선 민정당
비례대표 후보가 되고, 4월에 국회 재무위원장이 되어 중앙정치에 활약한다.

종이마패라고 하는 것을 친필로 써주면서까지 정치 외압으로부터 지켜주셨잖아요. 그런 일련의 상황으로 봤을 때는 박태준은 소신을 갖고 포항제철을 지키기 위해 전두환에게 무릎을 꿇었다고 봐야겠지요."(D-2).

권력을 잡은 전두환은 구세력을 밀어내고 자신의 시대를 열어 가는데 철강인 박태준의 영향력과 경제력이 필요했다.

"80년대 전두환 씨가 권력을 잡고 난 뒤, 박태준 씨가 전두환 씨를 어려워했다고 합니다. 잘 알려져 있지 않은 얘기인데, 전두환 씨는 영감(박태준)을 내치고 군 출신을 포항에 보내려고 한다는 말이 지역에서 돌았어요. 어떤 사람이 얘기를 하던데, 그것을 허화평 씨가 포철은 아무나 못 하니 전문가한테 맡겨야 한다고 못을 박아서 박태준 씨가 그대로 하게 되었다는 얘기를 들은 적이 있어요. 그리고 80년대에 들어서면서 지방세를 내라고 해서 포철이 지방세를 내게 되었다고 합니다. 또 포철 제복이 노란색이니까 이미지가 안 좋다고 해서 사복으로 바꾸는 등 하여튼 포철을 바꾸고 싶어 했어요."(B-1).

이 얘기에 대해 다른 한 지역주민은 사실과 거리가 멀다고 주장한다.

"허화평이 전두환의 비서실장으로 있었다고 하지만, 박태준을 구해줬다는 것은 믿을 수 없어요. 전두환과 박태준의 관계도 만만치 않았고, 포철에서 박태준을 제거하면 포철이 위험해진다는 생각이 많았는데, 그것은 좀 오버한 얘기 같아요."(C-1).

권력을 잡은 전두환은 박정희 정권의 실력자들인 김종필, 이후락, 박종규 등 9명을 권력형 부정축재 혐의자로 연행하였다. 전두환은 불법적으로 정권을 장악했기 때문에 지지세력의 확보를 위하여 충성을 맹세하는 자들에게는 관대하고, 반대자들에게는 가혹하였다. 그리고 통치를 위해 정치자금이 필요했고, 그 제공처는 대기업이었다. 경제계는 권력의 보호와 정부의 특혜가 필요하였다. 대기업들은 정치자금을 제공하고 권력의 보호를 받게 되면 안심하고 사업에 투자를 하고 기업을 확장시킬 수 있었던 것이다. (정태환, 2002 재인용)

그동안 대통령 후광으로 거침없었던 포철 박태준은 신군부에 의해 제동이 걸리자 정치에 진출했고, 최고 권력자와 사돈을 맺으면서, 80년대에 정치인으로 승승장구했다. 육사 후배인 전두환·노태우 대통령에게 '박 선배' 소리를[62] 들으며 상당한 위상을 가졌고, 이에 박태준은 민정당 대표위원, 민자당 최고위원 등을 하며 당시 집권당의 얼굴마담 역할을 맡았다(오마이뉴스, 2011.12.14).

1981년 3월, 박태준은 정치참여로 인해 정관을 변경하여 13년간 포철 사장에서 회장으로 취임하고[63] 포철의 사장이 된 사람은 '고준식'이었다. 고준식은 1967년 '포철건설추진위원장'으로서 포철 기술계획(GEP) 검토나 대일청구권 자금 등 핵심적 업무를 처리해온 박태준의 최측근으로서 포철건설의 핵심주역이었다.

---

62 전두환·노태우가 육사 생도 시절에 박태준이 육사 교무처장을 맡고 있었어요. 하지만 본인들이 정규 육사 1기생이라고 생각해 그 윗 선배들에 대해서는 심정적으로 자신들의 프라이드가 강했다고 봐야 겠지요(D-2).

63 1981년 2월 정부의 법령개정으로 포항제철은 '정부 투자기관'에서 제외되어 '정부출자기업체'로 남게 되었다. 이를 계기로 포항제철은 같은 해 2월 28일 정기주총에서 상법의 적용을 받는다는 정관을 고치고 회장제를 도입하여 주주총회와 이사회의 의장을 회장으로 하고, 자본과 자본금 총액 내에서 사채를 발행할 수 있게 하며, 이사의 임기를 3년에서 2년으로 조정했다. 이 같은 정관변경에 따라 신설된 대표이사 회장에는 박태준 초대사장이 선임되고, 후임 사장인 제2대 사장에는 고준식 수석부사장이 선임되었다(경북일보, 2018.8.5.).

"나와 고준식은 1956년 국방부에서 처음 만났다. 육군 대령인 내가 인사과장이고, 공군 대령인 그는 물동과장이었다. 그는 수학적 머리가 비상했다. 복잡한 결재서류도 쓱 살펴보면 잘못된 부분을 족집게처럼 집어냈다. 빵빵한 체격에 말씨도 빨랐다. 65년 대한중석 사장으로 갔을 때, 고준식이 전무이사로 앉아 있었다. 나이는 나보다 여섯 살 위였지만, 우리는 동지요 친구였다."(중앙일보, 2004. 11. 30.).

박태준이 중앙 정치무대로 활동의 보폭을 넓히며 포항에서 자리를 비운다고 해서 포철의 지배력에 약화된 것이 아니라 여전히 참모를 사장으로 세워 새로운 변화에 대응해 나간 것이다.

1983년 전두환 정권의 유화 조치 이후 민주화운동이 움트면서 포철의 개발에 숨죽여 왔던 지역주민들과 노동자들의 목소리가 커졌고 포철과 지역사회의 갈등이 표면화되기 시작했다. 특히 1982년 광양제철소 건립이 본격화되고 포항과 차별된 보상이 알려지면서 지역주민들의 피해보상 요구가 증가했다. 생활터전을 빼앗기다시피 쫓겨나야만 했던 철거민들과 영일만 어민들, 제철소의 대기오염과 폐수 등 공해문제, 문화적 혜택 소외 등에 대한 주민들의 민원이 제기되었다.

"포철은 현대제철하고 달라요. 원재료(원석)를 가지고 건물 안에 들어갈 수 없잖아요. 그래서 그런 부문이 환경오염에 제일 문제가 되잖아요. 예를 들어 포철의 칼라시트가 전체 10만 평이라면 칼라시트 구조가 당시 내무부 규정에 없는 거죠. 철근, 콘크리트, 슬라브 같이 건물구조에 칼라시트가 새로 나오다 보니 법이 못 따라가 법적으로 결면 문제가 되거든요. 이런 것을 찾아서 밝히다 보면 포항시청을 그냥 놔두다가는 안 되겠다, 포항시청이 시장 한 사람 그런 개념이 아니라 공무원들이란 조직이 있으니 쉽지 않구나, 그래서 포항시에 관심을 가지는 계기가 되었죠. 그전에는 별로 관심을 가질 필요가 없었는데, 권력의 힘이 약해도 상황을 변화시킬 수 있어요. 포철은 그때 많이 당황했던 것 같아요. 그래서 포철도 지역과 협력을 해라, 얕잡아 봤다가 큰코다쳤다고 생각하는 분위기가 있었어요."(C-3).[64]

"박태준과 포철이 꺾이기 시작한 것은 80년대가 되면서부터예요. 그때까지는 포항시를 방문한 적이 없어요. 12 · 12사태 이후 실세인 허화평 등이 포항을 왔다 갔다 하니까, 그때부터 포항시에 박태준이 나타났어요."(B-1).

변화되는 사회 분위기에 편승하여 포항시는 포철과의 관계에서 힘이 미약하지만, 지역주민의 의견을 수용하여 조정하는 노력을 하는 등 과거 포철의 지시를 받거나 행정적으로 지원하는 차원을 벗어나 포철과의 관계에서 지방정부의 위상을 갖추려고 시도했다.

또한, 포철의 철강생산량이 애초 1백3만 톤 규모에서 1981년에 4기 공사가 끝나 8백5십만 톤으로 비약적으로 성장하였다. 포철의 이러한 성장으로 인해 포항 인구가 급팽창했고, 공장들이 많이 들어서서 고용이 늘어났다. 그 결과 포항에도 용흥동, 장성동 등에 대규모 아파트가 생기면서 투기의 과열로 땅값이 치솟아 올랐다. 도시 정비는 되지 않아 시가지는 혼잡하고, 폐수와 대기오염 등 각종 공해로 지역사회는 불만이 넘쳐났다(조선일보, 1979. 8. 11.).

포철의 이러한 부정적 여론이 확산하고 80년대에 들어 포항제철에 영향력을 행사하려는 포항지역발전협의회와 향지회 등 지역주민 단체들이 생겨나

---

64 구술자는 1981년 포철의 효자 주택단지가 포항시로 편입되어 행정과의 관계가 늘어나 방치해두었던 법 집행(체납에 대한 세무조사)을 했다는 얘기가 있다. 이 얘기는 그 당시 포철에 주눅 들어있던 포항시 공무원들이 포철을 상대로 행정적 조치를 할 수 있는 상황이 되었다는 것을 보여주는 증언이다.

기 시작했다. 이들이 활동하면서 포항제철에서 관련 담당 부서를 만드는 등
지역사회와의 협력에 관심을 두기 시작했다.

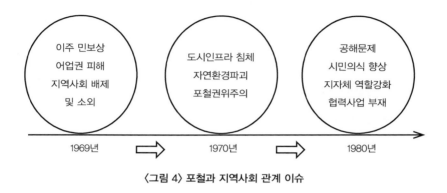

<그림 4> 포철과 지역사회 관계 이슈

출처: 포항대학, 1999.《 포항제철의 지역협력 강화방안 》

"80년대 초에 포항에 시의회 같은 것이 없으니 포항지역발전협의회를 만들기
로 하여 그때, 강신우 씨와 황대봉 씨가 같은 분들이 참여했어요. 포철이나 포항
시에 건의를 하고 했어요. 그리고 80년대 중반쯤에 김현호 씨(전 대동고등학교
교장)가 앞장서서 포항향지회(향토동지회)를 만들어 그때 시끄러웠어요. 향토
청년회가 있었지만, 힘이 없었고요. 그렇게 시끄럽게 하니까 포철에서 운송업이
떨어졌어요. 그것을 받은 것이 잘못이었어요. 포철의 지원을 받으면서 향지회가
힘이 없어졌어요. 그때 향지회는 지금의 뿌리회와 비슷했어요. 그래서 포철에서
지역협력과를 만들어 지역지원을 맡은 것으로 기억해요"(B-1).

이처럼 지역에서 변화를 요구하는 힘이 조금씩 조직화 되었지만 당시의 상
황에서 이들 토착 엘리트 세력들은 지역주민들을 정서를 대변하면서 포철과
의 협력을 통해 이해관계를 형성하고 지역개발을 증진시키려고 했다.

"시대가 다르지만, 광양에 보상하는 것 보고 지역이 이대로 가만히 있으면 안 된다는 분위기가 많았어요. 그래서 철거민들과 어민들이 보상을 요구하고 해도 주민들도 공해오염 대책을 외쳤지요. 하지만 포항의 정치인이나 유지들이 문제예요. 같이 목소리를 내다가도 포철만 만나면 꼬리를 내려버리고 말이 달라지거든요."(F-3).

어쨌든 포철은 1980년대 중반을 지나면서 일방통행식인 지역사회 배제전략에 균열이 가기 시작했다. 그리고 1989년 4월 지역협력 전담조직을 신설하여 지역 기반시설 지원과 체육·문화예술, 각종 지역사회 현안에 관여 등 다양한 지역협력 사업을 전개했지만, 생색내기용 협력이라는 비판이 뒤 따랐다.

포철성장기의 도시통치 행위 주체들은 박태준의 포철세력과 포철의 성장과 함께 경제력과 정치적 기반을 형성한 황대봉과 강신우 등 토착 기업 엘리트들이 서로 협력 또는 독자적인 힘을 키우며 할거했다. 또 시간이 지나면서 정치 환경의 변화에 따라 지역주민들의 목소리가 커지고 지방행정도 부분적인 참여가 일어나 기존의 포철 중심의 통치 연합 내에 토착 엘리트들의 참여가 확대되면서 도시레짐의 변화가 발생하기 시작했다.

4. 개발자원

1) 박정희와 박태준

종합제철소 개발 의제와 관련된 자원으로는 재정 능력과 건설·운용기술,

조직적 자원인 전문 인력 그리고 이를 추진할 수 있는 권력 자원 등을 들 수 있다.

철강산업은 규모의 경제가 작용하는 대표적인 부문으로 일정 규모 이상의 산업시설이 아니면 좀처럼 이윤을 창출하기 어려운(정대훈, 2011) 산업이다. 그래서 대규모 자본을 동원할 능력이 없었던 한국은 종합제철소 건설자금을 외자 유치를 통해 할 수밖에 없는 현실이었지만, 미국의 반대로 외자 유치가 쉽지 않았다. 철강산업은 막대한 개발자금이 소요되는 자본 집약적 산업이고 공사 기간도 길어 국내외 경기순환 변동에 손쉽게 대처하기 어려운 여건에서 신중한 투자가 필요한 분야였다. 그런데 아직 시장 규모도 성장하지 못했고 장기적인 개발계획도 제대로 갖추지 못한 상태에서 한국이 감당하기에는 위험부담이 너무 큰 사업으로 보았기 때문이다.

이러한 상황에서 전술한 바와 같이 KISA의 노력이 좌절된 이후, 상업차관 1억 2,000만 달러에 달하는 대일청구권 자금을 이용하여 제철소 건립계획이 빠르게 이뤄졌고, 기술제공 국가도 일본으로 단일화했다. 청구권 자금은 한국정부의 완전한 통제하에 있었기 때문에 종합제철 건설에 부정적인 입장을 피력했던 미국이나 세계은행의 눈치를 보지 않고 자금을 사용할 수 있어 제철소를 짓는데 매우 유리한 자금이었다(정대훈, 2011; 송성수, 2000).

그리고 포항제철을 건립하기 위한 기술제공은 야하타제철, 후지제철, 일본강관 등 일본 철강 3사로 구성된 일본그룹(Japan Group, JG)과 기술용역을 체결하고 계획 확정, 설비 구매, 공장건설, 공장 조업 등 추진 단계별 기술지원을 받았다. 포항제철 건립 과정에서 일본의 재정적·기술적 지원은 박정희와 박태준의 한·일 경제협력 인적 네트워크가 있었기에 가능했다.

"포철을 돕도록 한 박태준의 일본 인맥은 야스오카 마사히로 선생입니다. 야하타제철소 이나야마 회장도 그분이 소개해준 거고요.[65] 물론 박태준 씨 본인도 와세다 출신이기 때문에 일본 인맥이 많았겠지요. 하지만, 한일관계는 역시 박정희의 만주 인맥이 사실 깊게 깔려있어요. 기시 노부스키가 누군가요. 만주국을 만든 장본인이잖아요. 기시와 그의 측근 오노 반보쿠 같은 인물이 박정희와의 관계가 깊었기 때문에 한일수교나 포철에 일본의 적극적인 협력을 얻을 수 있었어요"(B-7).

포항제철은 공장건설 설비와 생산 조업에 필요한 모든 용역을 일본으로부터 도입했다. 그래서 호주의 BHP(Broken Hill Proprietary)사와 KIST에 일본 공급자들과의 구매계약에 관한 자문역할을 담당하게 하여 일본을 견제하여 만일의 사태에 대비하였다. KIST는 현장경험이 풍부한 신일본제철의 퇴직 기술자들을 위촉책임연구원으로 채용하는 방법을 통해 포항제철에 대해 실질적인 자문을 제공했다(송성수, 2000: 55~57). 또한, 정부는 1970년에 제철소 건설과 육성을 위해 철강육성법을 제정하여 제도적 기반하에 포철을 집중적으로 보호·지원했다.

종합제철소의 설립은 일본의 청구권 자금과 정부출자 및 육성자금 조성, 간접기반시설 지원, 세제 혜택 등 국가권력의 비호와 전폭적 지원이 있었기 때문이다. 국가가 시장에 적극 개입하여 자본과 SOC 투자에 앞장섰고, 산업화에 필요한 각종 제도를 과감하게 도입하는 무리수까지 됐다. 고정환율 정책이 대표적인 무리수였다. 철강산업과 같은 중화학 공업화를 위해서는 많

---

65 야스오카 마사히로(安岡正篤)는 일본 정·재계의 정신적 지도자로 군림했으며, 양명학에 정통한 학자로 일제 때 우익운동이나 군부에 지대한 영향을 끼쳤다. 야스오카는 일본의 패망 이후 한동안 공직 추방 조처를 당했지만, 바로 예전의 위상을 회복하고 일본 유력 우익정치가나 재계인들의 막후 '멘토' 역할을 했다. 박태준이 그를 찾아와 고충을 토로하자 야스오카는 그 자리에서 전화를 걸어 연결해준 사람이 이나야마 요시히로(稻山嘉寬)이다. 이나야마는 일본 경단련의 회장을 지낸 재계의 거물로서 당시 야하타제철의 사장이었다. 그는 1970년에는 신일본제철을 설립해 3년간 사장, 회장으로 9년을 지냈다. 그가 일본의 철강회사들을 모아 박태준의 구상을 지원해주었다(한국일보, 2011.12.14.).

은 설비와 기계, 각종 원자재, 원료를 외국에서 수입해야 했기 때문에 환율을 묶어 재정투입 비용을 줄여야 했다. 8년간 지속된 이 고정 환율정책이 결국 1980년대 초반 외환위기를 불러왔지만 중화학공업을 추진하는 데는 필수적인 보호책이었다. 국가가 지불 보장한 차관자금을 원화로 갚을 때 가치 절상된 원화가 상환금 부담을 줄여주었다. 포항제철을 비롯하여 중화학 공장의 초기 투자비용을 절감해준 것이다. 특히 '종이마패'로[66] 함축되는 대통령 박정희의 박태준에 대한 절대적 신임은 효율적인 자원동원과 환경여건을 제공했다. 그 기반으로 박태준은 포철 건립을 위해 정치적 입김 배제, 자금조달이나 인력수급, 외국철강기업과의 국제협력, 여론 환기, 건설 공기 확정, 경영혁신 등 모든 자원을 마음껏 이용할 수 있었다(송호근, 2018: 183~187).

> "박태준은 박정희의 마패를 갖고 있을 만큼 아무도 못 건드렸어요. 경제부총리 그 양반도 박태준한테 목이 날아갔지, 아마. 한마디로 대단했지. 우향우 정신이란 말이 있잖아요. 포철 못 세우면 영일에 다 빠져 죽자.[67] 그 말 한마디에 공사가 다된 건물을 폭파시킨 일화도 있잖아. 제대로 안 하면 박태준은 촛대뼈를 막 걷어찼지. 그 시대는 그랬어요."(C-1).

---

66 '종이마패'는 포철 1기 설비구매과정에서 정부의 승인을 받도록 되어있어 주일구매소와 포철 간의 주도권 다툼이 있었다. 이때 포철이 구매계약의 주체로 나서고 정부가 구매절차의 간소화에 동의한다는 내용을 박정희가 친필로 서명하여 박태준에게 힘을 실어준 것을 훗날 박태준이 공개하여 붙여진 이름이다(이대환, 2004: 310~311).

67 지역에서 박태준 하면 '우향우 정신'을 얘기한다. 작가 이대환은 우향우를 이렇게 얘기한다. "우향우란 오른쪽으로 돌아 나가자는 군대 제식 훈련의 용어이다. 영일만 모래벌판에서 우향우하면 시퍼런 바다, 그 바다에 빠져 죽자. 이것이 '우향우'다. 이렇게 강렬한 정신운동에 감히 부패가 파고들 틈이 생기겠는가. 그래서 나는 평전을 썼다."(이대환, 2004). 우향우는 강한 군대를 만들어 전쟁에서 승리하겠다는 사즉생(死卽生) 즉, 죽기로 작정하면 살 것이라는 박태준의 특유의 군인정신을 상징화한다. 그러나 '우향우'를 지역적 정서와 결부하여 보면 정치적 이데올로기로서의 우향우(극단적 우파)와 겹쳐 연상될 때가 있다.

또한, 권위주의 국가의 그러한 막강한 권력은 포철개발을 반대했던 지역주민들을 컨트롤 할 수 있었다. 개발용지에 편입된 대송면 일대는 지리적으로 형산강의 비옥한 평야에 기반을 둔 경북에서 제일 규모가 큰 농촌 마을 중의 하나였다.[68] 그곳에는 6천 명이 넘는 주민들이 살고 있었는데, 느닷없이 국가에 생업터전과 집을 빼앗겼다는 생각을 했다.

> "철거할 때 실제로 보상을 제대로 받았냐고 하면 묻는 자체가 잘못된 거고 우리가 완전 버리고 나온 거나 마찬가지입니다. 토지보상 감정가를 터무니없이 적게 산정하고도 감정가보다 적게 지급하고, 그 차액을 경상북도가 챙기고, 정부에 보고하였습니다. 당시 정부가 선임한 토지보상심의위원회와 감정기관인 조흥은행, 한일은행, 농업협동조합 등 3개 금융기관이 토지보상가격을 평당 600원으로 감정하였음에도 불구하고, 철거민에게는 평당 최저 7원에서 최고 300원으로 보상하여 주었습니다. 우리의 토지를 포항제철에 평당 1,000원에 매도하였고, 포철은 연관단지 입주업체에 평당 3,000원에 다시 매도하는 등 우리 철거민의 토지 345만 평을 조국 근대화의 희생물로 착취하였습니다."(대송철거민장학회, 1999).

그래서 적극 저항했지만, 당시의 시대적 상황에서는 속수무책이었다. 공권력을 앞세운 권위주의 정부는 국가정보기관과 경찰, 지방공무원을 동원하여 반대하는 주민들을 협박과 회유하여 국책사업에 순응시켜 나갔다(서병철, 2011).

> "처음에는 반대하고, 똥물 뿌리고 적극 반대하였는데, 그때는 안기부가 최고잖

---

68 포항의 대송면의 송정, 송내, 동촌, 괴동ㆍ장흥동 등 15개 동은 형산강과 냉천이 흘러 삼각주의 포항 평야를 이루고 농경지가 형성되어 미곡 위주의 곡물이 많이 생산되는 규모가 큰 마을이었다.

아요. 안기부하고 경찰서에 불려 갔다 오면 완전히 숨이 죽어 있는 기라. 그래서 영일군에서 오라 하면 술 한잔 얻어먹고 돈 좀 주면 그러면 넘어오고 그들 앞잡이가 되어 가지고 왔다 갔다 하고. 요즘 그 사람들, 포항제철에 붙어 가지고 돈 좀 벌었다고 지역에서 행세하고 돌아다니지만, 알 만한 사람들은 그 사람들 인간 취급 안 해요. 세상이 많이 변했지만 그래도"(C-1).

포철개발은 다양한 물리적 자원이 필요했지만 특히 지역주민의 유·무형의 재산상의 피해와 공동체 파괴와 같은 지역사회의 희생을 강제할 수 있는 강한 권력 자원이 유효했다. 그리고 그 당시 종합제철소 건립은 단순한 지역개발을 넘어선 대형 국책사업이기 때문에, 지역주민들의 반발은 국익과 공익의 관점에서 심각한 고려의 대상이 되지 못하였다(장세훈, 2013). 제철소 건립의 목표는 제철보국(製鐵報國) 즉, 싸고 품질 좋은 철을 만들어 나라를 부강하게 하고 산업화를 달성하는 것이었다. 이러한 박정희 시대의 국가이데올로기는 지역주민과 노동자의 희생과 무조건적 순응뿐만 아니라 '실패하면 모두 영일만에 빠져 죽자'라는 우향우(右向右) 정신과 같은 군대식 관리체제와 노동통제가 가능하도록 했다. 이것은 1960년~1970년대 권위주의 국가권력의 경제성장 전략이 기본적으로 해외에서 자본과 원료를 도입해서 국내의 값싼 노동력과 결합하여 상품을 생산하고 다시 해외에 수출하는 방식이었다. 값싼 노동력과 토지라는 생산요소를 손쉽게 동원할 수 있었던 것은 국가권력의 독재적이고 억압적인 성향과 결부되어 있었기 때문이다(최병두, 2012: 128).

따라서 포항제철이 건립되어 짧은 기간 안에 세계적인 기업으로 성장할 수 있었던 개발자원은 일본의 1억 2,000만 달러의 대일청구권 자금과 기술, 값싼 노동력과 지역주민 통제를 통한 제철소 건립을 강제화할 수 있는 권위주의 국가의 컨트롤 역량 즉, 다양한 제도적 권력 자원을 포철개발에 집중적으로 동원할 수 있었기 때문에 가능했다.

2) 지곡단지 개발자원과 포항공대

포항제철 4기 설비공사는 제4고로 · 제2연주 · 제2열연공장을 비롯한 7개 공장의 신설과 제2 제강 공장 등 6개 공장 확장과 항만을 포함하여 부대설비 증설 등 생산능력과 시설 면에서 세계 최고가 되기 위한 건설이었다. 이를 위해 우수한 인재확보와 직원의 복리후생을 만족시키는 국제화 수준에 맞는 쾌적한 주거환경, 교육 · 문화시설을 갖춘 현대식 생활공간 조성이 필수적이었다(이대환, 2004; POSCO, 2004). 그래서 지곡단지 개발과 포항공대 설립을 추진했다.

지곡단지와 같은 주택단지는 포항제철이 만들어질 때부터 관심을 가졌다. 그 이유는 포철이 수도권과 멀리 떨어져 있어 우수한 인재들을 확보하고 유지하는 것이 만만치 않다는 현실적 판단 때문이었다. 그래서 그들만을 위한 특별한 생활환경과 교육복지시설 등을 조성하여 인재들을 끌어당길 수 있도록 했다. 이 중에 주택문제는 최우선 과제로서 포철을 지으면서 동시에 포철 사원주택을 건설했던 것이다.

전술한 바와 같이 제2기 포철 지곡 주택단지 개발계획은 포항제철 연관업체들이 맡았다. 이들의 지곡 주택단지 개발은 '혼용방식'으로 토지구획정리사업을 시행하였다.[69] 도시개발사업 방식 중에 혼용방식은 도시개발구역으로

---

69 당시 토지구획정리사업이 혼용방식이라고 보는 것은 다음과 같다. 조선내화, 삼화화성, 등 6개 포철연관업체들이 주도한 개발계획에 의하면 각사가 보유하고 있는 공지에 건설하기로 되어있고, 부지매입 과정에서 지역주민들에게 시외버스터미널 11 구획정리지역으로 택지를 교환 이전해 준 것을 보면 수

지정하려는 지역이 부분적으로 수용 또는 사용방식이나 환지 방식에 해당하는 경우에 시행하는 방식으로 대규모 개발을 하고 개발면적을 단계적으로 나누어 개발할 때 시행하는 방식이다(도시개발법 시행령 제43조 제1항 제3호).

이 방식으로 택지를 조성하면 사업비 부담이 적고 시행자가 모든 것을 부담하여 추진하기 때문에 직접개발하기보다 민원 발생이 적고 개발이 용이하다.

> "택지개발 방식을 잘 이용하면 개발에 돈이 크게 안 들어요. 포철같이 힘 있고 협력회사들이 부지를 좀 갖고 있었다면 틀림없이 혼용방식으로 개발했을 겁니다. 협력회사는 지금의 외주 파트너사잖아요. 포철 말 한마디에 움직이는 회사니까 장난도 쉽게 칠 수 있고 장난을 쳤는지는 내부를 들여다봐야 알 수 있는데 그걸 어떻게 알겠어요. 아무튼, 체비지를 팔아 공사비를 대면 큰돈이 들지 않고 공사를 할 수 있어요."(B-4).

제2기 주택지 조성사업에 약 2백3십억 원의 공사비가 들어갔고 그 이후의 지곡단지 개발에 엄청난 돈이 투자되었다고 하지만 혼용방식으로 체비지(替費地)에 의해 개발했다면 거액의 비용이 직접 들어가지 않아 개발이익은 더 커지게 된다. 포철연관업체라고 하지만 실질 소유주는 포항제철인데, 시행자가 보유한 토지부터 분할하여 개발을 시행했기 때문에 토지매입 비용이 들어가지 않는다. 그리고 토지조성비용을 체비지 매각대금으로 조달함으로써 적은 비용으로 사업시행이 가능하다. 또 개발이익이 토지소유자에게 환원되어 개발시행자는 큰 부담이 없다. 다만, 포철의 기대수준에 부응하기 위해 시행

용 또는 사용방식과 환지 방식을 혼용한 방식이 사용되었다는 것을 알 수 있다(주택단지조성사업협의회, 1978.3.).

자들의 개발이익을 최소화하고 주택단지의 환경시설과 교육, 문화복지 시설에 대폭 투자했기 때문에 수준 높은 지곡단지를 조성할 수 있었다.

지곡단지를 조성하면서 포항공대 건설이 동시에 이루어졌다. 앞서 거론했듯이 포항공대는 포항제철의 성장기에 필요한 우수한 인재확보와 포항제철 수익의 사회 환원이라는 취지에서 대학설립이 추진되었다. 박태준 회장이 대학설립의 움직임을 보이자 1981년 11월 국회의원 선거 때 여당이었던 민주정의당이 포항지역의 대학설립을 공약사업으로 내세웠다. 그 후 별 진전이 없자 포항지역개발촉진협의회가[70] 4년제 대학유치 시민대회를 열고 가두 서명을 받아 정부에 탄원서를 제출하는 등 활동을 했다(POSTECH, 2017).

> "우리가 먼저 나섰어요. 당시 박태준 회장은 힘이 별로 없었어요. 전두환에게 날아갈 뻔했다가 겨우 자리를 지켰기 때문에 지역단체가 나서지 않았으면 대학유치가 어려웠어요. 국회의원 선거도 있고, 지역 사람들이 단결하니까 정치권에 들어줬어요. 그런데 박태준의 힘으로 된 것으로만 얘기하는 것은 그쪽 사람들 얘기지만 그렇지 않습니다. 그리고 지역주민들은 언제나 (포철에) 이용만 당한 것 아닙니까?"(B-1).

유치운동을 전개했던 지역주민들에 따르면, 애초의 지역사회를 위한 4년제 종합대학설립이 포철 박태준에게 주도권이 넘어가면서 지역주민의 의사와 무관하게 '포철을 위한 대학'으로 변질되었다고 한다.[71] 포항공대 설립에

---

70 포항지역개발 촉진협의회는 강신우 포항상공회의소 회장과 박일천 전 포항시장 등 지역 향토세력들이 주도하여 설립한 단체로 1988년에 포항지역발전협의회로 명칭이 바뀌어 지역개발 현안이슈를 제기하는 활동을 현재까지 하고 있다.

71 지역에서 4년제 대학유치운동이 어떻게 전개되었는지를 포항공대 30년사에서는 다음과 같이 기술하고 있다. 1981년 11월 4일에 제2공장의 입지가 광양으로 결정됨으로써 대덕단지 내에 설립하려던 중

있어 지역주민들의 정치적 결집이 큰 힘이 되었던 것은 분명하다. 이러한 활동이 있었기 때문에 제12대 국회의원 선거를 지원하기 위해 1985년 1월 31일 포항을 방문한 권익현 당시 민정당 대표위원이 포항지역의 4년제 대학설립 공약을 다시 내걸게 되어 사업이 본격적으로 힘을 받게 되었다.

그런데 포항제철을 건설할 때와 마찬가지로 또다시 지역사회를 배제했다. 그들의 논리는 동일한 국가주의였다. 포항공대를 통해 선진국으로 나아가는 데 필요한 '국가교육 시스템'을 구축하겠다는 것이다. 그래서 포항공대를 지역사회를 위한 대학이 아닌 국가적 차원의 대학으로 설계함으로써 지역주민들로부터 많은 원성을[72] 들었다. 포항공대 설립은 포철의 자체조직 내에 대학설립추진반을 만들어 진행했다. 이들은 1985년 8월 대학부지 37만 평에 대학시설 마스터플랜을 수립하고, 부지 조성과 건축공사가 시작되어 1986년 12월 개교 이전에 1단계 건립공사를 완료했다. 마스터플랜은 미국 뉴욕에 있는 ROE/ELICEO 설계회사에 맡았으며 총공사비는 350억 원이 소요되었고, 공사비뿐만 아니라 운영비 또한, 포항제철의 전적인 지원으로 건설되었다(POSTECH, 2017).

또한, 대학부지 확보과정에서 지곡단지 건설을 맡았던 천신일 회장이 6만

양연구소 설립계획이 무산되면서 연구중심대학 설립으로 변경하여 구체화 되었다. 그리고 1981년 4월 박태준 회장이 국회 재무위원장을 맡으면서 과학기술 교육의 낙후성을 알게 되어 대학설립을 구상했다는 것이다. 그 후 1982년 6월 29일 포항지역개발촉진협의회에서 4년제 대학유치 시민대회를 열고 탄원서를 내고 포철이 설립 주체가 되어줄 것을 요청해서 나서게 되었다고 한다(POSTECH, 2017: 25~27). 이러한 포항공대의 입장과는 달리 앞서 언급한 바와 같이 지역 차원에서는 다양한 논의가 진행되었으나 포철의 영향력에 압도되어 봉쇄되었다.

72 언론에서는 "고작 정원이 8개 학과 240명밖에 안 돼 동해안 지역 고교생들에게 '낙타가 바늘구멍 들어가기'식이 아니겠냐"라고 보도했으며 포항철강공단 내 회사에 근무하는 근로자들도 숙원인 야간부와 인문사회계열이 개설되지 않아 불만이 높았다(대구매일, 1985.7.7.; POSTECH, 2017). 이러한 불만들이 또 하나의 4년제 대학설립의 필요성이 제기되어 한동대학교가 들어서게 되었다.

2,000평(당시 시가 2억 7천여만 원)을 기증했고, 지역주민의 대토 요구를 대아그룹 황대봉 회장이 선뜻 응해준 것은 박태준과 천신일, 그리고 황대봉 등이 평소에 지역에서 맺어온 사업적 친분과 지역의 4년제 대학건설이 지역사회의 숙원사업이라는 명분이 작용했다.

> "누가 뭐래도 포항공대는 박태준의 작품입니다. 포항에 대학을 만들려고 할 때 얼마나 반대가 많았어요. 아마 포철에서도 반대가 있었던 것으로 알고 있고, 정부에서도 특히 문교부에서 허가를 내주지 않으려고 했잖아요. 심지어 경상북도도 은연중에 반대를 했어요. 박태준이 아니면 누가 그 막대한 금액을 지원하여 포항공대를 세웠을까요? 어림도 없어요."(D-1).

포항공대 건설에 포철의 전폭적인 자원동원이 가능했던 것은 그 당시 박태준이 포철에서 여전히 흔들리지 않는 절대적 위치에 있었고, 포항공대 건설에 대한 의지가 강했음을 알 수 있다. 이러한 포철자원의 전폭적 지원과 황대봉이나 천신일과 같은 비공식적 관계를 통한 지역기업의 협력으로 효과적인 성과를 산출해낼 수 있었다. 그러나 박태준의 권력 행사 방식은 여전히 공식적 지위와 절차를 통해 행사하는 사회 통제적 권력 또는 군림하는 권력(power over) 형태에서 벗어나지 않았다.

포철성장기의 지곡단지 조성은 포철의 집중적인 기업자원과 토착 엘리트들의 지원이 더해져 포항공대의 개발까지 이어졌고, 지방행정도 이에 적극 동조하여 주민과의 협의 등을 거치지 않고 개발허가를 해줬으며, 지역주민을 통제 또는 조정했다. 미국 도시에서 발견되는 성장 기제가 그대로 작동하는 듯하다. 그러나 미국과 달리 지곡단지 개발은 부동산 개발이익을 극대화가 아니라 포철 노동자의 주택과 포항공대 건설이라는 사회적 인프라 조성이 더 중시되었다. 그 결과 사적 투자보다 공공 투자에 집중되어 사회적 수용성이 높아져 개발의 효율성과 지속성이 강화될 수 있었다.

5. 권위주의 시대의 도시체제 특성

한국의 도시화가 압축적으로 진행된 1967년부터 1987년까지 20년간 지역 도시에 나타난 도시체제는 무엇일까? 그것은 권위주의적 발전국가가 대형 국가 프로젝트를 추진하여 급속한 도시 성장을 가져온 '중앙집권적 개발체제'이다.

우리나라의 근대적 지역개발은 일제의 국가권력 침탈과정에서부터 시작된다. 포항은 20세기 일본의 대륙침략의 전진기지로서 식민도시 형태로 개발되었다. 해방 이후, 1960년대까지 포항은 수산업과 농촌경제에 의존한 전통적 도시에 머물러 있었다.

박정희 정부는 경제성장과 산업화를 위한 종합제철소 건립과 대규모 산업시설 건설에 주력하는 과정에서 포항을 제철소 건설지로 지정하고 모든 가용 자원을 총동원했다. 빈곤 탈출이 최고의 우선 과제였던 당시의 상황에서 포항제철이 지역에 건설된다는 것은 지역사회를 결집하기에 충분했다. 지방행정 공무원과 경제인들은 외지에서 들어온 새로운 지배세력에 호응했다. 특히 지역 상공인들에게 국가적 차원의 경제개발 및 국토건설은 지역 엘리트로의 재도약과 지역발전에 유일한 희망이었기 때문이다(장세훈, 2010a). 그러나 국가권력의 절대적 비호 아래 포철개발을 추진하는 과정에서 지역주민들의 생활환경이 심각하게 침식당하고 재산권 침해 등 폭압적인 개발이 진행되었다.

한편, 포항제철이 건설되어 대규모 공장이 돌아가고 세계적 수준의 철강업체로 부상하면서 타 도시에 비해 지역경제와 인구가 급격히 성장했다. 지역이 포철 중심으로 지역 산업구조가 형성되어 포항은 철강제조업의 중심지로 부상했다. 이와 동시에 포철개발에 참여한 박태준을 비롯한 군부 엘리트와 그의 피후견인들은 사회적 위상이나 힘이 한층 강화되었다. 지역의 토착 기업 엘리트들은 포철이 건설되기 이전에 몇몇 상공인들이 두각을 나타냈지만, 지역사회에서 영향력은 그리 크지 않았다. 그럼에도 불구하고 포철건설과 함께 강신우와 황대봉 등 향토기업인들의 약진은 일취월장하여 신흥 토착 기업인으로 자리매김했다. 또 박태준을 비롯한 포철세력은 국가산업화에 큰 기여를 수행했다는 사회적 평판까지 얻게 되어 1980년대 말 이후 민주화 이행기까지 지역뿐만 아니라 전국적으로 영향을 미칠 만큼 통치역량을 갖추게 되었다.

포철의 개발과정에서 나타난 지속적인 통치역량을 가진 지배 권력을 레짐이론의 관점에서 도시레짐이라 볼 수 있는가? 누차 강조한 스톤이 발견한 도시레짐은 통치 결정을 이행하기 위해 공적 기관과 사적 이해관계가 결합한 통치체계(Stone, 1989)이다. 이러한 스톤의 레짐 개념은 포항제철 개발사례에 그대로 적용하기는 적합하지 않다. 미국은 중앙정부보다 지방정부에서 개발한 자체수익에 훨씬 더 의존적이며 기업의 역할이 강조된다(DiGaetano and Klemanski. 1993).

포철개발은 지방정부와 지역기업과의 비공식적 협력으로 수행된 것이 아니라 중앙정부가 직접 나서서 개발을 주도, 지방정부를 지시·관할했고, 대통령의 피후견인 박태준이 대리인으로 앞장섰다.

이와 관련한 도시레짐 이론은 정부(중앙정부와 지방정부) 간 연계를 배제하지 않는다. 앞에서 거론한 Menahem도 아랍과 이스라엘의 도시레짐을 비교하면서 민간 기업의 역할이 없는 공공행위자 간의 협력을 관료 레짐 유형이라 했다. 그리고 정부 간 연계에 대한 도시레짐 개념의 혼란을 피하기 위해 중앙정부와 지방공무원을 잠재적 레짐의 참여 행위자로 추가 지정하기도 했다. 그리고 주민단체, 민권단체, 환경단체 등 다른 행위자도 레짐 참여자가 될 수 있다(Elkin 1987, Fainstein and Fainstein 1983; Horan 1997; Beauregard 1997; Stone, 1993 재인용).

포철 박태준과 그의 후견세력들은 국내는 물론이고 특히 일본 등 해외기업의 자본과 기술·인력들을 대거 동원하고, 지역의 물리적, 사회적 자원을 무차별적으로 통제·이용했다. 다시 말해 포철개발은 국가와 시장 간 분업에 의해 이루어지기보다는 공공기관이 국가권력 자원을 이용하여 수직적이고 권위적으로 추진했고, 지역의 지배 엘리트들은 포철이 성장하면서 점차 체계화되었다. 포철 설립단계에서는 중앙과 지방 관료들 그리고 포철(공공기업) 세력들의 독무대였고, 지역기업인이나 지역주민의 참여는 애초 배제되었다. 그러나 1980년대 지곡단지를 개발하면서 지역사회 자원분배를 둘러싼 갈등이 불거지며 조금씩 변하기 시작했다. 포철세력과 지방정부 그리고 박태준과 개인적 관계에 있는 피후견인들이 협력하고 연합하는 활동이 일어났다. 지곡단지 개발은 이들 피후견인이라 할 수 있는 포철 연관(협력)업체를 앞장세워 개발에 착수했다. 이 가운데 사원 주택단지 조성은 지역주민과의 경제적·사회적 차별성과 서열화된 계급의식을 배태했다. 이는 명백히 디케타노가 말한 후견주의적 지배구조라 할 수 있다. 후견인과 피후견인 사이의 개인적이고 위계적인 교환관계를 통해 부동산 개발 시혜를 주는 '후견주의적 레짐'이다. 후견주의적 레짐은 지역사회 전반에 침묵의 카르텔을 형성하고 민주적 발전을 저해한다.

"포항은 포철과 관계를 잘하면 살아가는 데 이상이 없어요. 수십 년간 포철 사람들에 붙어서 저녁에 그 사람들과 술만 잘 먹으면 떵떵거리고 잘 살고 포철에 밉보이면 국물도 없잖아요. 위(중앙)에 줄 잘 대어서 완장만 받아오면 다들 숙이고 말 잘 들잖아요. 그 사람이 지역에서 무슨 짓을 했든, 상관이 없어요. 그리고 포항은 비판이 없는 죽은 도시라고 봐야죠. 비판하는 사람이 문제가 있는 사람이 되고 듣기 좋은 말만 하는 사람이 대우를 받아요. 비판이 없으면 권력자들만 좋은 도시가 아닌가요."(B-5).

후견주의적 레짐 정치는 주로 억압적인 배제전략이 이루어지는데, 포철의 개발사례에서도 이러한 사회적 차별과 지역주민의 배제가 광범위하게 일어났다. 1970년 초, 포철부지 조성 당시 주민들의 생활터전이 송두리째 빼앗겼듯이 지곡단지 조성 과정에서도 비슷했다. 포철개발에 따른 공해문제로 지역환경이 훼손되고 사용가치가 현격히 저하되어 도시 불평등이 가속화되었지만, 포철은 지역을 외면했다.

스톤의 정형화한 개발 레짐 유형에서는 기업가들이 성장을 촉진하기 위해 주로 부동산 개발을 하고 공공행정은 토지의 취득이나 처분, 공공시설의 건설, 기타 보조금 지원이 이루어진다. 지방정부도 기업가들처럼 도시개발 활동과 밀접하게 관계되고 가시적인 성과를 통해 지역경제의 필요성에 부응한다. 그래서 공공행정이 개발사업을 반대하는 지역주민의 활동을 분열시키거나 약화시키는 데 도움을 주기도 한다.

따라서 포철개발 초기에는 '중앙집권적 개발 레짐'이 지배적이다. 포철의 성장기인 1980년대 지곡단지 조성에서는 '중앙개발 레짐'이 그대로 작동하지만 '후견주의적 레짐'이 동시에 나타난다. 물론 이러한 레짐 유형은 한국에 자주 목격되는 도시정치의 일반적 사례이다. 한국에서 지방정부는 1980년대까지만 해도 '지방정부'라는 표현 자체가 어폐가 있을 만큼 강한 중앙집권 국가의 경제정책을 집행하는 하위기관에 지나지 않았다. '중앙집권적 개발 레짐'은 한국의 오래된 역사와 발전주의 국가의 지배적인 형태이다. 지방자치가 실시된 이후에도 지방 도시에서 잔존하여 성장 중심적이고 중앙의존적인 도시를 탈피하지 못하도록 하는 지렛대 역할을 하고 있다.

그리고 박태준을 비롯한 포철 기업세력도 자신들을 기업인이 아닌 정치행위자로 인식하고 최고 국가권력 통치자를 개인적 보스로 삼은 피후견인 행세에 거침이 없었다. 물론 포철이 성장하고 새로운 정치 환경이 만들어지면서 기업인으로서의 정체성이 강조되어갔다.

또한, 중앙집권적 개발 레짐은 지역의 여건이나 지역주민들의 의사와 무관하게 무차별적이고 개발을 추진하여 도시 불평등이 가중되었다는 점이다. 미국 애틀랜타의 사례분석(Fainstein and Fainstein 1983; Moss-berger & Stoker, 1994)과 영국의 대처 정부의 도클랜드 개발사례(윤일성, 2002)에서 산업구조조정과 도시의 낙후지역을 위해 개발이 진행되었다. 그 이면에도 개발업자와 토지 소유주 등 특정한 사람들에게 개발이익이 돌아갔다. 포철의 설립과정도 국가 경제와 산업화라는 목적을 명분으로 개발이 강요되었고, 특정 세력에게 이익과 자원이 집중되었다는 점이다. 지곡단지 조성도 마찬가지였다. 표면적으로는 포철 기업이익을 사회에 환원한다는 차원에서 추진했지만, 실제로 포철의 지속적인 성장과 장기적인 정치적 이해에 중점을 두고 개발이 이루어진 것이다. 또한, 토착 기업인 황대봉 등의 대규모 토지개발도 단순 지대이윤 추구행위로 볼 수 있다.

권위주의 시기의 포항은 산업화과정에서 중앙집권세력이 자신들의 통치역량을 강화하기 위해 불균등한 개발을 주도했던 중앙집권적 개발 레짐과 전근대적 보스중심의 후견주의적 레짐이 지역에서 할거했다.

6. 개관

1970-80년대 포항의 도시체제 형성과 변화에 영향을 미친 환경적 요인과 내부 구성요인과 도시레짐 유형을 정리하면 다음과 같다.

우선 환경적 요인으로서 (1) 권위주의적 발전국가의 주도적 개발이 도시 불평등에 심대한 영향을 미쳤다. 1960년대 이후 한국사회는 중앙집권적 지역개발이 본격화되어 산업화와 경제성장을 도모했다. 그러나 개발이익이 특정 정치세력에 집중되고 권력의 민주적 분산이 수반되지 못해 상당한 경제성장이 지속되기는 했으나 그 결실의 공유는 확산되지 않았고, 발전이 가속화됨으로써 오히려 불평등이 심화되었다. 그리고 강고한 군부 정치세력은 정치적 불안정성을 억제하고 권력의 영속화를 위한 목적으로 포철개발이 추진되었다.

(2) 1960년대 발전주의적 국가의 철강정책으로 포항에 종합제철소가 건설되어 지역의 산업구조가 형성되었다. 제철소 건립에 앞장선 박정희 정권은 해방 후 역대 정부가 축적해온 제철소 건립계획과 제도적 인프라를 활용하여 효율적인 정책을 현실화하는 역량을 보였다. 특히 경제개발을 위해 한일수교 등을 추진하여 한국의 철강산업에 일본을 끌어들여 제철소 건립에 효과적이었다. 그러나 지역 간 불균형과 공해 등 새로운 문제를 양산했다. 포항제철이 들어선 이후 지역 내 총생산과 재정 등 모든 면에서 고속성장을 가져와 포철 중심의 산업도시가 되었다. 그 결과 포철개발을 주도한 중앙의 정치세력들이 지역을 지배했고, 새로운 통치세력이 등장했다.

(3) 포철이 지역에 정착하면서 관련 제철업체들이 몰려들고, 새로운 투자기회와 취업인구가 늘어나 도시화가 촉진되었다. 물론 포철이 들어오기 전에도 포항시와 영일군 합해 27만 명 넘는 인구를 가진 자족적인 도시였다. 그러

나 포철로 인해 인구가 늘어난 것은 분명하다. 반면에 포항제철의 경제적 영향력에 압도되어 지역의 내재적 성장기반과 그 특성이 상실되기도 했다.

다음으로 도시레짐의 구성요인으로서 종합제철소 개발 의제이다. 먼저, 1961년 박정희 정권이 들어서서 경제개발 5개년 계획을 수립할 때, 30만 톤 규모의 제철소 건설이 제안되었다. 그 후 1967년 10월에 KISA와 한국정부 간에 60만 톤 규모의 제철소 건립에 관한 기본협정이 체결되었다가 무산되고, 대일청구권을 제공받으면서 103만 톤 규모의 종합제철소 건설 의제가 구체화된 것이다.

(1) 포항제철 입지선정은 여러 지역들과 제철소 입지를 놓고 경쟁을 하였지만, 겉으로는 개발이 편리한 지리적 여건으로 포항이 선정되었다. 그러나 입지선정의 이면에는 기술공학적 요인뿐만 아니라 군사 안보적 요인 그리고 정치 · 사회적 요인 등 다양한 변수들이 작용했다. 다만, 이 책에서는 당시 제6대 대통령선거와 제7대 국회의원 선거 과정에서 표를 의식한 정치적 판단 즉, 선거 공학적 접근이 이루어졌을 개연성을 강조했다.

(2) 포항제철 부지개발은 지역주민의 항구적 생활공간을 국가권력이 시가가 제대로 반영되지 않은 부당한 보상과 강압적인 방식으로 포철건설 부지를 개발했다. 종합제철소 건립은 지역 수준의 개발을 넘어선 대형 국가 프로젝트였기 때문에 중앙정부가 지역사회를 직접 통제하여 포철부지를 조성한 것이다. 권위주의적 국가권력은 어떠한 저항이나 반대를 용인하지 않고 지역주민들을 배제한 채 지역 공간을 배분하여 불균등 개발을 했다.

(3) 포항제철 성장기의 지곡단지 조성은 포철 노동자의 주거와 생활안정을 위해 주택과 교육, 후생 등을 두루 갖춘 대단위 복합단지를 목적으로 추진되었다. 포철은 이후 지곡단지 개발은 포철의 중추관리기능을 담당하는 연구시설과 대학을 입지시켜 포철의 방향을 제시하는 사회적 하부구조를 건설했

다. 이는 포철의 산업고도화 등 기업이익과 기업자원 확충 등 포철지배세력의 장기적인 통치역량 강화에 목표가 있었다.

둘째, 포철개발 시기의 통치 연합은 중앙정부와 국가권력의 핵심세력이었던 박태준을 비롯한 포철세력을 비롯한 지방정부, 그리고 제철소 지역유치 활동과 포철개발을 지원한 토착 기업 엘리트들이다. 이들은 포철설립 시기에 지역사회의 실질적인 지배력을 행사했다. 다음으로 지곡단지 조성과정에서는 포철 관련 업체들이 개발에 앞장섰다. 그리고 지역 내에서 도시변화를 재빠르게 포착한 토착 기업인들이 부를 축적했다. 따라서 포철성장기에 기존의 포철세력과 토착 기업인들이 상호연합 활동을 하며 지역통치세력 내에서 참여자들의 변화가 일어나기 시작했다.

셋째, 포항제철은 대일청구권 자금 1억 2천만 달러의 재정차관이 포철개발 비용으로 사용되었고, 개발기술은 일본 철강 3사로 구성된 일본그룹이 지원했다. 그리고 철강공업육성법이 제정되어 철강개발자금, 물리적 · 사회적 기반시설 및 세제 혜택 등 전폭적 지원을 했다. 또한, 포철부지 개발에 반대했던 지역주민을 억압적으로 통제하여 값싼 노동력과 토지라는 생산요소를 확보할 수 있었다. 다음으로 지곡단지 조성은 '혼용방식'이라는 도시개발방식으로 지곡단지를 조성했다. 포항공대는 포항제철에서 부지 조성과 건축공사비를 조달하는 등 포철의 전적인 자체적 자원으로 건설하였다. 물론 지곡단지도 포철 박태준이 있었기에 건설이 가능했다.

마지막으로 포항제철 형성 시기에 등장한 지역의 레짐 유형은 국가경제개발과 압축적 산업전환을 위해 중앙정부가 직접 개입한 '중앙집권적 레짐'이었다. 또한, 박태준을 중심의 후견주의적 레짐이 강화되어갔다. 이로써 도시의 통치 권력은 공식적인 제도 권력인 포항시청이나 국회의원에 있지 않고 중앙정부와 포항제철 지배자에게 장악되어 있었다. 그리고 포철개발로 보스

중심의 개발독재가 지역에 복제되었다. 그 결과 후견-피후견 관계에 의한 개발중심 권력이 지역에 작동되었다.

이상의 고찰에서 권위주의 시대 포항의 도시체제 형성은 구조적인 변수와 함께 국가개입이 중요했고, 의제 수행과정에서 자원을 둘러싸고 행위자들의 역학관계의 산물이다. 따라서 권위주의 시기에 가장 강하게 나타난 유형은 〈그림 5〉와 같이 중앙집권적 개발 레짐이다.

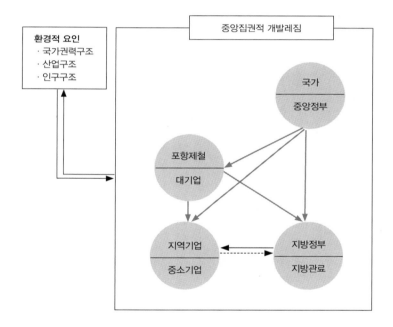

〈그림 5〉 권위주의 시대 레짐의 구성과 작동

* 〈그림 5〉 유형의 특징은 국가권력이 지방 공공기관(지방정부)을 직접 지시 또는 통제하는 한편, 포항제철을 설립하여 지역사회를 지배하는 모델이다. 그리고 지방정부는 지역기업을 직접 통제할 수 있지만 지역기업은 지방정부에 부분적 (실선으로 표시) 영향만 미친다. 이 유형에는 지역주민이 배제되어 있는데, 이는 포철세력이 지역사회를 압도적으로 장기간 지배할 수 있게 된 배경이다.

제5장

민주화 이행기 도시체제

1. 환경적 요인

1) 민주화 이행기의 국가권력 구조

가. 전두환 정권과 민주화 물결

전두환 정권은 기존의 유신체제의 국가권력 통제수단을 그대로 이용했다는 점에서 유신체제의 연장이다. 유신체제에서는 중앙정보부가 중추적 역할을 했지만, 전두환 정권에서는 보안사(保安司)가 국가권력의 창출수단 및 통제수단이었다. 따라서 전 정권은 1인 중심체제와 보안사를 주축으로 한 군부 지배체제를 정치 구조적인 특성으로 가졌다.

이러한 전두환 정권은 기본적으로 유신헌법의 비입헌주의적 성격과 대통령 1인에게 집중되는 권력 구조를 지향하고 있었다. 제5공화국 헌법 하의 대통령은 유신헌법의 입법 · 행정 · 사법부에 대한 절대적 우위 내지 권력의 인격화로 표현되었던 대통령의 영도적 지위에서 어느 정도의 분화, 조정이 이루어졌지만 여전히 상대적으로 강한 우위를 점하고 있었다(김국현, 1997).

겉으로 드러난 권력 구조는 절충형으로서 국가권력이 분석되어 있는 것 같으나 그렇지 않았다. 대통령에게는 국민의 기본권인 자유와 권리를 제한할 수 있는 비상조치권과 국회해산권, 국민투표 부의권 등 막강한 권한이 주어져 있었지만, 대통령의 권력 남용이나 권한을 통제할 수 있는 헌법적 장치나 견제기구가 사실상 없었다. 이러한 점에서 전두환 정권의 정부 형태는 권위주의적 성격을 내재한 강력한 대통령제였다(김운태, 1996; 김영명, 1992; 김국현, 1997: 107~108).

전두환 정부는 태생부터 정통성의 결함을 갖고 있었기 때문에 강한 반대세력의 도전을 받아야 했고, 박정희 정부와 마찬가지로 경제 발전이 중요했다. 1970년대 말 세계 경제의 침체와 개발 압력 속에서 과도한 국가주도 경제 운용의 부작용이 누적되어 경제위기에 직면하게 되자 경제 자유화를 단행하여 위기극복을 성공적으로 수행하였다. 이에 따라 전 정권은 정치·경제적 성과에 대한 자신감과 올림픽 유치 성공, 선거를 통한 정당화의 필요성으로 '유화정책'을 실시하였다. 한국의 민주화 이행에서 1983년의 유화정책은 제도적 시발점이었고, 시민사회 세력이 성장할 수 있는 기반이 되었다.

그러나 전두환 정부의 경제 발전은 권위주의 정권의 정당성 향상이나 통치안정에 큰 도움이 되지 못했다. 도리어 경제성장이 교육수준의 증가와 사회계층구조의 변화, 시민의식 성장 등 군부정권에 부담 요인으로 작용했다. 그 결과 민주화 이행을 추동시키는데 유리한 조건이 되었다(김국현, 1997: 122).[1] 민주화 이행과정에서 노동자계급과 중간층의 역량 강화가 돋보였다. 특히 이들은 1985년의 국회의원 선거에서 강화된 야당의 역량과 합쳐지면서

---

1 헌팅턴에 따르면, 급속한 경제 발전은 민주주의를 위한 경제적 기반을 생성시킨다. 경제 발전은 교육인구의 증가, 중산층의 확대, 시민문화형성에 기반을 조성하고, 이는 결과적으로 민주주의를 지지하는 요인으로 작용한다고 했다(Huntington, 1991).

6월 항쟁으로 발전하였고, 결국 6.29 선언을 강제했다. 6월 항쟁의 일차적 목표가 정치 민주화였고, 6.29 선언은 직선제 개헌을 핵심내용으로 하는 타협안이었다. 이는 시민사회가 부활하고 정치·사회의 복원이 이루어는 계기가 되었다(홍덕률, 1995). 이로써 해방 이후 견고하게 형성되어온 중앙집권적 권위주의 정치체제가 붕괴하고 민주화로의 이행과정을 걷기 시작했다.

1987년 민주화운동 이후 우리 사회에 많은 변화가 일어났다. 무엇보다 민주주의로의 이행으로 막강 파워를 행사했던 군부가 병영으로 퇴장하였다. 또한, 권위주의 독재 시절에 대치했던 정치 또는 시민사회 비판세력들이 '민주'정부의 이름 아래 집결하여 국가의 폭력적 억압이 상대적으로 유연해졌고, 시민들의 기본권도 향상되었다. 김영삼 정권 시절에는 군사조직인 하나회를 해체하고 군에 대한 문민통제가 이루어졌고, 금융실명제가 전격 실시되었으며, 5.18 특별법의 제정과 함께 전두환·노태우 두 전직 대통령에 대한 사법적 심판이 이루어져 수감[2]되었다(조현연, 2007: 47~49). 이처럼 김영삼 정권은 문민화된 국가권력이 정치·사회 내에 굳건히 자리 잡고 있던 비민주적 요소들을 부분적으로 청산함으로써 위로부터의 정치적 복원을 추동하였다. 특히 절차적 민주주의의 핵심이라고 할 수 있는 공정선거와 돈 안 드는 선거를 위한 법적·제도적 장치를 여야합의로 마련하고, 지방자치제를 전면 실시했다(홍덕률, 1995). 민주화 이행 이후 노동과 재벌, 시민사회가 성장하면서 권력은 이전에 비해 분산되었고, 국가권력의 강제적 수단 사용이 어려워져 사회적 동의와 합의가 훨씬 더 중요해졌다. 즉, 민주화 이후 시민사회는 많은

---

2 '5·18 민주화운동 등에 관한 특별법'과 '헌정질서 파괴범죄의 공소 시효 등에 관한 특별법'이 제정되어 이 특별법들을 근거로 12·12사건을 "군사반란"으로 5·18사건을 '내란 및 내란 목적 살인행위'로 판정하여 전두환에게 무기징역이 노태우에게 징역 17년이 그리고 각 관련자들에게 징역 8년에서 3년 6개월까지 선고되었다(조선일보, 1997.4.18.).

부분에서 비토권을 행사할 수 있는 힘을 가지게 되었다. 이는 사회세력들의 조직력뿐만 아니라 선거정치가 작동하는 민주화 이후의 정치적인 대표 형태의 변화에서 기인한 것이다.

따라서 정치권력 구조의 민주화 이행은 중앙집권적 일원적 정치체제가 지방분권적 다원적 정치체제로 바뀌는 것을 의미하며 제도적 또는 법적 인 차원이지만 민주적인 방향으로 변화되는 현상이었다.

나. 정치권력 구조의 특성

민주화 이행기의 정치권력 구조는 소위 '87 체제'출범 이후 자유 선거를 통한 대의 정부 구성이 정착됐다. 무엇보다 정권이 합법적, 민주적 정당성을 갖게 된 것이다. 권위주의 시대를 거치면서 한국의 정치권력 구조는 체제·반체제 대립의 집중된 구도였다. 민주화와 함께 이러한 대립 구도가 제도적 틀 안으로 갈등과 경쟁이 통합되지만, 정치적 흑백대결이 지속되고 있다. 이것은 민주화 체제가 기존의 권위주의 동원체제의 틀을 크게 벗어나지 못했기 때문이다(김만흠, 2013). 우선 5년 단임 대통령제는 대통령의 장기 집권의 의도를 사전에 방지할 수 있는 유일한 대안이지만 국민이 대통령에게 재임기간 동안의 국정 운영에 대한 책임을 묻는 기회를 없애고 따라서 과도한 권력이 집중된 헌정 구조에서는 대통령 일인이 임의적 국정 운영을 할 수 있도록 했다. 그리고 대통령 권력에 종속된 국회의 위상은 민주화 시대에도 마찬가지였다. 여당은 대통령을 보좌하거나 대통령에 종속되어 행정부를 견제·비판하는 국회 주요기능은 사실상 야당에 전가됐다. 반면에 대통령과 의회(야당)는 대화와 타협을 통한 효율적인 국정 운영을 이끌어가기보다는 민주화 이행이 진척된 이후에도 여전히 대통령과 야당은 대립과 교착이 끊이지 않고 있다. 민주화 이후 양자 간의 충돌이 표면화되는 것은 대통령이 속한 여당과 의회 다수파가 다른 상황일 때이다. 대통령이 속한 여당이 다수파일 경우에는 행정부와 의회를 모두 장악하여 대통령이 정국을 안정적으로 끌고 갈 수 있지만, 대통령 소속 여당이 소수파일 때는 대통령은 의회와 갈등 관계에 처하게 된다. 한국의 대통령들은 의회와 갈등 관계로 인해 통치력 약화를 해결하고자 과반수 의석확보를 통한 인위적인 정계개편을 했다. 이를 위해 명분도 원칙도 없는 합당이나 야당 의원 빼오기 등 의석수 늘이기에 앞장섰다. 노태우 대통령은 제13대 총선 결과, '3당 합당'을 통하여 거대 여당이 되었고, 김영삼 대통령은 제14대와 제15대 총선 직후 무소속 의원과 야당 의원들을 적극적으로 영입하여 여대야소 정국을 만들었다. 김대중 대통령도 당시 거대 야당이었던 한나라당 의원들의 영입이나 군소정당을 흡수하여 과반수 의석을 실현시켜 정국주도권을 장악했다. 하지만 이러한 무리한 정계개편은 오히려 야당들의 반발을 사게 됐고, 정쟁은 더욱 격화되는 악순환을 겪게 되었다(양동훈, 1999; 하세헌, 2007).

한편, 6월 항쟁과 6.29 선언은 정치적 민주화를 열망하는 국민에 대한 정권 측의 항복인 동시에 권력 연장을 위한 전략적 선택이자 정치적 타협이었다(배성인, 1997: 194~195). 이는 자본주의의 발전으로 꾸준히 성장해 온 중간층과 노동계급, 학생과 재야그룹, 그리고 1985년 이후 활성화되기 시작한 제도권 야당이, 군부와 재벌의 지배 블록이 추동해 온 '민주주의의 희생을 전제로 한 경제 제일주의', '복지의 희생을 전제로 한 성장 일변도 정책'에 대해 공격의 초점을 모음으로써 가능했다(홍덕률, 1995). 특히 6월 항쟁에서 침묵으로 일관하던 중산층들이 권위주의 체제를 무너뜨리기 위해 대거 동참하여 급진적 재야세력과 결합한 것이 매우 유효했다. 물론 이들이 6월 항쟁의 주도적 행위자는 아니지만, 민심의 향배를 결정지어줬고, 비민주적이고 부도덕한 통치세력을 물리치는 데 있어 중요한 역할을 감당했다. 흔히 '넥타이 부대'로 통칭되는 중산층 화이트칼라들이 참여하면서 야당과 재야세력 그리고 중산층이 결합하는 강한 민주 대연합 전선이 구축되어 6월 항쟁을 대중적으로 확산시켰다.[3] 그 결과 군부정권은 6.29 선언을 통해 직선제 개헌 수용 등 반대세력의 요구를 들어주면서 타협을 시도했다. 이로써 한국이 권위주의적 정치체제에서 민주주의 정치체제로 이행을 시작하게 되었고, 시민사회의 팽창과 발전이 급속도로 이루어졌다(배성인, 1997: 196).

그러나 6월 항쟁과 6.29 선언으로 시민사회가 활성화되고 정치 · 사회 복원이 이루어졌지만 정치적 이해관계에 따라 민주화 세력의 연합전선은 분열되거나 분화되기 시작했다. 정치 · 사회와 시민사회 그리고 노동세력과 중산층의 분리였다.[4] 여기서 지역의 분열 가속화시킨 지역주의는 도시정치에 많은 영향을 미쳤다. 이미 한국의 정치 · 사회는 물론이고 시민사회 깊숙이까지 침투하여 국민통합과 정치 · 사회의 기능을 위협하던 지역주의는, 1987년 대통령선거에서 집권당에 의해 의도적으로 강화되어 나타났으며, 1990년의 3당 합당과 1992년의 대통령선거, 그리고 지방자치제 실시 등으로 더욱 확대 재생산되었다(홍덕률, 1995).

---

3 박종철 고문치사를 계기로 촉발된 6월 항쟁은 군부독재 타도와 직선제 개헌을 주장하는 다양한 대중운동과 정치세력이 손을 잡고 역사상 가장 강한 반대세력의 연합기구인 '국민운동본부'가 결성되었다. 여기서 주목할 것은 '국본'의 지역조직은 거의 대부분 시민사회 세력에 의해 결성되었다는 점이다. 이들 조직은 그 이후 지역사회를 개혁하는 지역 운동으로 남아 지역 시민사회를 확장하는 주도적 활동을 감당했다.

4 민주 대연합세력의 분화는 노동자 세력과 중산층 간의 분화, 그리고 정치 · 사회와 시민사회의 분리였다. 우선, 노동세력이 87년 이후 노동자 투쟁에 집중한 반면에 중산층은 기득권 지배세력을 비판했지만, 노동세력과도 점차 거리를 두면서 독자적 위상을 형성해갔다. 다음으로 정치 · 사회와 시민사회는 3당 합당으로 김영삼 정권이 등장하면서 재야세력 등 민주화 세력들이 제도권에 진입하면서 시민사회 특히 재야세력의 내부 분화가 급격히 이루어졌다.

이처럼 민주화 이후의 권력 구조는 과거 권위주의 시대에 비해 권력을 수직적이고 기능적으로 분산시켜 권위주의 독재로 회귀하는 것을 방지하고 선거를 통한 정부 구성의 대의정치를 정착시켰다. 민주화운동을 통해 활성화된 시민사회 단체들은 기성정당을 감시·압박하면서 대의정치를 보완했다. 그러나 대의제 권력이 민주적 안정의 구심점이 되지 못하고 민주주의를 공고화시키지 못하고 있다. 특히 87년 체제를 이끌었던 정치의 중심은 정당정치가 아니라 대통령 권력을 둘러싼 정치·사회적 분열과 대립의 구조였다(김만흠, 2009). 대통령 한 사람에게 과도한 권력이 집중되는 단임 대통령제는 분열의 정치와 대권 정치에 종속된 의회정치를 낳게 하는 한국 정치의 구조적 한계이다. 민주화 이후의 권력 구조의 이러한 문제들로 인해 권력 구조 개편논의들이 꾸준히 제기되고 있는 것이다.

다. 지방자치와 지역사회 권력 구조

한국 정치의 민주화 이행 이후 가장 도시정치에 파장을 일으킨 것은 지방자치제 실시였고, 이는 국가의 수직적 재구조화를 가져왔다. 지방자치제 실시는 1987년 6월 항쟁을 통하여 중앙의 권위주의적 정치체제가 절차적 수준의 민주화로 이행되면서 나타난 '의도하지 않았던' 정치적 부산물로서 중앙과 지방 간의 관계에 막대한 영향력을 발휘했다. 더욱이 단체장 및 기초의회 의원 등 지방의원 선출에 있어 정당공천이 가능하게 되어 중앙-지방 간의 관계는 매우 복잡한 양상을 띠게 되었다. 즉, 기존의 획일적인 중앙-지방 간 관료체제 연결 구도는 정치성이 가미된 행정조직 플러스 정당조직이라는 이원화된 연계 구조를 가지게 된 것이었다(강명구, 1997: 122). 중앙당의 공천권 행사로 중앙정치 권력이 지역사회의 현실을 좌우했다. 중앙당의 공천권자와 지역후보자 사이에는 후견인과 피후견인 관계가 형성되고 이것이 지역사회의 권력 구조로 이어졌다. 이에 지역사회의 기득권층이나 토착 엘리트들은 지속적인 권력유지를 위해 중앙권력층과의 연줄 관계를 확보해야 했고, 또 그런 연줄을 확보한 사람이 지역사회에서 권력을 누리거나 유지 행세를 할 수 있었다(김광용, 1999: 200 ~201). 이처럼 지방자치의 시행으로 지역정치 엘리트 세력은 도시정치 내의 권력 구조와 내부 세력 간 역학관계에 많은 변화를 가져왔다. 먼저 지방단체장이 선거에 의해 선출됨으로써 지역정치에서 차지하는 위상이 강화되어 여타 지역 정치 엘리트들과의 관계에도 변화를 초래했다. 선출직의 경우 무엇보다도 대표성의 범위가 정치적 입지를 결정한다고 볼 수 있는데 도시 전체를 대표하는 시장과 도시 안의 보다 작은 선거구를 대표하는 지역구 의원과의 격차가 생긴다(김은미, 2001). 따라서 지방자치 이후의 민선시장은 관선 시장과는 확연히 다른 영향력을 가지면서 지역사회 권력 구조의 지배적 행위자로 위상을 갖게 되었다.

지방자치가 시행되었다고 해서 중앙정치로부터 자율적인 지역정치가 자연스럽게 구현되는 것은 아니다. 이는 지방자치가 실현될 수 있게 하는 제도적, 경제적 물적 토대가 제대로 갖춰져 있지 않기 때문이다. 하지만, 선거를 통해 선출된 민선시장은 최소한 도시 내에서는 강한 정치적 영향력을 행사했다.

다음으로 지역의 유력한 정치 엘리트들은 지역 정당을 대표하는 지역구 국회의원과 지구당(도당) 위원장이 있다. 지방자치제 시행 이전에는 중앙의 정치권력과 직접적 연계를 가진 정치 엘리트의 영향력이 컸지만 지자제 실시 이후에도 지역에 영향력을 행사하는 중앙정치권과 지역을 연결하는 통로로써 이들 집단은 여전히 유력한 지역정치 엘리트로 자리하고 있다. 이들은 지역의 정치과정에 보다 깊이 개입하고 이해관계를 두고 있으며 영향력을 발휘할 수 있는 권력 자원은 중앙정치 차원에서 자신의 지역 위상과 경력이다.

과거 지방자치제도가 시행되지 않았을 때는 지방행정에 참여할 수 있는 길이 제한적이었지만 단체장, 시의원 등 지방 선거를 치르는 상황에서는 정당이 지역정치에 관여함으로써 정치적 영향력을 행사하려 하고 있다(김은미, 2001).

마지막으로 지방자치제 실시 이후 지역 운동의 급격한 성장으로 시민사회가 활성화되어 지방행정을 견제하고 지역 토호나 기업 엘리트들과 대립하면서 지역 시민사회의 공공성 강화를 위해 활동을 해왔다.

그렇지만, 여전히 지방자치 실시 이후 지역 권력 구조의 변화를 살펴볼 때 민주화와 풀뿌리 자치는 지체되고 있다. 지역 정치과정에서 행위자들이 다양해지고 선거에 의해 공식적 지방 권력이 창출되어 도시정치가 활성화되었다고 하지만 정책 결정 과정에 참여자의 외연이 조금 확대된 정도이다. 여전히 공천권을 행사하는 중앙의 정치인과 국회의원, 지방단체장, 그리고 지방 관료들이 대기업이나 토착 엘리트들과 연합하여 도시정치를 주도하고 있다고 봐도 무리가 아닐 것이다.

2) 포항산업구조의 변화

1980년대 말 이후 국내외 상황의 변화 속에서 제조업 부문의 민간 기업들은 유망한 성장산업(전기 · 전자 · 자동차 · 철강 · 기계 · 석유화학 등)에 대해서는 설비투자를 집중적으로 확대하는 한편, 경쟁력을 상실한 구조불황이나 사양산업(신발 · 섬유 · 의복 등)은 업종전환이나 해외투자를 추진했다(조형제, 1995). 이에 따라 지역에서도 산업구조 재편 움직임이 활발해졌다.

철강도시였던 포항에서도 기존 철강제조업의 정보화 및 친환경 재편, 포항제철의 사양화를 대비한 IT산업 진출을 통한 신산업개발 등 다양한 구조전환

움직임이 싹텄다.

가. 포항제철의 변화와 포항산업구조

1992년 10월 광양제철소 4기 설비를 완공함으로써 포항제철(포스코)은 광양제철소 1천1백40만 톤, 포항제철소 9백40만 톤을 합쳐 연산 2천80만 톤의 철강생산능력을 갖추게 되었다. 단일 기업으로는 일본의 신일본제철, 프랑스의 유진사실사에 이어 세계 3위의 철강기업으로 부상했다(세계일보, 1992. 10. 3.). 그 후에도 포항제철은 광양에 고로 1기를 더 추가하여 1998년 조강생산에 있어 일본의 신일본제철을 제치고 세계 1위로 부상하는 등 양적인 면에서 최고의 호황기를 누리며 성장했다. 그러나 80년대 중반까지 급격히 경쟁력을 상실하던 미국, 유럽연합 등 선진국들이 90년대에 들어 대대적인 설비 합리화에 나서면서 경쟁력이 급속히 살아났다. 또한, 대만, 중국, 터키 등 개도국들도 철강 설비 증설에 나서 국제 철강 시장의 경쟁이 갈수록 치열해졌다. 거기다가 2000년대에 들어서면서 중국제철소들이 규모 면에서 한국을 추월하여 포항제철은 일본과 중국 사이에 '샌드위치' 신세로 전락했다. 최근 2015년에는 세계철강 산업의 악화와 맞물려 창사 이래 최초로 적자가 발생하는 사태가 벌어졌다. 이러한 포항제철의 경쟁력 약화에 대비하기 위한 사업의 고도화 및 다양화 논의가 10여 년 전부터 제기되었다.

한편, 포항제철은 대표적인 공기업이었으나 포철의 민영화가 2000년 9월에 완료됨으로써 창업 32년 만에 민간 기업으로 출범했다. 이에 1993년부터 지역사회와 갈등을 빚으며 추진된 사명변경이 2002년 포항종합제철에서 포스코로 변경하고 제철기업 이미지를 탈피하여 정보통신, 첨단산업 분야 등의 비철강 분야로 사업영역을 확장하는 발판을 마련했다(김무형, 2005). 이는 신일본제철이 1980년대 철강수급구조의 변화와 엔고 진행 상황에서 철강사업 부문을 슬림화하고 정보통신시스템, 엔지니어링, 신소재, 바이오 테크놀로지, 도시개발사업 등 신규사업 분야를 확대해 나가는 등 철강 대기업의 재구조화와 동일한 맥락이었다(염미경, 2004). 그러나 신일본제철에 비해 실질적인 성과는 미흡했다.[5]

포항제철의 성장세가 주춤 또는 하강세로 변화하는 가운데, 현대제철의 도전이 더해졌다. 현대제철은 2004년 10월 한보철강 당진공장을 인수한 후, 2010년 1월에 일관제철소 1고로를 완공하여 종합제철 회사가 되었다. 그리고 2013년 9월에 연간 생산능력 1,200만 톤이 되어 포항제철과의 경쟁상대로 자리 잡아갔다. 그러나 포철이 차지하고 있는 위치는 여전히 확고부동하다.

1990년 이후 포항의 산업구조에서 제조업 비중은 상대적으로 낮아지고 서비스업 비중이 높아지며 산업구조가 다양화되고 있다. 종업원 수 기준으로 1991년 2차 산업 46.7%, 3차 산업 53.3%였으나, 1997년의 비중은 각각 39.8%와 60.1%로 달라졌다. 제조업 중에서 철강업에 해당하는 제1차 금속 산업이 1990년 이전에는 70% 이상이었다. 그러나 1990년대 포항의 제조업 구조가 다양화되면서 제1차 금속 비중이 낮아졌다. 이는 포항에서 제철공업이 지역경제의 기반을 이루지만 차츰 기계장비, 정밀기기 등 기술집약적인 산업으로 변화하고 있음을 보여준다(박삼옥, 2001: 125~127).

2000년대 들어와서 중국경기의 호황으로 인해 포항제철, 현대제철, 동국철강 등 포항의 철강 산업체가 급성장하였다. 2002~2006년의 포항 제조업

---

5 신일본제철의 사업 다각화는 과잉 경영자원을 활용해 장기적인 기업이익을 추구한다는 목적하에 추진되었으며 다른 한편으로는 철강 부문의 과잉인원의 배출과 새로운 일자리를 창출하여 고용조정 즉, 중·고령 노동자를 희생시키면서 중심 노동력의 고용안정을 맞바꾸는 타협적 대응하였다. 그래서 전출(轉出)제도가 채택되었음에도 불구하고 기업이 고용유지를 우선으로 고려한다는 상호 신뢰적 노사관계의 틀을 지속할 수 있었다(염미경, 2004: 138~139).

성장 추이는 생산액 12.9%, 부가가치 10.73%로 성장하였다. 반면에 사업체는 8.91% 증가했으나 월평균 종사자가 1.51% 밖에 증가하지 않아 사업체의 규모가 축소되었다(포항시사편찬위원회, 2010).

그러나 최근 철강제조업이 경기침체에 따른 판매 부족과 중국의 저가 제품의 수입 급증으로 인해 어려움을 겪으면서 지역 경제 상황은 악화되고 있다. 포항 철강 산업단지 전체 생산액이 2015년 19.3% 감소하는 등 철강산업 장기침체가 우려되고 있다(채헌, 2017).

포항지역 철강생산은 2011년 17.8조 원에서 2013년 16조 원, 2016년 11.7조 원으로 연평균 8.19% 감소했다. 그리고 수출 또한, 2011년 110억 달러에서 2016년 66.9억 달러로 연평균 8.75% 줄어들었고, 수입은 2011년 144억 달러에서 2016년 56억 달러로 연평균 17.25% 감소하고 있다. 사업체 종사자 수는 2011년 16,493명에서 2013년 3,990명, 2016년 14,789명으로 연평균 2.16% 줄어들었다. 이에 따라 포항시 지방세수가 2009년 994억 원에서 2016년 445억 원으로 크게 감소하고 있다. 또 포항시 지역 주력산업인 철강 부문의 비중을 고려할 때 포항 제조업 종사자 운데 포항제철 포항사업소 종사자가 약 8천 명으로 전체 21.6%를 차지하고 있다. 앞으로 철강제조업 부문의 구조조정이 시행되면 지역제조업의 고용구조에서도 큰 변화가 예상된다.

향후 동북아 과잉설비가 2020년 3억 2천만 톤 규모까지 확대 예상되면서 포항의 철강산업은 더욱더 어려워질 가능성이 높다. 이러한 상황에서 철강산업의 경기불황 및 경쟁력 약화에 따라 도시 성장의 쇠퇴기에 접어들면서 포항은 새로운 지역경제 성장을 모색하기 위해 첨단산업 육성에 주력하고 있다. 즉, 포항제철 일변도의 단일산업구조에서 산업의 다변화와 탈산업화 체제로의 전환을 추진해 왔지만, 여전히 뚜렷한 성과가 미흡하며 포철의 탈포항 움직임이 구체화되고 있는 상황이다.

나. 국가 첨단산업정책과 신산업개발

1990년에 들어 지방자치제의 진전에 따른 지방분권화와 맞물리면서 독자적인 사회발전의 단위로서 지역의 중요성이 부각된다(Dicken, 1994; 조형제외, 1999 재인용). 이러한 가운데 상대적으로 역할이 커진 지방정부는 기업유치를 통한 지역발전에 많은 노력을 기울였지만 가시적인 변화는 없다. 외부로부터의 기업유치는 1970년대 경험에서 보듯이 서구도시의 내실 있는 경제구조 형성에 실패했다. 그래서 선진국에서는 1970-80년대부터 기술혁신과 지역개발을 연계시키는 방안을 모색하고 있다.

또한, 1980년대 후반 이후 혁신체제구축을 위한 지역 차원의 산학연 협력의 필요성이 고조되었다. 대학이나 연구소의 창의적이고 신선한 아이디어가 기업의 기술혁신으로 사업화하고 그 성과가 신기술 혁신을 위한 연구개발로 재투자로 연결되어 기술혁신이 지속적으로 순환되는 자생적인 지역기술혁신 체제를 구축해 나가야 한다는 것이다. 이를 위해 대학의 고급두뇌와 기업의 사업화 능력이 결합할 수 있는 인적, 물적 자원의 집적공간으로서 테크노파크를 건설해야 한다는 주장들이 꾸준히 대두되었다(정장식, 2006: 22).

산업자원부는 1997년 말 시범테크노파크 조성사업을 추진하였다. 이 사업은 지방자치단체와 지역대학 및 상공단체의 참여하에 대학 · 연구기관 등이 보유하고 있는 인력, 시설, 그리고 지원기능을 활용하여 중소기업의 기술개발과 신제품으로 응용하고 또한, 시장성 있는 기술적 아이디어를 상품화함으로써 중소기업의 기술고도화와 기술창업 촉진에 그 목적을 두고 있었다(이성근, 1999). 이에 따라 통상산업부는 시범테크노파크를 1997년부터 지방정부와 함께 애초 계획과 달리 6개소로 확대 추진되었다. 1997년 12월 시범테크노파크 추진위원회의 심사결과 안산(경기), 대구, 경북(경산), 송도(인천), 광주·전남(광주), 충남(천안)의 6개소가 우선 시범테크노파크 사업자로 지정 받았고 포항은 2000년 2차 사업자 선정에서 민간주도로 추진하는 것으로 지정되었지만 국비 지원을 받았다(정장식, 2006: 22).

3) 인구구조와 도시 공간구조

가. 인구구조의 변화

포항지역은 포항제철이 지속적인 성장으로 인구가 꾸준히 늘어나 1995년 통합포항시가 되면서 인구 51만의 도시가 되었다. 그리고 2000년대 이후 인구 52만 수준에서 거의 정체된 상태를 보여주고 있다.

포항의 인구구조는 1980년대 중후반부터 1990년대 초 포항으로 유입된 청년 산업인력이 2010년 기준 40대 후반~50대 후반의 중장년층이 인근 지역보다 약간 높은 특징을 보여준다. 이들은 포항제철이 한창 성장기에 포항에 들어온 당시 20대(1954년부터 1963년까지 출생한 세대) 청년 연령층이 중년이 되었고 이직하거나 타 지역으로 이동 폭이 높았다[6] 45세~47세의 인구 비중이 전국이 15.8%인데 비해 포항은 18.2%로 전국대비 2.4%가 약간 상회 수준으로 큰 차이가 없다.

또한, 2000년대 들어서 포항청년층 인구가 줄어들고 있는데, 1990년에 0~4세(2010년 시점 20~24세) 인구는 과거 20년간 30.7%가 감소하였으

---

6 포철 초창기에 취업한 인구의 변동은 1980년대 광양제철소로 대폭 이동했고, 1990년대에 해외 지사 확대 및 자체 구조조정으로 이직률이 높아졌다(E-6).

며, 동 5~9세(동 25~29세) 인구 및 동 10~14세(동 30~34세) 인구는 각각 29.6%, 24.2%가 감소한 것으로 나타나 청년층 인구의 타 도시 유출이 매우 높다.

특히, 포항은 산업현장 노동자를 다수 보유하고 있어 고령사회 진입이 다소 늦어졌지만, 2031년에는 고령화가 빠르게 진행되어 경상북도보다 초고령 사회에 빨리 도달할 가능성이 높다. 고령화 사회에서 초고령 사회[7]로 도달하는 데 소요되는 기간도 경북보다 11년이 빠른 속도로 빠르게 진행될 것으로 전망된다(한국은행포항본부, 2013). 이처럼 포항은 1980년대 중후반에서 1990년대에 포항제철을 중심으로 지역 철강제조업이 고도로 성장한 시기에 산업노동자 청년들이 대거 유입되었고, 2000년대에 들어와서는 인구가 정체되어 청년들의 유입보다 타 지역유출이 컸다. 그리고 인근 도시에 비해 포항은 고령화 사회 진입이 빨라지고 도시는 활력을 상실하고 있다.

지역의 고령화가 빠르게 진척된다는 것은 포철 등 철강제조업 분야에서 노동력의 고용 안정성이 매우 낮아지고 생산직 노동자의 이직률이 뚜렷하게 높아졌다는 것을 의미한다.

나. 공간구조의 변화

도시 공간구조는 장시간에 걸쳐 형성되고 물리적 분화가 이루어져 사회적 전이가 나타나지만, 대규모 개발이나 도시팽창은 기존 도시 공간에 부정적 영향을 미칠 때가 많다.

포항은 1967년 포철 산업단지가 들어서면서 공간적으로 급속한 확장이 이

---

7 국제연합(UN)에서는 총인구에서 65세 이상 노인 비율이 7%에 해당하면 고령화 사회, 14%면 고령사회, 20% 이상이면 초고령 사회로 구분하고 있다.

루어졌고, 지곡단지 개발 등이 공간구조에 많은 변화를 가져왔다. 앞서 살펴 본 바와 같이 포철 지곡단지 조성이 시작된 1978년에 동시적으로 상대동 일 대를 중심으로 '11 토지구획정리사업'이 추진되었다. 그 결과 포항제철 산업 단지와 지곡단지를 연결하는 간선대로 망이 구축되고 개발지역에 주요 공공 기관이 입지하여 그 일대는 신흥 시가지로 변모되어갔다.[8]

버제스(Burgess)는 도시의 확장이 '침입-경쟁-계승-지배'의 생태학적 과 정으로 보고 동심원 형태로 배열된 다섯 개의 지대로 구성된 형태로 개념화 될 수 있다고 주장했다. 도시 공간의 분화는 중심업무지역에 가까운 지역이 외곽지역을 침입하기 때문이다. 침입 경로는 중심업무지구를 둘러싼 도시 내 부의 전이 지대(zone of transition)로 확장하는 경향이 있으며, 그 전이 지대 는 다시 주위의 노동자 주택지역으로 침입해 들어간다. 이러한 물리적 침입 과정은 도시 내부의 여러 사회집단을 그 적합도에 따라 격리시킨다. 중심업 무지구의 외부로의 확장압력은 주변 지가를 상승시켜 주변 지역의 퇴락을 가 속하고 기존의 주택과 주민을 바깥지역으로 이주하도록 한다. 데이비(Davie) 는 이러한 버제스 모델을 비판하고 주거의 입지 양태는 공장의 입지에 큰 영 향을 받으며 공장은 불규칙한 형태의 유통경로 근처에 입지한다고 주장했다 (Burgess, 1967; Davie, 1937). 그러나 버제스의 모델은 인간생태학 이론이 대부분 그러하듯이 특정한 정치·산업구조가 형성된 도시에서 이론적 설명 이 가능하다. 데이비는 도시 확장이 외부환경의 변동에 따라 규칙적이지 않다고 했지만, 포항의 경우에 버제스의 주거지 이동패턴이 유용하게 적용 된다.

---

8 '11 토지구획정리지구'는 시외버스터미널에서부터 KBS, MBC 등 주요기관이 들어서 있는 포항 관문 이자 이동지구와 연결되는 거대사업으로 이 사업은 1978년에 시작하여 올림픽이 열리던 1988년에 마 무리되었다.

포철의 산업 활동이 전이 지대로 침입해 들어와 주거 기능을 쇠락시키고 이곳에 거주하는 주민들을 외곽으로 이동시켰다. 반면에 공장 인근의 전이 지대를 많은 사람들이 벗어났지만 직장에 근접해 거주하기를 원하는 저소득 노동자들은 여전히 남아서 생활한다. 포철 산업단지 인근의 해도동과 송도동, 인덕동이 그러한 변화가 잦은 지역이다. 포철 창립 초기에 건립하여 포철 사원주택으로 거주하던 인덕동의 노동자들은 지곡단지가 조성된 이후 그곳으로 이주하였다. 해도동과 송도동 일대의 주민들은 저소득층만 남아서 포철에 피해보상을 요구하거나 갈등 관계를 지속해오고 있다. 또한, 지곡단지 개발 등으로 외곽지였던 효자동, 대잠동, 대이동 일대는 주거지와 교통의 요지로 변모하여 부도심 기능을 수행하다가 테크노파크단지 개발과 시청사 이전 등으로 포항의 신흥 중심업무지구로 변화했다.[9]

> "포철이 지곡단지를 개발하면서 지역에서 말이 많으니까, 실내체육관이나 문화회관 등을 건설해줬는데, 왜 그 시설들이 포철 공장 매연이 나는 바로 앞에다 지었는지 알 수 없어요. 운동하고 공연을 보면서 공장 연기 마시라는 것인지 도대체 이해가 안돼요. 포철의 지원사업이 늘 이런 식이었어요. 시민들 생각은 전혀 안 해요"(F-6).

포철은 지곡단지를 개발하면서 시민들의 부정적 여론이 급격히 확산되자 1982년 포항실내체육관 건립지원을 시작으로 1990년대 중반 이후 본격화되었다. 포철의 지역협력사업 일환으로 추진된 도시기반 시설과 체육 · 문화시

---

9 포항 도시 공간의 큰 변화는 지곡단지 개발 외에도 1981년에 추진된 장성 · 양덕동 토지구획사업과 오천 · 문덕지구 개발, 1996년 도농통합과정을 거치면서 대규모 시가지 확장이 이루어졌다. 현재는 3 도심(1 도심 - 2 부도심), 농어촌 지역에 3개 도농거점을 추가하여 도심지체계를 구성하고 있다(김주일, 2009).

설 등 물리적 시설을 〈표 4〉와 같이 정리할 수 있다.

〈표 4〉 포항제철 공공시설 주요 지원 활동[10]

(단위: 백만 원)

구　분	년도	금액
포항실내체육관 건립지원	1982년	589
문화예술회관 건립비	1989~96년	5,700
재향군인회관 건립비	1989년	100
포항환호공원 조성기금	1995년	20,000
남부보건소 건립비	1998년	4,300
테크노파크 설립	2000년	20,000
포항운하 조성기금 지원	2008년	30,000

　　포철의 지역협력사업의 지원 규모와 수준을 둘러싼 지역사회 논란을 제외하더라도 앞서 피면접자의 주장대로 지역주민을 고려하지 않은 공간배치라는 지적이 많다. 〈그림 6〉에서 나타나듯이 시민들이 다수 이용하는 체육·문화공간이 시가지와 동떨어진 포철 인근에 설치되어 교통이용이 불편하고 공해 등에 노출될 위험성이 높다. 물론 사원주택이 있는 지곡단지와는 가깝고 간선도로가 연결되어 있어 접근성이 용이하다.

10　포철의 지역협력 활동은 기반시설 지원 분야와 문화·체육 분야, 불우이웃, 교육 및 기타분야로 구분하고 있다(포항대학, 1999). 포철이 2018년 현재까지 지역협력기금으로 지원한 전체 금액이 900억 원 수준이라는 주장과(대경일보, 2018.8.22.) 4천억 원이라는 의견이(경북일보 11.11.) 지역에서 엇갈리는데 이는 지원 분야에 대한 구분 차이서 비롯된다. 특히 포철의 지역협력 지원 규모 논란은 최근에 서울시에 5천억 원 규모의 과학문화미래관을 포철이 건립해준다는 소식이 알려지면서 더욱 거세지고 있다.

〈그림 6〉 포항제철 입지에 따른 공간변화

　이처럼 포철입지 이후 도시가 급속도로 확장해 가는 동안 물리적 확장에
맞는 내용상의 조정이 유기적으로 이루어지지 못하고 공간적 형평성을 저하
시켰으며 시청사마저 지곡단지 인근으로 이전함으로써 포항의 가장 중요한
위치가 기능적 공백 상태로 남는 문제가 나타났다(김주일 외, 2009). 이러한
공간의 불균형성은 도시 공간의 구성양식을 결정하고 도시성을 표출하는 세
력이 누구인가를 드러내 준다.

　도시 공간의 압력과 변화는 외부세력의 침입과 경쟁, 계승과 지배라는 생
태학자들의 가설처럼 외곽지역의 지가를 상승시키는 동시에 포철 인근 도심
지역의 퇴락을 가속하고 있다.

2. 첨단산업 개발

1) 지역혁신체제

1990년대 초반 이래 지역개발 논의에서 R&D를 통한 지식의 축적과 확산이 경제성장의 주요요소로 작용해서 기술혁신 및 상호학습이 역동적으로 이루어지는 지역혁신체제(regional innovation system)가 중요해졌다.[11] 혁신체제 논의에서는 여러 구성요소가 얽혀 상호작용하는 것이 혁신체제의 성과를 결정한다고 본다. 그러나 구체적으로 무엇이 혁신체제를 구성하는가, 혁신에 관계하는 요소는 무엇이고, 어떤 것이 중요한가? 그리고 그들 간의 상호관계는 어떤 방식으로 혁신에 영향을 미치는가? 등에 대해서는 통일된 견해가 없지만 기업과 연구소, 대학 등 R&D 지원기관과 같은 혁신클러스터[12]를 혁신체제에 접목시켜 논의한다(Cooke, 2002; 장인석, 2006).

포항제철이 연구중심대학을 표방한 포항공대와 국내 최대의 민간연구소인 포항산업기술연구소(이하 RIST)를 설립하여 산학연 협동체제를 추진한 것은 결국 클러스터, 지역혁신체제 등을 활용하여 혁신 주체들 간 시너지를 제고시키고자 하는 맥락에서 추진되었다.

포철이 산 · 학 · 연 협동체제에 관심을 두게 된 것은 양적 성장에서 질적

---

11 지역혁신체제라는 용어는 1992년 Cooke가 처음 사용한 용어로 지역혁신체제를 지역혁신정책, 혁신환경, 혁신 잠재력, 혁신네트워크 등의 개별적 개념을 통합한 것으로 설명하고 있다(장인석, 2006: 13).

12 혁신클러스터나 혁신체제는 모두 경제주체 간의 피드백과 상호작용을 강조하고 있다는 점에서 공통적인 이론적 기반을 가지고 있다고 볼 수 있다. 혁신클러스터란 혁신체제를 이루는 근간으로서, 지리적으로 인접하여 연계된 특정 산업 분야의 기업과 연구소나 대학 및 정부 등의 지원기관과 같은 관련 조직들이 공통성과 보완성에 의해 연계된 네트워크를 의미한다(Huggins & Thompson, 2014; 배응환, 2015 재인용).

전환을 모색하면서부터였다. 1980년대에 들어 포항제철은 첨단설비를 갖춘 제철소를 다른 지역에 신규 건설하고자 했다. 포항에 제철소를 건설할 때는 대부분 일본 철강기업의 도움으로 제철소를 건설해왔다. 하지만 1980년대에 들어와서 포철의 급성장에 따라 일본 철강기업들은 한국에 기술을 이전하는 것에 부정적으로 인식하게 되고, 포철은 일본 외에 유럽이나 다른 선진 제철소들과 새로운 관계를 형성하여 협력하는 한편, 자체적으로 제철소를 건설하고 운영하는 기술을 개발해야만 했다.

그 당시 한국의 대기업에서도 연구개발의 중요성을 인지하고 종합연구소를 설립하기 시작했다. 우선 럭키금성그룹은 1979년 12월 8일 대덕연구단지 내에 럭키중앙연구소를 개소했고, 삼성은 1987년에 기흥 연구단지 내에 삼성종합기술원을 설립했다. 70년대를 통해 급성장한 석유화학공업에서도 80년대에 들어 연구개발이 활발해졌는데, 1983년 유공의 울산연구소가 출범하여 유공의 핵심연구소로 성장하게 되었다(임경순, 2010: 50 재인용).

한국 대기업들이 기술개발에 많은 관심을 기울였듯이 포철도 신증설되는 제철소의 기술연구나 연구 방향을 종합적으로 관리할 수 있는 중앙연구소를 충남 대덕연구단지에 건립하기로 계획했다. 중앙연구소를 대덕단지에 설립 계획한 것은 당시 제2 제철소 건설 입지가 아산만으로 유력하게 거론되고 있었기 때문이었고, 또한, 연관 분야의 연구기능이 밀집된 대덕에 위치함으로써 국내의 과학기술인력의 확보가 용이하리라는 판단에 따른 것이었다. 하지만, 1981년 11월 4일 제2공장의 입지가 광양으로 결정됨으로써 대덕단지 내에 설립하기로 한 포철 중앙연구소 설립계획은 무산되었다(임경순, 2010: 52).

포철에서는 광양제철소가 이미 신기술을 적용해서 건설되고 있었고, 기존의 노후화된 설비와 경영을 합리화하기 위해서는 애초에 설립하려고 했던 중앙연구소보다 더욱 큰 규모의 연구소가 필요하다는 의견이 대두되었다. 이러던 차에 포항공대 설립이 구체화되자 기술연구소와 포항공대와의 협조 체계의 가능성이 모색되었으며, 결국 포철 부설연구소로서의 연구개발체제가 전면적으로 재검토하게 되었다(포항제철, 1989; 51~53). 그 결과 산학연 협력체제를 구체화하여 1986년 12월에 포항공대와 1987년에 포항공대 내에 산업과학기술원(RIST)을 설립하는 것으로 변경·구체화된 것이다.[13]

그러나 산·학·연 협동체제를 설계하고 구축하는 과정은 순조롭지 않았고, 시작부터 삐걱거렸다. 대학과 연구소 설립을 둘러싸고 이해당사자들 간의 다양한 내부 경쟁이 있었던 것이다.

"산학연 협력체제는 박태준 회장의 고집이었지, 처음부터 협력은 없었어요. 산학연 협력체제, 그건 말 뿐이고. 포철과 포항공대 그리고 RIST가 협력이 되려면 상호 독립적이어야 하잖아요. 그렇지 못했어요. 김호길 씨 같이 포항공대 학장을 외부에서 데려온 것처럼 RIST 소장도 외부인사로 했다면 달라졌겠죠. 그런데 RIST 소장은 포철 부사장이었어요. 부사장이 어떻게 포철 사장을 제치고 박회장을 직접 만나 얘기할 수 있겠어요. RIST가 포항공대 안으로 간 것도 김호길 학장이 박태준 회장에게 얘기해서 그리로 간 겁니다. 당시 포철 사장도 RIST를

---

13 포항제철은 기술개발을 위해 1977년 1월에 사내 백덕현 부장이 중심이 되어 부설기술연구소를 설립했다. 포철이 개발에 초점을 맞춘 연구로는 용선 분야에서 응용환원법 연구, 생산공정 단축을 위한 스트립 캐스팅(strip casting) 연구 등 박사급 연구원들이 투입되어야만 가능한 것들이 많았다. 이에 따라 포항제철은 다각도로 과학기술 분야 우수 인력의 양성 및 유치에 주력하였으나 기대만큼 성과를 거둘 수 없었다. 또한, 포철은 1981년에 그룹 내 계열사인 제철엔지니어링 산하에 첨단사업본부를 두고 그 근무지를 서울로 정하면서까지 각 분야의 인재확보에 힘썼으나 이 방법도 실패로 끝났다. 그래서 포항제철은 미래지향적인 목적 기초연구 및 개발중심 연구를 주 기능으로 하고, 향후 신증설되는 제철소 간의 연구내용 및 방향을 종합적으로 관리할 수 있는 중앙연구소를 건립하기로 계획했다. 그러나 제2공장의 입지가 광양으로 결정됨으로써 대덕단지 내에 설립하려던 중앙연구소 설립계획도 실패하고 4년제 대학설립을 계획했다(POSTECH, 2017: 25).

키우면 말 안 들을 것 같으니까 동의했을 거구요. 산학연 협력체제는 처음부터 단추가 잘못 끼워진 거예요."(B-8).

한국에서 산·학·연 공동협력연구는 1970년대 공업화 추친과정에서 필요로 하는 산업기술의 해외 의존성을 극복하고 자체적인 기술개발 능력을 향상하기 위해 전략적으로 추진하기 시작하였다. 1972년에 '기술개발촉진법'을 제정하고 선진기술의 도입에 병행하여 국내 자체기술개발을 추진하였다. 당시 KIST는 단기적 애로기술 타개 연구에서 신기술의 기업화를 지향하는 개발연구로 전환하였고, 기업 위탁연구 및 공동연구의 핵심주체로서 산학연 공동협력연구의 구심점이 되었다(김갑수 외, 2000). 특히 일본이 1970년대부터 R&D 협력이 활성화되었는데, 연구개발 협력에 있어서 미국보다 10여 년이 앞서 있었다(현재호·황병용, 1998: 80).[14]

포철 박태준이 직접 구상했다고 하는 산·학·연 협동체제는[15] 앞서 거론했듯이 그 당시 한국의 많은 대기업들이 협력기술개발에 관심을 가지고 투

---

14 실제로 미국이 1984년 공동연구촉진법의 제정에 따라 MCC, SEMATECH 등 R&D 컨소시엄이 출범하였는데, 당시 미국은 연구개발 컨소시엄을 구성·운영해 본 경험이 없었기 때문에 일본 VLSI 프로젝트를 모델로 활용한 바 있다(현재호·황병용, 1998 재인용).

15 박태준이 산학협력체제를 직접 구상했다는 주장은 설득력이 떨어진다. 박태준이 1985년 5월에 미국 칼텍(California Institute of Technology)에 들러 연구중심대학 설립을 구상했고, 카네기 멜론대(Carnegie Mellon University)에서 산학연 협동체제의 모형을 발견하여 포항공대를 건설하면서 독자적으로 구체화했다고 한다(임경순, 2010: 56~59) 그러나 이 주장은 당시 국내의 기술개발 동향을 반영하지 않고 있다. 이미 정부에서는 1981년 대덕연구단지를 2000년대를 대비하는 테크노폴리스로 그 개념을 수정하고 대덕을 연구단지로 육성하기로 발표했다(이연복, 1992). 그때 공교롭게도 박태준은 1981년 4월 제11대 국회 재무위원장으로 한국과학기술교육의 낙후성을 관찰하기 위해 해외 대학과 연구소를 방문하여 연구단지와 협동체제 구상을 했다고 하는데 박태준은 일본 철강기업의 협동연구 시스템이나 대덕단지 수정계획을 미리 알고 그곳을 갔을 가능성이 훨씬 크다.

자를 하고 있을 때였다. 오히려 최형섭의 연구학원 단지 구상[16]과 깊은 관계가 있다. 최형섭은 KIST를 통해 포철의 기술자문을 오랜 동안 해오면서 박태준과 인연이 있었는데, 최형섭은 박태준을 통해 공공영역이 아닌 민간영역에서의 산학연 협동체제를 지역에 구현하도록 자문했다. 그래서 포항제철과 대학, 연구기능의 통합은 1986년 12월 3일에 포항공대가 개교되고, 1987년 3월 27일에 산업과학기술연구소가 설립되면서 협동체제의 구체적인 모습이 드러났다(임경순, 2010: 53~55).

포철의 산학연 협동체제 모형은 대학과 연구소의 연구와 개발이 서로 협력하는 것이며, 종합연구소의 개념은 회사 기술연구소의 제품개발기능과 대학연구소의 기초연구기능을 합친 것이었다. 즉, '대학의 기초연구 능력을 바탕으로 연구소에서 제품의 원천기술을 개발하여 산업화하자'라는 연구시스템 개념이었다. 포철이 협동체제를 구축한 것은 대덕연구단지보다 앞서서 테크노폴리스 계획을 지역에 현실화시켜 기술개발을 주도하고자 하는 의욕에서 비롯되었다. 포항공대와 RIST를 건설한 뒤에 이를 수직적으로 결합·통제하여 포철의 인력개발과 기술혁신을 도모하는 한편, 첨단산업단지를 건설하여 포철 이후를 대비했던 것이다. 산학연 협동체제에서 연구 활동은 기초과학 분야 연구보다 현업에 유효성이 높은 적용기술 연구가 요구되기 때문에 RIST를 중심으로 진행되도록 설계되었다. 그래서 포항공대 교수들을 RIST의 겸직연구원 신분으로 참여시켜 경영다각화에 필요한 연구까지 수행토록 했다. 아울러 포항제철이 포항공대가 세계적 연구중심대학으로 발전하는데

---

16 1984년부터 포항제철 기술연구소 상임고문을 맡아온 최형섭의 연구학원 단지 구상은 그의 자신의 회고록 '불이 꺼지지 않는 연구소'에 잘 기록해 두고 있다. 그는 이 책에서 '포항종합제철, 산업과학기술연구소, 포항공대 간의 유기적인 삼각 연구 협동체제를 통해 두뇌집단을 형성함으로써 기초연구에서부터 상업화에 이르기까지의 일관 연구를 가능하게 할 뿐 아니라 연구의 효율성을 극대화하는데 크게 기여하고 있다'라고 강조하고 있다(최형섭, 1995: 154~155, 임경순, 2010 재인용).

필요한 연구비도 지원한다는 원칙도 고려하여 이러한 협력 구도를 만들었다 (POSTECH, 2017: 103). 그러나 포항공대를 건설하면서 일반적인 공과대학처럼 구성한 것이 아니라 '연구중심대학'이라는 틀로 구성함으로써 교육과 연구에 대한 충분히 논의가 이루어지지 않은 채 추진되었다. 이로 인해 포항공대 교수들은 실제 교육과 연구를 수행하면서 어려움을 경험했으며 RIST 또한, 대학(교수와 대학원생)과 함께 협업을 하면서 많은 혼란이 생겨났다.

> "포항제철이 이런 상태로 쇠만 만들어서는 30년도 안 가서 문 닫는다. RIST를 만들 때 포항제철 안에 연구소가 1978년에 자체연구소가 있었어요. 그런데 자체연구소보다 포항공대와 결합해서 해보자. 지금 와서 그 얘기를 아는 사람이 별로 없는데. 그것은 박 회장의 꿈이었어요. 산학연 공동협의체를 만들어서 소위 같이 굴러가는 연구개발 시스템을 만드는 것이 그분의 꿈이었어요. 그 배경에는 사실 신일본제철도 산학연 시스템이 실패했어요. 그분이 그것을 알았지만, 이분의 오기는 일본이 실패했으면 내가 해야지 하는 나름대로 경쟁의식이 있었어요. 일본이 시도해서 실패했으니 내가 하지"(B-8).[17]

세계적 수준의 철강회사와 공과대학, 연구 환경이 잘 갖추어진 연구소가 협동체제로 결집된 산업 집적은 국내 여타 지역과 차별적이었다. 우리나라

---

17 신일본제철에서 산학연 협동체제가 실패했다는 피면접자의 주장은 면밀한 검토가 요구된다. 1901년에 설립된 신일본제철은 1915년에 이미 철강일본연구소(Iron and Steel Institute of Japan)를 만들고 1919년 연구실험실을 설치했다. 그 연구실의 목적은 "작업의 개선 또는 발전과 관련된 문제를 연구하고 이론과 현장을 일치시켜 기술개발을 촉진하기 위한 것이었다." 대학과의 본격적인 연구 협력은 2006년에 눈에 띄게 증가하는데 일본국립과학기술원(RIKEN)이나 동북대학, 오사카 대학, 가나자와 대학 등에 공동연구소를 개설, 동경대학에 고급연구 및 교육센터(ARECS)를 설치했고 해외 대학과도 공동연구를 하고 있다(Hamada, 2012; Nippon Steel Technical Report, 2012). 이러한 신일본제철의 기술연구 역사에서 신일본제철이 협동연구체제를 만드는 데 실패했다는 주장은 아마 포항공대와 같은 독자적 대학을 설립하지 못했다는 의미로 이해된다.

는 대부분 국가가 정책적으로 조성한 정부주도형 단순 산업집적지에 지나지 않아 지역혁신체제로서의 기능을 하는데 한계가 있다. 그러나 포항은 앞서 1980년대 중반에 이미 과학기술에 의한 지역발전을 추진하기 위한 토대를 조성하기 시작한 것이다.

> "포항에 포항공대와 제3세대, 제4세대 가속기를 만들었는데, 그나마 그것을 만들었기 때문에 포철이 현재까지 존재한다고 저는 확실하게 얘기할 수 있어요. 포철이 다른 것도 했지만, 주력은 철강을 고부가가치 철강을 생산하게 된 것은 미국이나 일본의 철강회사가 무너지는데도 물론 인건비 문제가 있지만, 근본적으로 포항에 우수한 인력들이 머물고 기술혁신을 할 수 있는 환경을 만들어 놓았다는 것이 중요해요."(C-3).

포철은 지속적인 성장을 위해 포항공대와 RIST 등 과학기술 협력연구체제를 구축하여 기술의 대외의존을 탈피하고 철강산업의 경쟁력을 강화하는 것이 가장 중요하다고 생각했다. 또 공대 출신을 곧바로 현장에서 활용할 수 없는 사례들이 많아 당시 우리나라의 공과대학 교육을 바꿀 필요성을 인식했다. 즉, 산업현장과 유리된 채 강의 중심으로 가르치는 비현실적인 공대교육의 문제를 직시한 것이다(POSTECH, 2017: 25~26). 그래서 기술개발을 통해 포철이 장기적으로 경쟁력 있는 기업으로 영속화되도록 산학연 협동체제 의제를 구체화하고자 개발에 박차를 가했지만 애초의 계획대로 추진되지 못했다. 그렇지만, 포항공대 설립 등 산학연 협동체제 건설은 과학기술자들이 지역개발에 행위자로 참여하는 사회적 인프라가 되었다.

2) 테크노폴리스의 꿈

포항에서 철강제조업 일변도의 산업구조를 다변화하고 첨단산업을 개발·촉진하기 위해서는 테크노파크 건설이 요구되었다. 테크노파크란 다양한 유인책을 제공하여 벤처기업들을 집적시킨 첨단산업지구로서 산업구조조정의 추진 방향을 일정한 공간에 집약적으로 실현한 형태가 테크노파크이다(조형제, 2000: 9). 이러한 테크노파크 개발은 선거 시기마다 단골 메뉴로서 포항의 비전으로 제시되어왔다.

포항에서 테크노파크 조성은 정보통신연구소(정보산업대학원)를 설립하면서 처음으로 개발 의제로 부상했다. 1991년 1월 포항공대는 포철 박태준에게 '정예 전산 인력 양성과 산학협동의 주도적 역할, 그리고 향후 전개될 테크노폴리스 건설의 초석이 되고자 한다'라는 설립 기본 취지와 운영방안을 보고했다.[18] 그 후, 1991년 10월 8일, 포항공대 정보통신연구소 착공식에서 박태준은 포항 테크노폴리스 건설의 마스터플랜을 공개했다. 즉, 테크노폴리스는 포항공대, RIST(당시 산업과학기술연구소), 방사광가속기 등의 유기적인 결합 위에 조성될 과학단지로서 포항시와 포철이 추진 주체가 되고 이를 지역개발의 핵심 부분으로 추진한다는 것이었다. 이에 대해 〈포항공대신문〉은 1면 머리기사로 착공식 기사를 게재하고 "산·학·연 유기적 결합 통한

---

18 포항공대 정보산업대학원(1994년 10월 이후 정보통신대학원으로 개칭)과 정보통신연구소는 당시 산업계를 비롯하여 사회 전반에 정보화 및 자동화가 빠르게 진행됨에 따라 세계 정보처리시장도 급성장하고 있었으나, 국내 정보통신 분야의 전문 인력이 매우 취약한 점 등 산업계의 정보화 관련 문제점들을 해결하기 위해 만들어졌다. 이들 기관의 설립 기본계획을 살펴보면, △ 정보산업계에 필요한 정예 전산 인력을 양성하여 정보통신 분야의 기술고도화에 이바지하고 △ 공동연구를 통해 산학협동의 주도적 역할을 담당하며 △ 대도시에 편중된 교육시설을 보완하고 △ 특징 있는 교육으로 실무 전산 교육의 새로운 장을 연다는 취지가 담겨있다(POSTECH, 2017: 98~99).

포항 테크노폴리스 기반 구축"이라는 제목을 뽑아 그 의미를 대변했다. 또 이 신문은 "포철이 구상하고 있는 테크노폴리스 건설사업이 성공적으로 추진될 경우 포항은 연구 및 정보의 집중화, 고부가가치사업의 육성 및 산학연 협동 체제 구축을 통해 첨단지식산업의 신흥도시로 탈바꿈할 것"이라고 기대된다 고 기사화했다(포항테크노파크, 2010: 54). 이는 앞서 살펴본 포철, 포항공대, RIST의 산학연 협동체제를 적극 활용한 테크노파크 건설 의제를 추진하는 동력이 되었다.

테크노파크 건설 설계자는 포항공대 교수 이전영이었다. 그는 소피아 앙티 폴리스에 관심을 두고 첨단산업단지를 지역에 건설하고자 앞장섰다. 앙티폴 리스를 처음 제안한 피에르 라피테와 같이 포철과 포항공대를 기반으로 한국 형 앙티폴리스를 실현하려고 했다고 볼 수 있다. 1997년경 이전영은 포항테 크노파크 계획을 이렇게 기술하고 있다.

> "포항시와 포항공대가 공동으로 포항테크노파크 계획을 수립하고 있다. 포항 은 외국의 자연 발생적인 테크노파크의 성공 요인들, 즉 우수한 공과대학, 축적 된 기술, 고속물류 접근성, 기반산업 등을 갖추고 있어서 그 성공 가능성이 매 우 높으며, 포항테크노파크의 성공 여부에 따라 국내 타 지역의 테크노파크 건 설의 선도적 모델을 제시할 수 있다. 포항테크노파크인터내셔널 계획에 의하면 2015년까지 포항지역에 생명과학, 신소재, 정보통신, 정밀전자 등의 첨단기술 분야에 특화된 기술집약형 벤처기업들을 육성하고 지원함으로써 실리콘 밸리와 같은 첨단산업단지를 조성할 계획이다(중략). 포항공대는 우수한 졸업생을 배 출하여 벤처기업에 필요한 전문 인력을 공급하고, 창업보육센터를 통하여 대학 에 축적된 기술을 이전시키고, 포스텍기술투자(주)를 통해 자금을 투자함으로 써 효과적인 벤처기업 지원체제를 갖추어 나가고 있다. 이러한 포항공대의 노력 은 지역사회에 고부가가치의 하이테크 기업들을 설립하고 유치하여 지역사회의

경제를 고도화시키고 나아가 국가의 기술경쟁력을 제고시킴으로써 우리나라 대학이 지향해야 할 새로운 산학협동체제의 모델을 제시하게 될 것이다."(이전영, 1997).

하지만, 이런 테크노파크 계획이 애초부터 지역 현실에 맞지 않는 이상적 계획이었다는 비판이 있다.

"이 박사는 자기의 오리지널한 아이디어가 아니고 공중에 떠 있는 아이디어를 빨리 구해 가지고 박 회장에게 가서 이리저리 얘기는 잘했지만, 그 사람은 말을 많이 하고 잘 하지만, 액션(실천)을 취하는 사람은 아니에요. 그런 거창한 말에 박 회장이 넘어간 거죠. 얘기는 얘기일 뿐이죠. 그것을 할 수 있는 사람이 누구냐며 현실성이 있느냐는 거죠. 대학에 있는 사람은 항상 이상적이죠. 머릿속에 있는 꿈을 자꾸 얘기하니까 사람들이 들었을 때는 혹하죠. 멋있죠. 처음부터 잘못되었어요. 구상을 객관적이고 냉철하게 해야 해요. 박 회장의 고집 때문에 테크노파크가 그렇게 되었어요. 포철실무자들은 그런 생각을 안 했어요."(B-6; B-8).

1991년 봄, 서울대 환경계획연구소에 '포항광역개발기본구상에 관한 용역'에 테크노파크가 들어갔다. 당시 포항공대를 비롯한 지역사회에서는 포항을 환(環)동해권 중심도시로 발전시킬 구상에 대한 논의들이 많았다. 1992년 3월 용역결과 보고서는, 영일만 프로젝트의 구체적인 청사진이었다. 일본의 기타큐슈와 니가타, 러시아공화국의 블라디보스토크, 북한의 나진·선봉지역을 연결하는 거점도시로서의 포항이었다. 이 구상에는 영일만 앞바다에 1천 평 규모의 해상신도시를 조성하고, 25만 톤급 대형선박이 접안할 수 있는 대규모 항만과 마하 3급 항공기들이 이착륙할 수 있는 국제공항 건설안이 제시되었다. 그리고 포항공대와 포항산업과학연구원, 포항 방사광가속기를 중심으로 하는 포항테크노파크 설립계획이 제안되었다(이대환, 2004: 623~631). 이러한 청사진을 구현하는데 국내 어느 도시에 비해 유리한 조건을 가진 곳이 포항이라는 연구보고가 알려지면서 대다수 시민들을 환상에 들뜨게 했다.

그러나 이 계획을 뒷받침해줄 권력 자원인 포철 박태준은 1990년대 초반에 정치적 실패로 포철을 떠나게 되었고, 포항공대 김호길의 갑작스러운 사망 등이 겹치면서 테크노파크의 구상은 표류하기 시작했다. 그 와중에 국회의원으로 당선된 허화평의 노력으로 포항 TP 구상이 1995년 정부의 대구-포항권 광역개발계획에 들어가게 되었지만[19] 구체적 성과는 없었다.

포항테크노파크 사업이 다시 지역 의제로 부상한 것은 1995년 민선 자치단체장인 박기환이 이 사업을 거론하면서부터이다. 당시 박기환 시장은 국내 최대 규모인 1백20만 평 규모의 테크노파크 조성을 비롯하여 1조3천억 원이 소요되는 영일만 신항건설, 포항~삼척 간 동해중부선 철도 부설, 구미~포항 간 고속도로 건설 등 대형 사업만도 10개가 넘을 정도로 의욕 찬 도시건설 행정을 제안했다(부산일보, 1997.7.3.). 1995년 12월 포항시는 포항제철, 포스코개발, 그리고 포항공대와 주축이 되어 포항 TP 건설 실무회의를 개최하고, 포항공대에 포항 TP 개발계획 연구용역을 맡긴 결과 1997년 5월 약 120만 평 규모의 포항 TP 조성사업에 관한 보고서를 제출하였다. 이를 기반으로 1997년 산업자원부에 시범 TP 설치계획서를 제출하였으나 시범 TP로 지정되지 못하였다(정장식, 2006).

당시 테크노파크를 통한 첨단도시를 조성하자는 개발 의제에 대해 지역사회가 적극 호응을 하게 된 것은 경제적인 이유 외에도 시대적 분위기와 관련

---

19 동아일보, 1995.8.18.; 포항지역사회연구소, 1995.

이 있다. 1992년 리우회의는[20] 전 세계적으로 환경문제에 대한 관심을 촉발시켰고, 지역 시민운동도 이를 핵심적 이슈로 다루며 형산강 오염이나 포철의 폐수 등 환경오염에 대해 문제를 제기했다. 거기다가 포철 인근에 거주하는 주민들이 분진 등 대기오염에 대한 피해보상을 요구하는 시위 등 공해배출업체인 포철에 대한 반감이 지역에서 커갔다. 이러한 상황에서 철강산업 중심의 산업구조를 친환경적인 첨단산업으로 다변화하겠다는 테크노파크 의제는 지역사회에 관심과 지지를 받기에 적합했다.

이러한 지역 정서에 따라 박기환 시장은 1996년 11월 WTA[21] 결성을 위한 심포지움의 기조연설을 통해 포항테크노파크 구상을 전 세계에 선언하는 등 포항 TP 개발에 관심을 가졌으나 포항제철과 중앙정부의 지원이 불명확한 상태에서 사업진척이 될 수 없었다.

그 후 1997년 국회의원 보궐선거에서 박태준의 당선은 포항테크노파크 개발에 청신호였다. 당시 박태준은 이구택 사장 등 당시 포철 경영진에게 "내가 지시한 포항테크노파크사업이 근 10년이 다되어 가는데도 아직 첫 삽도 뜨지 못했다"라고 질타하는 등 포철의 포항 TP 개발 지원에 힘을 실어줘 사업이 움직이기 시작했다. 이러한 변화 속에서 1998년에 제2대 지방 선거에서

---

20 리우회의는 1992년 브라질의 리우에서 열린 '환경과 개발에 관한 유엔회의'를 말하는데, 이 회의를 통해 국제환경정치의 역사에서 1972년 스톡홀름 회의와 더불어 가장 중요한 전환점이 되었다. 이 회의 이후 그동안 국제환경 레짐에서 중요한 역할을 하지 못했던 개발도상국의 참여가 확대되고 주권 국가들뿐만 아니라 환경 비정부단체, 기업, 전문가집단, 그리고 지방정부 등 다양한 형태의 행위자들의 역할이 증가되었다(신상범, 2011).

21 WTA(세계과학도시연합)는 1997년 6월에 대전에서 세계 12개국 30개 과학 도시가 참가한 가운데 결성되었으며, 이를 위해 96년 11월에는 '테크노폴리스, 그 비전과 미래'라는 주제로 심포지움을 개최했다. WTA는 국제적인 과학기술정보 네트워크를 구축하고 각 도시별로 주력기술을 교환하는 기술 교환시장을 개설하는 것을 비롯해 기술이전 촉진을 위한 공동 기술연구 등 다양한 협력 사업을 전개해 왔다(http://www.mimint. co.kr/article/board, 2017.8.11)

포항시장으로 당선된 정장식은 포항 TP를 지방정부의 정식의제로 채택하여
구체화하는 데 주력했다.

> "당시에 포철 사장하고 있던 사람이 적극적이지 않았어요. 나는 늘 그런 사람을
> 뺀돌이라고 그러지만. 그런 종류의 사람이었어요. TJ(박태준)가 거기에 푸시를
> 해서 이런 일을 해야 된다. 그래서 된 거예요. 그리고 당연히 포항시가 더 적극
> 적으로 나서서 커미트먼트(commitment) 해야 된다고 시장에게 사람들이 얘기
> 를 많이 해서 포항시가 나섰지요. TJ도 얘기했어요. 시장이 더 적극적으로 나서
> 서 하는 것이 좋겠다고 아마 서너 번에 걸쳐 얘기했어요. 솔직히 박기환 시장은
> 적극적이지 않았어요. 그분이 시장할 때 포항공대와 함께 한 일이 별로 없었어
> 요. 정장식 시장이 적극적이었죠. 그래서 포철에서 2000년 초기에 포항 TP 건
> 설할 때 돈도 주고 땅도 주고 했지요."(B-6).[22]

정장식 포항시장은 IMF 외환위기가 일어난 1998년 7월에 취임하여 지역
경제 위기극복의 과제가 주어졌다. 포항테크노파크 20주년 기념 축사에서
정장식은 다음과 같이 얘기했다.

> "시정을 맡게 되었을 때 가장 먼저 고민되었던 것이 50만이 넘는 인구가 앞으로
> 무엇을 먹고 살아야 할 것인가 하는 절체절명의 과제였다. 더욱이 모든 경제 상
> 황이 바닥을 치기 시작한 상황에서 시정을 맡게 되었으니 얼마나 고민이 많았겠
> 는가! 21세기 글로벌시대에 '첨단과학만이 살길'이라는 신념으로 힘차게 내건
> 시정 캐치프레이즈가 바로 '세계적 첨단과학 도시 포항 건설'이었다. 이러한 열
> 정 위에 포항의 앞날을 멀리 내다보자는 비장한 각오로 시작한 것이 포항 TP 프
> 로젝트였고"(포항테크노파크, 2010).

---

22 포철이 포항시와의 역학관계 속에서 테크노파크 건설을 지원하는 과정은 다음절에서 후술한다.

1999년 1월, 포항시는 포항공대와 포철에서 실무추진반이 구성돼 포항 TP 추진을 위한 업무에 들어갔고, 1999년 4월 정장식 시장을 비롯한 포항 TP 실시설계 용역팀장인 이전영 교수 등이 포항 TP의 효율적 운영모델을 찾기 위해 대만과 일본을 방문했다. 2000년 1월에는 지역의 산학연관 대표자 30인이 모여 (재)포항테크노파크 설립 발기인 총회가 개최되었으며, 2월에는 산업자원부로부터 설립허가를 받아 같은 해 3월 포항테크노파크가 정식으로 출범하게 되었다(포항테크노파크, 2010: 60).

포항테크노파크 개발 의제가 산학연 협력체제 기반으로 발의되었지만, 추진과정에서 지방정부와 수평적인 협력이 원활하게 이루어지지 않은 것은 사업 시작부터 한계를 드러낸 것이라 할 수 있다. 즉, 첨단산업 분야와 관련 전문지식 등을 보유한 포항제철과 포항공대 그리고 RIST가 포항 TP 개발에 적극적으로 참여하지 않은 것은 이 사업이 핵심이 빠진 형식적 사업에 그쳤다는 것을 의미한다. 특히 포항 TP 개발과정에서 지역사회와의 소통이 이루어지지 않은 채 관계 이해당사자 위주로 사업이 추진되면서 포철의 판단에 따라 사업이 결정되었다. 그것은 당연한 결과였다. 지역주민들에 의해 구성된 지방정부가 지역주민들의 참여와 지지를 결집하고 밑으로부터의 지지기반을 강화하여 포철에 대응했다면 사업 판도는 전혀 달라졌을 것이다.

3. 통치 연합

1) 지역정치의 변동과 박태준

포항제철이 들어와 성장하면서 포항은 철강왕으로 불리는 박태준에 예속된 마치 중세의 봉건 도시처럼 되었다.[23] 그래서 박태준의 중앙정치의 부침(浮沈)에 따라 도시의 통치세력이 출렁거렸지만, 그 틈새로 새로운 행위자들이 출현하며 도시레짐의 층위가 다극화 양상을 띠기 시작했다.

1990년 1월 5일 박태준은 포철을 기반으로 민정당 대표에 기용된다. 당시 노태우 대통령은 5공 청산과정에서 분열된 5공과 6공 사이의 갈등 해소뿐만 아니라 향후 전개될 정계개편의 적임자로 박태준을 본 것이다. 박태준이 정치에 입문하게 된 계기는 80년 초 신군부의 등장으로 밀려날 위기에서 전국구 의원직을 맡게 되면서부터였다. 전두환의 처남 이창석에게 포철협력회사를 떼 주었고, 대통령과 사돈 관계를 맺었으며, 6공 들어서도 민정당 전국구 의원으로서 포철과 정치권을 넘나들며 활약하다가 드디어 대권에 근접한 자리에 오른 것이다. 포철에서는 이대공 부사장과 장중웅 상무의 지휘를 받는 대선 기획단이 조직되어 가동되었다고 한다. 그때 대선후보 경선을 염두에 두고 제14대 3.23 총선에서 상당한 액수의 정치자금을 민자당 후보들에게 지원했다. 이것이 빌미가 되어 1992년 말과 93년 초까지 진행된 포철에 대한 국세청 세무조사가 이루어지고 1993년 3월 포철 주총에서 '박태준 사단'의 몰락으로 연결된다.[24] 이처럼 중앙권력의 구성변화는 지역정치에 엄청난 변화를 몰고 왔다. 왜냐하면 박태준의 몰락은 포항을 지배하던 지역 엘리트 세력들에게는 그들의 힘의 원천이자 보호막이 사라진 것이며 위상이나 입지가 크게 위축되었다. 반면에 개혁을 표방하면서 등장한 중앙정치 세력에게 선택되거나 자생적으로 지역 기반을 다져온 신진 지역 엘리트들이 부상하는 계기

---

23 박재욱(1998)의 연구에서 포항시 정치 엘리트의 특징으로 지방정치 거물이 존재하지 않고 지방정치 계보가 형성되어 있지 않으며 이는 박태준이라는 카리스마적 인물의 장기적 군림에 따른 결과라고 강조했다(박재욱, 1998: 77). 이 주장은 박태준과 지방정치를 분리하여 접근한 것이고 사실상 박태준은 중앙의 권력인 동시에 지역 지배세력으로서 지방정치의 핵심이었다.

24 서울신문, 1999.1.6.; 오피니언 뉴스, 2017.8.31.; 2017.9.9.

가 되었다.[25]

이 와중에 포항지역의 노동계에도 민주화 바람이 불기 시작했다. 포항제철 노동조합이 작업장 내 코크스 오븐에서의 발암물질 배출을 폭로하고 나선 것이다. 노사 양측이 서울대 보건대학원에 작업환경 측정을 의뢰한 결과 발암물질이 검출되었다. 그러나 회사 측은 수용하지 않고 노조 간부 4명 면직과 준법투쟁을 한 2천44명의 노조원들을 무더기 경고 처분했다. 그 후 1만 9천명의 조합원 가운데 1만 5천여 명의 조합원이 노조를 탈퇴하고 노조 활동은 극도로 위축된다(국민일보, 1990.12.27.; 한겨레, 1991.2.12.). 박태준 사단은 당시 민주화의 열기로 노동운동과 같은 밑으로부터의 저항이 컸지만, 이에 맞서 조합결성을 무력화시키는 노동통제 기술을 발휘했다.

그러나 이들에게 허화평이라는 복병이 나타났다. 허화평은 5공 출범 전후해 포철 박태준과 관계[26]가 있어 민정당 대표인 박태준에게 14대 총선의 포항 공천을 부탁했다. 그러나 박태준은 자신의 최측근인 이대공 포철 부사장의 친형인 이진우를 공천하고 허화평의 요청을 거절했다고 한다. 이에 허화평은 포철 왕국인 포항에서 무소속으로 출마하여 지역노동조합과 서민들의 지지를 확보하며 포철의 환경오염문제와 박태준을 비난하며 대등한 대결을 펼쳤다. 이진우의 무리한 선거운동에 따른 지역노동조합들의 반발과 포철 직원들에 대한 민자당 선거운동원 강요사건으로 허화평이 낙승했다. 허화평의

---

25 이병석은 김영삼 대통령의 차남 김현철에 의해 발탁되어 정치에 입문하여 4선 국회의원과 국회부의 장을 지냈다. 초대 민선시장을 지낸 박기환은 야당 생활을 해오다가 권력의 빈 공백을 기회로 초대 민선시장에 당선되는 등 지역에서 활동하며 기반을 다진 토착세력들이 지방 선거에 출마하여 지역의 엘리트로 등장했다.

26 앞장에서 거론한 5공 신군부와 박태준의 관계 즉, 박태준을 5공으로부터 구해준 것은 허화평 자신이라는 얘기는 1992년 3월 선거 합동 연설에서 허화평이 직접 얘기를 했고, 지인들에게도 말한 것으로 전해진다(경향신문, 1992.3.18.; B-1).

당선은 박태준에게 치명적이었다. 박태준의 포철 왕국에 심각한 균열이 온 것이다.

> "매번 선거 때마다 돈이 왕창 풀렸어요. 임원들이 그 돈을 갖고 직원들과 음식점마다 가서 회식을 푸짐하게 했어요. 건배를 할 때, 엄지손가락 하나를 세워(기호 1번) '알지요' 하고 조용히 말합니다. 그러면 모든 직원들이(그 뜻을 알아차리고) '좋습니다'라고 화답하며 술잔을 기울였지요"(D-3).

포항의 전체 유권자 19만 명 중에 포철 및 협력 유관업체와 관련된 유권자가 6만 명이나 돼 포철 박태준이 누구를 선택하느냐가 선거 판세를 결정지었다(세계일보, 1992.3.15.; 부산일보, 1992.3.22.). 이처럼 1970년대 이후 20년 넘게 포항제철에 예속된 포항에서 박태준과 허화평의 쌍두체제가 만들어진 것이다. 포항주민들의 지지로 당선된 허화평은 실제로 포철의 일방통행적 관행을 저지하고 나섰다(B-6).

허화평이 안겨준 포항에서의 패배는 박태준의 대권 구도에도 직접적 영향을 미쳤다. 그해 10월 박태준은 민자당 대통령 후보 지명과정에서 밀리면서 김영삼과 갈등을 빚었고, 허화평의 민자당 입당 소식을 듣자 정계 은퇴를 선언하고 포철회장직까지 포기한다. 박태준이 포철을 떠나겠다고 하자 포철은 극심히 동요하며 '철강왕의 양위'를 거둬달라는 석고대죄 퍼포먼스를 펼쳤다.[27] 노태우 대통령은 박태준의 사임을 수락하고 황경로 회장, 정명식 부

---

27 황경로 부회장은 긴급이사회를 소집하여 "사임은 절대 불가하다"라는 결론을 내리고 자택을 찾아가 부장급 이상 141명의 사임 불가 연대 서명을 전달했으나 요지부동이었다. 포항에서는 포철 및 자회사의 현장근로자, 부인회원 등 2천여 명이 집결, 밤늦게까지 사퇴반대 시위를 벌였고, 해병전우회 소속 회원들이 서울자택을 찾아 읍소했다. 다음날 포항에 내려온 박태준 회장에게 3천여 명의 직원들이 회장 퇴임 반대와 직원 부인 1,000여 명이 바닥에 담요를 깔고 앉아 시위를 했다. "사랑해요, 회장님"

회장, 박득표 사장을 새 포철 경영진으로 편성하는 한편, 박태준을 포철 명예회장으로 임명한다. 개편된 포철의 경영진에는 정부와의 교감을 통해 박태준의 소신이 관철되었다고 볼 수 있다. 비록 박태준의 후광이 여전히 영향력을 발휘해서 박태준 사단이 그대로 보존된 것이기는 하나 회사 창립 25년 만에 최고경영자가 교체되었다는 것은 포철의 새 시대를 의미했다(경향신문, 1992.10.6.; 1992.10.11.).

박태준의 정치적 몰락은 여기서 끝나지 않았다. 그다음 해 2월 김영삼 대통령이 취임하면서 포철은 25년 만에 처음으로 세무조사를 받았다. 그래서 박태준은 3월 10일 명예회장직도 사임하고 일본으로 떠났다. 국세청은 3개월에 걸친 조사 끝에 포철의 탈루 세액 7백30여억 원을 추징하고 박태준을 검찰에 고발했다. 3월 12일 열린 주총에서 황경노 회장, 박득표 사장, 이대공·부사장 등 6명은 퇴임하고 정명식 회장, 조말수 사장체제를 출범시켰다(국민일보, 1993. 3.13.).

박태준 직계세력이 퇴진함으로써 '박태준 세력'은 사라지는 듯했다. 새로 포철의 대권을 맡은 정명식·조말수 체제는 권위주의적 경영행태 개선을 위해 대대적인 포철 경영혁신에 앞장섰다. 특히 이들은 1990년대 초부터 고민해온 이동통신 사업에 진출했다. 1994년 2월에 치열한 경합 끝에 포철이 제2이동전화 지배주주로 선정되자 1998년까지 약 1조1천억 원을 연구개발비를 투자하고, 포철 및 계열사 정보통신 전문 인력 2천 명과 포항공대 및 산업과학기술연구소의 교수·박사급 연구원 1백 43명을 투입하기로 했다고 발표했다. 이는 박태준의 '철'에서 미래첨단산업인 '통신' 분야로 사업을 다각화함으

"존경해요, 회장님" 지휘자의 선창에 따라 구호를 외치던 직원 부인 중 수십 명이 박 회장이 들어서자 눈물을 흘리며 박 회장과 부인 장옥자 여사를 에워쌌다. 직원들과 부인들의 시위는 이날 밤늦게까지 이어졌고, 다음날 8일에도 종일 계속되었다(오피니언 뉴스, 2017.9.12.).

로써 과거의 영광을 미래로 펼쳐나가고자 했던 것이다(한겨레, 1994.3.1.).

또한, 포항종합제철이란 회사 명칭을 글로벌 기업으로 바꾸는 작업을 시도했다. 회사 명칭을 변경한다는 소식에 토착 엘리트들은 포철이 박태준을 밀어내고 포항을 외면하는 것으로 받아들여 강하게 반발했다. 그래서 애초의 '한국철강', '국제철강' 등으로 변경하려던 것을 연기하고 나중에 '포스코'로 변경되었다.

> "조말수 사장에게 오더를 받았는지, 이형팔 씨가 포철의 대민관계를 담당했는데, 포항지역발전협의회에 와서 이름을 바꾼다고 했어요. 그래서 왜 바꾸느냐고 물으니 박태준 씨 지우기 위해 이름을 바꾼다고 했어요. 그래서 지역사회연구소에서 성명서 내고 향토청년회도 반대 데모를 하고 난리가 났어요"(B-1).

정부에서는 포철을 분리하는 방안과 민영화론을 검토하며 1994년 3월 8일 김만제를 포철 회장에 임명했다. 포철 내에서는 김만제 회장의 등장에 대해 낙하산 인사라는 비판 및 우려와 재무부 장관과 경제기획원 장관을 지낸 인물이 왔다며 오히려 잘된 일이라는 평가가 교차했다. 박태준의 카리스마적 리더십과 달리 김만제는 민주적 리더십을 지녔다. 김만제는 창사 이래 최대 규모인 8천4백억 원의 흑자를 실현하고 출자회사도 대폭 감소하고, 조직을 유연하게 하는 등 경영성과를 거두었다. 박태준 사단이 물러간 지 3년 만에 명실상부하게 '김만제 사단'을 구축했다는 평가를 받았다(서울신문, 1995.3.8.; 한겨레, 1997.3.14.).

그러나 박태준의 저력은 1997년 7월 포항 보궐선거에서 이기택과의 경쟁에서 압승을 거둠으로써 다시 살아났다. 대선과정에서 여야의 구애를 받다가 디제이티(김대중-김종필-박태준, DJT) 연합의 한 축으로 참여하여 자민런 총재가 된 박태준은 2년 임기가 남은 김만제 회장을 경질하고 유상부 회장, 이구택 사장체제로 경영진을 새로 교체했다. 절치부심 끝에 다시 박태준 사단이 부활한 것이다. 그리고 첨단과학 도시건설이나 테크노파크 건설이 재가동되지만 이미 새로운 행위 주체들 즉, 포철 회장(유상부)과 포항시장(정장식), 국회의원(이상득) 등이 박태준의 빈자리를 채우고 있어 과거처럼 일사불란하게 움직여지지 않았다. 1995년 9월 헌법재판소는 김영삼 정부시기의 박태준 사법처리에 위헌판정을 내려 박태준은 법적으로도 명예회복이 되었다. 이어 박태준은 2000년 1월 김대중 정부의 새천년 첫 국무총리로 발탁됐지만, 조세회피 목적의 부동산 명의신탁 의혹이 불거져 4개월 만에 물러났다(한겨레, 1997.12.20.; 경향신문, 1998.3.16.). 박태준의 퇴장으로 포철의 정치적 외압을 막아주던 버팀목이 사라져 권력이 바뀔 때마다 포철의 주인은 교체되었고, 포철은 권력의 먹잇감으로 전락했다.

"박 회장이 총리실 나오고 난후에도 가장 눈에 띄는 사례가 TJ(박태준)하고 유상부 회장하고 완전히 틀어졌잖아요. TJ가 포항공대 '비즈니스 스쿨' 하나 만들려고 했어요. 포스코는 말도 안 되는 소리다. 왜 그런 것 만드느냐. 그래서 나가리가 됐고, 영감님은 그 얘기를 계속했어요. 하지만 자기가 직접 사인할 때와는 전혀 달랐어요. 포스코도 사람 바뀌고 나면 문제가 생기지요. 자기가 하고 자기가 책임지는 것 하고 누구 시켜서 하는 것 하고는. TJ가 일본에 계실 때 뵈었는데, 유 회장하고 포스코팀에 대해 아주 부정적이었어요. 식사하고 밤에 들어가서 차를 마시고 3시간 같이 보냈는데, 계속 불평 얘기만 늘어놓으셨어요. '이 친구들이 내 얘기 안 듣고 자기들 마음대로 하고' 그 후에 포스코 내부의 일들이 사회적으로 여러 가지 흘러나왔잖아요, 포스코 OB들과 그렇지 않으면 정치권에 있는 사람들이 TJ한테 이런저런 많은 부탁들 하는데, TJ도 다 걸고 그러고 자기가 동의하는 것만 찍어서 메시지를 보낼 거고. 그러나 다 안 되는 거라. 내

말 이제 안 듣는다. 대가리 다 컸다고. 대통령이 하니까 다 예스 하고 두 사람은
조카 삼촌 그런 가까운 관계였어요. 예전에는 부자 관계처럼 가까웠는데, 오해
가 있으면 오해를 풀고 안 되면 왜 안 되는지 자초지종 설명하면 다 되는데. 유
회장에게 얘기해보면 '내가 등신이가. 얘기해도 소용도 없고.' 크게 보면 TJ 생
각은 할 일이 많은데, 그것을 실행시킬 사람들은 자원도 없고 그분이 돌아가실
때까지 유상부 회장과 화해를 못했어요. 주위에서 화해를 시키려고 많이 했어요.
유상부 씨도 박태준 맨이잖아요. 그렇다고 유 회장이 누구를 배신했다. 나는 전
혀 그런 차원이 아니라고 봐요. 자기가 책임을 지고 있으면 자기가 책임을 져야
지요. 자기가 파이널(final) 결정을 하고 파이널 책임을 지고"(B-6).

구술자가 당시 일본에 체류하는 박태준과 나누었던 얘기를 종합해보면 자
식처럼 생각했던 유상부가 자신을 배신했다고 생각하고 극단적인 대립을 했
으며, 유 회장의 경질에 영향을 미쳤다고 보인다. 2002년 유상부 회장이 '최
규선 게이트'에 연루되어 대통령의 3남 김홍걸의 요청으로 타이거풀스 주식
을 고가에 매입했다는 혐의가 흘러나오고 이후 유죄를 선고 받고 한 달 만에
포철 회장을 사퇴했다. 그러나 다른 포철 관계자는
상반된 얘기를 했다.

"1998년 4월 취임 전인 2월쯤에 아마 취임이 확정된 상황이었어요. 그때 취임
메시지를 전달하는 사람들에게 유상부 회장은 자기 생각을 얘기했어요. '당신들
이 나를 골랐을지는 몰라도 나는 당신들의 뜻대로 안 움직일 것이다.' 유 회장은
확고한 자기 생각이 강한 사람이었어요. 유 회장이 타이거풀스 사건과 관련하
여 경질되는 결정적 계기는 박태준 회장과는 관련이 전혀 없다고는 할 수 없지
만 어처구니없는 헤프닝이었어요. 대외 기자들한테 어떤 상황을 설명하는 과정
에서 어떻게 표현이 나갔느냐 하면, 이희호 여사가 유상부 회장에게 직접 부탁

했다는 이 팩트가 얼떨결에 외부로 나가버렸어요. 그 팩트가 나가는 바람에 퍼스트레이디와 유상부라는 실명이 거론되었으니 경질되는 것은 누구 배후를 떠나 더 이상 설명이 필요 없는 상황이 되었어요. 당시 최규선 씨는 최고의 막후실세였어요. 그 당시 김홍걸 등 DJ 모든 세력을 일관하는 인터페이스(최대접점)였어요. 최규선 게이트에서 타이거폴스는 부수적인 작은 일의 하나였어요. 포스코뿐만 아니라 모든 회사를 총괄하는 전국규모였으니까 일개 포스코 회장이 비껴갈 수 있다 없다 할 수 없어요. 그때 박 회장은 유상부의 경질을 묵인하거나 방관, 솔직히 힘이 없는 상태였어요."(D-2).

박태준이 포철 초대회장에 물러난 이후 정권교체기마다 수장이 바뀌는 잔혹사가 되풀이 되었다. 제5대 유상부 회장이 '최규선 게이트'로 물러난 이후 제6대 이구택 회장도 한 차례 연임 후 이명박 정부 들어선 지 1년 만에 '정치권 외압논란'으로 사퇴했다. 제7대 정준양 회장도 세무조사가 이어지자 사퇴 수순을 밟았으며 제8대 권오준 회장도 문재인 정부에 들어선 이후 물러났다.[28] '박태준 없는 포철'은 새로운 경영진들이 포철을 방어하지 못했다. 그래서 과거 포철 왕국을 통치했던 사람들이 뒤로 물러나 있으면서 포철에 영향력을 유지하며 포철의 주인행세를 하려고 하지만 역부족이다.

"박태준 사단이 아직 있느냐고 하면, 쉽게 얘기해서 포철출신 OB들이라고 말할 수 있어요. 그들 OB들은 아직도 모이고 있잖아요. 그 사람들이 입김이 아직도 포철 안에서는 제일 세잖아요. 포철 회장이 제일 눈치 보는 사람이 그 사람들이

---

28 이구택 회장은 세무조사를 무마하기 위해 이주성 전 국세청장에게 청탁을 했다는 혐의로 수사를 받다가 2009년 1월에 자진해서 사퇴했으며, 정준양 회장은 박영준 전 지식경제부 차관 등 영포라인 비리에 연루되어 세무조사를 받다가 박근혜 정부 출범 1년 뒤 물러났고 권영준 회장도 검찰수사 등 여러 가지 무성한 얘기가 나도는 과정에서 사퇴했다.

잖아요. 이대공 씨처럼 포항에 연고가 있는 사람이 제일 영향을 많이 미쳤을 것이고, 떠난 사람은 끝이지만. 아직도 일이 생기면 모여요."(B-3).

특히 중앙정부의 첨단산업 지원정책과 지자제 실시에 따른 지방정부의 책임성 증대는 지역경제 성장에 지방정부의 주도적인 수행역할이 자연스럽게 주어졌다. 그러나 그것은 어디까지나 중앙정치권과 결합된 지역정치 연합세력들이 용인하는 범위 안에서 한정적이었다. 또 지방정부는 박태준의 권력자원에 의존하여 첨단산업을 개발하려고 했지만, 권력의 변화에 따라 내부 행위자의 균열이 발생하고 의제개발의 추진동력이 약화되는 요인으로 작용했다.

2) 지방자치제와 통치 연합

가. 지역 시민운동과 관변단체

산업구조의 변화가 요구되던 1991년 지방자치 선거가 실시되어 지역 문제 영역에 대한 관심이 고조되면서 사회운동가들이 활동의 장을 지역으로 이동하는 현상이 나타났다. 그전에는 민주화를 기치로 재야운동과 노동운동 등이 전개되었지만, 지방자치가 시작되면서 기존의 계급 운동과는 구분되는 새로운 이슈와 가치를 지향하는 지역 운동이 속속 등장했다.[29] 즉, 환경, 경제정의,

---

29 1987년 이후 기존의 민주화운동(재야)과는 차별되는 새로운 운동은 '법적 테두리 내에서 공익을 대표하지만 기층 민중운동과는 다른 중간층 운동'이라는 의미에서 시민운동으로 불렸다. 이는 '계급적 라인을 따라서 조직화되는 전통적인 사회운동과는 달리 비계급적 라인을 따라 조직화되고 전개된 80년대 후반의 다양한 운동 형태들'이다(조희연, 1998). 지역 운동과 시민운동에 대한 개념 정의는 다양한 접근과 평가가 있다. 어쨌든 초기 포항지역 시민운동은 1989년에 '포항연구'를 발간하면서 창립한 포

여성, 교통, 소비자 등 지역주민의 생활상의 이해와 요구에 입각하여 제반 문제를 해결하고자 하는 움직임이었다. 이는 지방자치제가 시행되기 이전과 이후의 차이가 '정권이 바뀐 것 같은 정도로' 큰 차이가 있어 지역주민들의 정치적 관심과 효능감을 불러일으켰기 때문이다(김은미, 1999: 33).

특히 1990년 중반 이후부터 전국적인 시민운동이 언론을 통해 각광을 받으면서 지역 시민운동도 적극적으로 지역사회 내 민주적 공론장을 형성해갔다. 이들은 지방정부와 포항제철, 지역 토호 등을 감시하고 다양한 지역 현안에 개입하여 영향력을 증대시켰다.

이러한 변화에 지방정부와 포항제철 그리고 토호세력들은 당황했다. 이에 대해 먼저 지방정부는 민선시장을 중심으로 시민운동단체들과 소통을 강화하는 동시에 각종 시위원회에 참여시켜 의견을 수렴하고 단체활동을 지원하며 협력 관계를 유지하고자 했다. 그리고 지역기업이나 토착 엘리트들은 지역 시민운동을 재정적으로 후원하거나 직접 참여하여 의사결정에 영향력을 행사하고 시민운동을 자신의 정치적 발판으로 활용하기도 했다.[30]

그러나 한국의 지역 시민운동은 여타의 영역처럼 중앙집권적 영향에서 벗

항지역사회연구소와 1970년대부터 활동해온 포항 YMCA, YWCA, 1994년 설립된 민주사회를 위한 시민모임(1999년 포항환경운동연합으로 개명), 포항여성회(1995 창립), 포항민주청년회(1999년 포항 KYC 개명) 등이 정체성을 확립하면서 본격적인 활동을 전개했다. 특히 1990년대 후반까지 포항지역사회연구소와 포항 YMCA, 민주사회를 위한 시민모임, 포항여성회 등이 주축이 되어 '지방자치', '유봉산업폐기물 붕괴', '송도백사장 복구' 등 사안별로 연대하며 각종 지역 문제에 대응하는 활동을 했다.

30 지방정부에서 대응한 지역 시민운동과의 협력 관계와 통치관리방식은 다양했다. 단체의 사업예산을 지원하여 사업 선정과정에서 지방정부와의 우호적 협력형성 또는 단체 간 분열을 조장하며 통제했다. 또 지역기업인들이 시민운동단체에 소위 '보험'(당시 시민단체에서 은어로 사용되었던 용어로써 미리 발생할 위험에 대해 대비한다는 뜻으로 당시 시민단체에서 흔히 사용하던 말이다) 성격의 재정적 후원을 했다. 그리고 관련 단체에 이사나 운영위원 등으로 참여하여 이사장이나 대표를 맡고 이를 토대로 지방 선거에 출마하기도 했다(B-5; F-4).

어나지 못하고 중앙의 시민운동단체에 정책과 재정 등을 의존하는 경향이 강했다. 그 결과 중앙의 시민운동세력의 변화가 지역 운동에 곧바로 영향을 미쳤다. 당시 '권력의 제5부'라 불렸던[31] 중앙의 시민운동은 2000년 총선연대의 활동을 정점으로 정치적 독립성 논란에 휩싸이고 노무현 정부에 시민운동 관계자들이 대거 참여하면서 신뢰성이 떨어지자 지역 시민운동도 약화되어갔다.

더 나아가 2002년 지방 선거 시기 민주노총과 환경연합, 여성회 등을 중심으로 지방 선거에 직접 후보를 출마하거나 특정 후보를 지지하는 선거운동을 하면서 단체 간 갈등과 분열이 이어지며 지역 시민사회는 고립되거나 침체되어갔다.[32] 하지만, 진보정당(구 민주노동당)과 정치적 협력 관계를 맺고 정치 활동을 전개한 지역의 시민사회단체들은 몇 차례 지방 선거를 치르는 과정에서 소수의 후보를 당선시키는 성과를 내기도 했다.

지방자치는 지역정치인이나 토호들에게 하나의 도전이자 기회였다. 지방 자치제가 실시되면서 지역정치 공간에 등장한 지역 시민운동과 지역주민들의 참여 공세에 토착 지배 엘리트들은 잠시 주춤했다. 그러나 이들은 변화된 환경에 신속히 적응하며 지역주민들의 지지를 얻기 위한 주도면밀한 전략으로 대응했다. 특히 지방단체장이나 지방의원 선거를 위한 지지와 동원을 위해 지역 내 각종 단체와 조직 등을 정비해갔다. 그간 지역의 사회단체나 주민 조직 대다수는 사실상 지방 관료들의 통치행위를 지원하는 관변단체로 채워져 있었다.

---

31 1990년대 초반부터 2000년 중반까지 중앙의 시민운동은 행정, 입법, 사법, 언론에 이어 '권력의 제5부'로 불렸다.

32 1991년 지자체 선거부터 시민운동진영은 '공명선거실천시민운동'을 중심으로 정치적으로 중도적 입장을 견지하며 특정 후보를 지지하거나 후보를 출마시키는 선거운동을 지양했다. 그러나 2000년 총선연대의 낙천 · 낙선 운동을 기점으로 시민운동은 전국적으로 선거에 직접 개입하는 활동이 전개되었다.

관변단체[33]는 오래전부터 주민감시와 통제 또는 징세와 부역의 목적으로 국가적 차원에서 통치수단으로 기능해왔고, 주민들 스스로의 자체방어와 상호부조를 목적으로 존재해 왔다. 관변단체는 서구에서는 민주적인 통치체제의 발전과 함께 자치조직으로 변화했다(이은진, 2004: 39). 그러나 한국은 오랜 권위주의 정권을 거치면서 지방 관료들은 관변조직을 통해 도시지역의 통·반은 물론이고 농어촌의 읍·면·동 단위까지 장악하고 있다.[34] 이들 지역조직들은 거의 대부분 지방정부의 관리하에 재정적 보조를 받아오고 있다.

이들 관변단체는 과거 수동적으로 중앙정부의 동원이나 지시에 의해 움직이는 조직이라는 한계를 벗어나 지역의 봉사단체로서 또는 지방자치단체 행정에 가장 활발히 참여하고 있다. 특히 주민참여를 활성화하기 위하여 만들어진 다양한 지방정부의 위원회에 이들이 대다수를 차지하고 있으며 기초자치단체장이나 기초의회 선거에 직접 후보자로 출마하거나 당선이 되어 지방정치의 주요 행위자로 주도적인 역할을 하고 있다(박근영·김순영, 2015: 2).[35]

---

33 관변단체란 행정과 정치적인 통치의 필요성에 의해 법률적으로 만들어지고 행정과 재정적인 지원을 받는 조직을 의미하는데, 이 글에서는 법률적으로 명시된 것을 포함하여 민주적이고 자율적인 주민조직이 아닌 지방정부에 적극 동조하거나 통제를 받으며 운영경비를 지원받는 조직을 말한다.

34 지역 관변단체 사례로 포항시 남구 호미곶면(구 대보면)의 지역단체들을 살펴보면 다음과 같다. "호미곶면리장협의회, 호미곶개발자문위원회, 호미곶자율방범대, 바르게 살기위원회, 호미수회, 향토청년회, 어촌계장협의회, 의용소방대, 여성의용소방대, 농업경영인회, 수산업경영인회, 향토청우회, 선주협의회, 농촌지도회, 생활개선회, 호미곶축구클럽, 호미곶탁구클럽, 새마을지도자협의회, 새마을부녀자협의회, 호미곶농악회, 호미곶마을정보센타운영위원회, 대한노인회포항시지회대보면분회" 등이 있다(포항시청홈페이지, 2018). 물론 이 가운데 호미수회와 같은 단체는 자율적인 주민조직으로 알려져 있지만, 인구 2천 명 수준인 지역에 20개 이상의 관변조직이 밀집해 있다.

35 정부의 정액보조를 받는 지역의 대표적 관변단체는 새마을 관련 단체, 바르게살기운동지역협의회, 한국자유총연맹지역지부 등이다. 그러나 법률적으로 명시되지 않은 조직인 지역의 00청년회를 지방정부에서 적극적으로 지원하고 있다는 점이 특이하다. 그 외에도 포항시 지방자치 의정회, 여성모니터회 등과 같은 단체를 결성하여 관변단체의 목소리를 키우고 각종 행사를 지원하거나 동원하고 있다.

목하 지방자치 이후 시민참여 확대를 주창하는 지역 시민운동이 등장하여 지방정부 관료들과 포철 등 지역 기득권 엘리트들이 긴장했지만, 이들 활동은 지역 민주주의 공고화까지 이어지지 못하고 약화되었다. 반면에 지방정부에 손쉽게 동원되고 통제되던 관변조직의 재정비와 강화, 토착 기업인들이 운영하는 지역 언론이 득세하는 상황으로 지역사회는 변천해갔다.[36]

나. 지방자치제와 포항제철

지방자치제 실시와 지역 시민운동이 활발해지면서 포철은 지역사회와의 관계에 대폭적인 변화가 불가피해졌다. 특히 1992년 총선에서 허화평의 당선과 그해 말 박태준의 실각은 포철에는 충격적이었다. 그래서 포항제철 설립 당시 이주민의 재보상 요구, 수질·대기오염 문제 등과 같은 생활상의 요구 사항에서부터 포항제철 본사 사옥의 포항 건설계획 파기에 대한 문제 제기 등 지역개발 사안, 그리고 포항제철 사명변경 반대 운동 등과 같은 포항제철 경영 관련 사안에 이르기까지 다양한 현안에 대해 지역주민들과 시민운동 단체들이 직접 시위에 나서거나 조직적인 대응에 나섰다.[37] 이에 포항제철 경

---

36 현재 포항경실련과 포항KYC 등이 해산되거나 중단된 상태이며 지역 시민운동이 사라졌다고 할 정도로 활동이 저조한 상태로 침체되어 있다. 반면에 시민단체들이 주도하던 지역의 민주적 공론장은 지방정부 광고에 의존적인 지역 언론이 득세하는 공론장으로 변화되었다.

37 포철의 사명변경 시도는 1993년으로 거슬러 올라간다. 1992년 10월 박태준 회장이 전격적으로 퇴진한 데 이어 이듬해 1993년 주주총회에서 창업 1세대 임원들이 줄줄이 물러나자 이때부터 포항종합제철이라는 사명을 변경하려는 계획이 구체화된다. 당시 포항과 광양으로 회사가 구분돼 있어 광양시 주민들의 불만이 고조되는 등 문제가 되자 연말에 제작되는 회사 달력과 근무 수첩에 포스코를 사용하고, 1994년 3월 정기주총에서 동의를 받을 계획을 수립했다. 이 같은 사실이 국정감사를 통해 알려지자 포항향토청년회 등 지역사회단체들은 포철의 정체성과 지역과의 관계 등을 이유로 성명을 발표하는 등 조직적 반대 활동을 펼쳤다. 그리고 포철 국정감사에서 여야의원들이 사명변경을 집중 추궁하는 등 예상치 못한 반발에 휩싸여 철회 결정을 내렸다. 그러나 2002년 3월 15일 정기주총을 열어

영진은 일차적으로 지역사회의 요구를 수용하는 대책을 강구했다. 토착 기업에 사업 수주의 우선권을 주는가 하면, 공장건설 및 공해 발생에 따른 피해를 일정 정도 보상해 주고, 도시기반시설 조성을 지원해서 주민의 일상생활상의 불편을 완화해 줄 뿐 아니라, 컨벤션센터 건설 등 각종 지역개발사업에 동참하고자 했다(박원식, 1993; 박재욱, 1996; 장세훈, 2010: 184~185). 그리고 지역협력을 전담할 조직을 보강하고 지역사회의 신뢰를 회복하기 위해 오랜 동안 주민들이 불만으로 제기되어온 지곡동 일대 포철 사원 주택단지를 일반인들에게 개방하도록 했다.[38] 또 1991년 10월부터 지역 마을과 자매결연을 맺는 등 지역주민과의 유대강화에도 힘을 기울여(포항대학, 1999).[39] 포철에 대한 지역주민들의 우호적 분위기를 만들어 포항시나 자치단체장에게 영향을 미치고자 했다(C-2). 더 나아가 지역사회단체를 관리·통제하기 위해 지역 내에 포항제철을 적극 지원해주는 세력이 필요해져 협력적인 지역단체들을 지원하거나 포철 임원들을 단체에 가입하여 포철에 대한 비판적 활동을

사명을 변경하여 '주식회사 포스코'를 공식명칭으로 상용하게 된다. 이에 향토청년회 등 일부 사회단체들이 반대 활동을 했지만 그대로 강행되어 사명변경이 마무리되었다(경북일보, 2018.10.28.).

38 포철은 1968년 9월 효자지구를 매입하여 사원 주택단지를 세워 유치원부터 고등학교를 설립하고 호텔급 숙소(영일대·청송대·백록대)와 쇼핑센터, 아트홀 등의 필요한 모든 생활기반을 갖추는 한편, 단지 전체를 숲으로 조성하고 인공연못과 산책로를 내어 '낙원 같다'라는 세평을 얻었다(이대환, 2004: 261). 이 단지 내의 주택은 직원들 간의 전매만 허용해서 외지인 입주를 제한하고 출입마저 엄격히 통제하다가 1990년대에 들어 출입봉쇄가 해제되고, 단지 내 포철중학교에는 제철 직원 자녀들만 입학할 수 있도록 했다. 이처럼 포철은 사원 주택단지를 통해 지역사회와의 생활공간을 분리하고 포철만의 특권의식 귀족 엘리트문화를 양산하여 지역주민들에게 불신 및 상대적 박탈감을 안겨주었다. 단지 내의 일반인 개방은 부분적으로 이루어지다가 2009년에 이르러 전면 개방되었다.

39 포철은 지방자치제 실시 이후 포항시에 문화예술회관 건립이나 환호시민공원 등의 하드웨어 시설지원을 했다. 그리고 1990년대부터는 소프트웨어 분야로 지역민과의 유대강화에 주력하여 2004년경에는 포철의 모든 부서가 포항시 114개 동, 전체 포항 인구의 70%가 넘는 36만 명 이상과 자매결연을 맺었다(서울경제, 2004.8.12.).

약화시키고자 했다.[40]

또한, 지역 언론과 지역연구소의 출판매체도 1990년대 중반까지 포철에 대해 비판적인 논조를 게재하였으나, 광고와 행사지원, 연구·출판비 지원 등을 지원하거나 지역 성장 이데올로기를 내세워 포철 홍보기사를 대폭 강화하는 방식 등으로 지역 언론·출판시장을 통제했다.

> "포항시청 출입할 때인데, 포항 KBS 임OO 기자가 포철 안에서 사진 찍다가 포철 직원이 카메라를 부러뜨렸어요. 그런데 아무도 얘기하는 사람이 없었어요. KBS 서울 사장이 '포철 출입 기자 그놈은 뭐 하는 놈이야, 사진 찍다가 카메라 부러뜨려졌는데 아무 말도 안 하고 넘어간다 말이야, 성명서 하나 내는 놈 없고.' 이런 얘기를 했다고 해요. 그래서 시청기자실에 앉아서 내가 우리가 그래도 KBS 기자가 봉변을 당했는데, 가만히 있는 것 말이 안 된다. 우리가 가서 항의를 할 텐데 따라올 사람만 따라오너라 하니 KBS가 따라붙고 하니까 몇 사람이 따라오더군요. 가서 회장 나오라 그래. 그러니 포철이 기가 막히지, 그때 문민정부 들어섰을 때니까, 당시 이OO 부사장인가 그 사람이 앉아 있었어요. 그래서 기자들과 함께 매우 유감스럽다. 이런 불상사가 났는데도 포철에서 사과 한마디 없다는 것이. 카메라 부숴놓은 사람 인사조처 좀 하라. 그리고 포철에서 사과성명서를 발표하라고 하니 이OO이 양해를 구하더라구요. 내가 따지는 것을 KBS에서 찍어서 전국뉴스에 나왔어요. 포항에도 기자들이 있다는 것을 보여줬지. 그때가 1996년쯤 되었어요."(F-5).

---

40 지역사회단체들과 포철과의 관계는 1982년 지역발전협의회가 조직되어 포철 사명변경이나 본사 이전과 같은 지역경제에 악영향을 미치는 사안에 대해 목소리를 내었고, 1980년대 중반에 향지회(향토동지회)가 조직되어 광양제철소에 비해 포철이 지역협력이 소극적이라는 건의를 하자, 포철에서 운송업을 주면서 향지회는 힘이 약해졌다고 한다. 특히 OO청년회를 집중 지원하고 우호적인 협력단체로서 역할을 하도록 했다. 대표적으로 포철 노동파업 당시 OO청년회는 포철의 입장을 지지했으며, 동마다 지역조직을 확대하여 지역 시의원을 당선시키거나 선거출마를 위한 통로가 되고 있다(B-1; B-5).

그 외에도 지방자치 실시로 기업경영 환경에 영향을 주는 권한과 정책들이 지방자치단체로 대폭 이양되자 포철은 지방의회에 포철의 영향력을 관철시켜 나가기 위해 포철 출신들을 지방 선거에 진출시켰다. 당선된 포철 출신 시의원들에게 포항제철은 급여도 지급하고 관련 계열사에 자리를 만들어 주기도 했다. 이러한 것이 지역 언론(포항신문)에 기사화되고 문제가 되었지만, 지방의회에 대한 포철의 개입과 관여는 줄어들지 않았다. 특히 포철이 시의회에 신경을 쓰게 된 것은 1989년 포철 발주공사에 참여해온 건설노동조합 대표들이 시의원으로 당선되어 지방의회 내에서 포철과 대립각을 세우면서부터였다.

> "당시 포철은 노사협조주의 정책에 의해 노동운동이 살아나지 못했어요. 포철 하청업체의 건설노동자들이 노조를 만들 때 가두 투쟁과 34일간 장기파업 등 투쟁을 했어요. 그러자 포철이 심각하게 받아들이고 단체협약을 하자고 했어요. 생산이 중단되니까 어쩔 수 없었던 것이죠. 그래서 노조가 결성되었죠. 이들 노조 위원장 가운데, 초대 위원장이었던 박OO와 2대 이OO가 시의원에 당선되자 포항제철이 부담스러워했죠"(F-2; F-3).

반면에 포철 출신 시의원은 포철의 대변자 역할을 했다. 포철은 이들을 막후에서 지원하고 포철이 문제가 되는 지역 이슈 등을 차단하거나 필요한 개발정책들을 포항시에 적극 제시하는 역할을 했다.

> "그때 포항시 의회 내에 포철을 대변하는 시의원들이 대략 3~4명 있었는데 이들은 포철 관련 사안이 나오면 매우 강하게 영향을 미쳤어요. 포철이 직접 나서지 않고 그들을 통해 다른 시의원들이나 시장과의 관계를 만들어갔어요"(A-3; B-1).

지방의회가 자리를 잡아가면서 포철은 지역정치의 향배에 따라 시의원을 비롯한 지방정치인들에게 계열사를 맡기거나 하청업체를 통해 지원하는 형태로 시의원에 대한 지원관리를 확대·다양화했다.

"포철이 지역정치인들을 양성하거나 포섭하는 것도 당연히 있었지요. 하지만 지역정치인들이 포철에 먼저 다가가거나 사회단체나 정치인들에게 부탁하여 포철을 압박하고 이권을 챙기는 일도 더러 있었어요. 그리고 아톰스 포철축구단 사장 등은 이제 관행적으로 포항 시의원들이 맡고 있잖아요. 최근에도 문제가 되고 있지만, 포철계열사를 그들끼리, 포철출신 OB들과 그들과 관계가 있는 시·도의원들이 맡아오다가 대거 지역정치인들이 맡게 된 것은 이명박 정부 이후부터예요. ○○고교와 ○○단체 사람들이 주축이죠"(A-3; B-1).

한편, 1995년 6월 민선시장이 출범하면서 포항시에 대한 포철의 입장은 확연히 달라졌다. 민선시장이 들어서기 전에는 중앙정부를 통해 포항시를 손쉽게 통제할 수 있었다. 그러나 민선시장 시대가 되면서 상호 간의 위상이나 관계가 크게 바뀌었다. 포철의 환경오염 등에 대한 단속권과 인·허가권이 민선시장에게 많은 부분 위임된 이상, 지방정부와의 관계에서 신경을 쓰지 않을 수 없었다. 그래서 박기환 초대 민선시장이 들어서자 김만제 포철 회장과 박태준 명예회장이 포항시청을 방문하여 시장을 예우하는 등 과거와는 전혀 다른 모습을 보였다. 박기환 전시장은 그때의 상황을 이렇게 구술했다.

"민선 시대가 개막되고 포스코 사장이 포항시청을 방문했어요. 그때 박태준 씨가 포항시청에 처음 왔었지 아마. 우리가 포스코 회장을 예우하는 것과 포스코 회장이 포항시장을 예우하는 것은 시장 개인이 아니라 포항시민 전체를 대표하는 사람을 예우하는 거지요. 한 예로 이런 일이 있었어요. 환호공원을 처음 착공할 때 포스코가 200억을 내놓았는데 박태준 회장이 왔어요. 그때 그분이 축사할 순서가 5번째였어요. 첫 번째는 당연히 시장이었어요. 내가 시장할 때 포스코 회장은 김만제 씨잖아요. 그분은 정치인이어서 정치적 변화를 잘 수용했던 사람이에요. 그래서 권위주의적 사고가 별로 없었어요. 나하고 만나서 포스코와 포항의 협력 관계를 민선 시대에 맞게 관계를 정립하려고 하는 게 포스코에서는 확실하게 있었어요."

지방자치 이후 변화된 도시정치의 환경은 여전히 재정적으로나 행정적으로 권한의 제약이 있지만, 선거를 통해 대표성과 정당성을 부여받은 만큼 민선시장이 지배적 영향력을 행사할 수 있는 기반이 구축되었다. 이와 동시에 포철 자사 출신의 지방의회 진출은 지방정부에 대한 대기업의 영향력이 기업을 벗어나 도시 전체로 확대되어갈 수 있음을 시사해준다(박재욱, 1996; 염미경, 1997). 이러한 포철의 움직임은 중앙정부를 통해 영향력을 행사하던 포철이 1990년대 이후 과거에 비해 영향력이 많이 축소되었다는 것을 보여준다.

다. 통치 연합의 단초

1960년대 이후 지방자치제가 실시되기 이전까지 한국 도시정치의 지배세력 즉, 통치 연합은 일관되게 중앙정부의 최고통치권자를 정점으로 하는 수직적 연대구조였다. 주로 군에서 충원된 정보기관의 지방조직,[41] 국회의원,

---

41 1961년에 창설된 중앙정보부와 그것의 계승 조직인 안전기획부가 1999년에 국가정보원으로 개편하였으며, 그리고 군 정보기관인 기무사가 5.16쿠데타 이후 최소한 6공화국까지의 30여 년 동안 최고 권력기관이었다(홍덕률, 1995).

대기업집단, 지방단체장 등 지방정부 고위관료 등으로 구성되어 있었다. 당시 지역에서 공식 · 비공식적으로 열리는 지역기관장 모임은 통치 연합을 확인하는 중요한 단초이다. 당시 지역기관장 모임을 '목우회'라 지칭했고, 지역기관장과 지역사회단체들이 모이는 모임을 '수요회'라 불렀다.[42] 수요회는 80년대 초부터 매월 1회씩 모임을 갖는데, 본래는 공공기관장들이 지역 현안에 관한 고급정보를 교환하고 기관 간의 입장을 조율하는 모임이었다(장세훈, 2010b).

> "목우회는 관선 시장 때부터 있었는데, 애초에는 목민관들의 모임이었어요. 목민관 즉, 공공기관장들이 모였는데, 이 조직이 너무 협소하다고 생각해 포항경제인들 특히 기업인과 금융기관, 주요 언론사 대표들이 참여하는 조직으로 확대했지요. 그때가 아마 2000년경이었던 것 같아요"(C-2).

> "수요회는 1980년 초에 만들어진 것인데, 포항시에서 모아서 정부 정책을 홍보하고 지역유지들의 의견을 듣는 자리였지요. 수요회는 소위 관변단체라 할 수 있는 조직까지 망라했으니 큰 모임이었어요"(B-1).

---

42 '목우회' 구성은 애초에는 포항시장, 해병사단장, 기무사, 안기부 소장, 경찰서장, 교육장, 포항세무서장 등 공공기관장 모임이었는데, 점차 확대되어 포항상공회의소, 포항제철소, 철강관리공단, 포철 협력사, KBS 포항방송국, 포항 MBC, 경북일보 등이 참석했고, 검찰청 포항지청이 세워진 뒤에서는 지청장이 한 번씩 참석했다(A-2). '수요회'는 포항시장을 비롯한 공공기관장과 지역상공계, 포항제철소장, 교육계(대학 총장, 중 · 고교 교장)와 금융기관(대구은행 · 농협 등), 사회단체 대표 등 현재 총 133개 기관이 참여하고 있다. 특이한 것은 피면접자들이 '목우회'와 '수요회'를 혼동하고 각자 다른 얘기를 했다. 매달 수요일마다 모임을 가져 '수요회'로 알고 있거나 정기적인 모임으로 인식하기도 하고 비공식적으로 현안이 있을 때마다 모이는 모임으로 이해하는 사람도 있었다. 그것은 이 모임이 지방자치 이전의 관선 때와 민선시장이 들어서서 시장이 바뀔 때마다 모임의 성격이 조금씩 달라지고 조직을 개편 또는 새로운 조직이 만들어지면서 면접자들이 혼동한 것이라 볼 수 있다.

민주화 이행과정에서 지자제 실시는 국가권력의 제한적 민주화와 지역 시민사회의 부활, 도시정치의 활기를 불어넣으며 통치 연합 구성변화에 심대한 영향을 미쳤다. 그것은 앞에서 거론한 바와 같이 기업도시 포항의 지배세력이었던 포철의 상대적 퇴조와 선출직 지방단체장 및 지방의원의 부상이며 다른 한편으로 지역 시민운동의 약진과 관변단체 및 토착 엘리트들 역할이 증대되었다. 특히 1995년 민선시장의 출범은 통치방식의 변화에 중요한 의미를 갖는다. 그것은 장기간 유지되어온 권위주의적인 중앙집권세력의 직접적이고 수직적인 지방통치가 줄어들고 지역 수준의 독자적인 지배 엘리트 연합 구조가 형성된 것이라 할 수 있다. 제도적으로 중앙정부에서 파견된 임명직 시장의 시대가 끝나고 지역 엘리트들이 도시정치의 주도세력으로 등장하게 된 것이다. 이는 도시정치의 복원 즉, 지역주민들의 다양한 이해와 정치적 욕구를 지역정치 과정에 반영할 수 있게 되었다는 점에서 지역 민주주의 형성의 시발점이기도 했다. 반면에 권위주의 시대부터 조직되고 동원되던 개발정치세력이 지방자치제 실시 이후 제도화된 공간을 통해 재결집이 이루어졌다고 볼 수 있다. 그렇다고 하지만 기존의 강압적 관치방식의 통치에서 제도적 절차를 중시하는 민주적 지배방식을 따르지 않을 수 없게 되었다는 것은 중요한 변화가 아닐 수 없다. 그래서 제도적·조직적 이해에 기반을 둔 통치 연합의 참가자나 성격이 달라지고 다양한 조직이 등장하였다. 이러한 지배세력의 변화 가운데 대표적으로 기존에 운영되어온 '목우회'와 '수요회'가 확대·개편되었고, 해병대가 주축이 된 '한마음회'가 새로 만들어졌다.[43]

"한마음회는 해병사단장이 나서서 군·관 친선 도모를 위해 만들었어요. 사단장

---

43 이들 조직 외에도 지방정부가 주도해서 모이는 지역 엘리트들의 연합조직은 각 구청 단위(남구청, 북구청)로 모이는 조직이 별도 구성되어 있다고 한다(E-2).

과 포항시장, 기업인, 주요 언론사 대표들이 참석해요. OO 건설업체 대표가 적극 참석하고 있기도 하지요. 주로 골프를 많이 쳤는데, 해병대에 골프장이 있으니. 그리고 족구도 많이 합니다. 이 모임은 특별한 것은 없고 운동을 주로 하고 봉사 활동도 가끔씩 하는 것으로 알고 있어요(C-3).

지방정부는 이러한 지역 엘리트 연대기구의 강화를 통해 '첨단과학도시' 또는 '환동해[44] 거점도시' 등 지역개발 이데올로기를 직접 생산, 유포하거나 확산시키는 일에 앞장서기도 하고 권력 재창출을 위해 선거에 적극 활용되기도 한다. 연합조직 참여자들은 이런 활동을 통해 협력 관계를 형성하고 이해 관계를 교환한다. 이런 공식적·비공식적 지역 엘리트 연합조직은 전국의 어느 도시에서나 존재하고 있고 민선시장이 들어서면서 더욱 활성화되고 있다. 한 공무원 출신 구술자는 이런 얘기를 했다.

"민선시장이 되고부터는 상황이 확 바뀌었어요. 관선 때와는 위상부터가 달랐지요. 지역의 기업인들은 말할 것 없고, 포스코도 크게 괘념치 않았어요. 오히려 포스코와 대립각을 세웠어요. 왜냐하면 시장이 지역 현안 사안에 협조를 구했을 때 잘 안되면 갈등을 치렀지요. 시장마다 한 번씩은 그랬던 것 같아요. 최소한 겉으로는 그랬어요. 표를 먹고 사람들이기 때문에 지역 민심을 나 몰라라 할 수 없잖아요. 그러나 국정원이나 사법권을 가진 검찰이나 경찰 그리고 지역구 국회 의원들은 민선시장이라고 해도 어쩔 수 없었어요. 사안이 생기면 이들과 비공식적인 모임을 갖고 협조를 구하기도 하고요. 국회의원들은 중앙당이 공천심사를

---

44 환동해 경제권에 대한 관심이 높아지면서 한국과 북한, 일본, 중국, 러시아, 몽골 등으로 구성된 환동해 지역을 협의로 보면 한국의 강원도, 경상북도, 울산광역시, 북한의 강원도, 함경북도, 함경남도, 일본 서부 연안 12개 부·현, 중국의 길림성, 러시아 연해주를 포함하는 지역을 말한다. 광의의 환동해는 한국의 연안 지역과 중국의 동북 3성, 러시아 극동지역, 일본의 홋카이도를 포함하는 지역으로 정의된다(최용호, 2011).

하지만 국회의원들이 공천에 막강한 영향을 갖고 있기 때문에 국회의원들을 무시할 수 없었어요. 그래서 국회의원 부탁을 안 들어 줄 수 없었지요"(C-3).

결국 지방자치제 실시로 아래로부터 추동되는 지역주민들의 변화의 힘이 선거를 통해 통치 연합의 성격이나 구성에 많은 영향을 미쳤다는 것을 알 수 있다. 즉, 지방단체장과 지방의회의원들이 지역 현안의 문제를 풀어가는 정책 결정 과정에서 지역주민의 요구나 의사를 고려하기 시작했다는 것은 중앙권력의 요구에 따라 지방을 통치하던 때와는 크게 달라진 것이다(홍덕률, 1995: 157). 그러나 기존의 지배세력인 지역 엘리트들은 형식적 수준의 개혁과 변화된 환경에 적응하면서 지지기반을 더욱 공고히 하고 보수적 질서를 유지·재편하는 데 성공하였고, 지역주민을 위한 자원의 재분배 등 진보적 도시레짐의 구조적 전환은 더욱 어렵게 되었다.

3) 산학연 협동체제

1980년대 중반 지역산업 구조조정을 위한 지역혁신체제를 지향하는 산학연 협동체제는 포항제철이 개발을 주도하고 폭넓게 관리해왔기 때문에 계열사 성격의 협업체라 할 수 있다. 협동체제는 산업체인 포철과 교육기관인 포항공대 그리고 연구기관인 RIST의 분업을 이어주는 일단의 장치였던 셈이다. 이러한 협동체제를 구축하는 데 앞장선 행위자들은 기업인과 과학기술자들이었고, 이를 제도적 차원에서 뒷받침한 중앙정부와 지방정부 관료 그리고 지역정치인이었다. 특히 과학기술자들은 선출직 공직자나 생산수단을 소유한 기업가들은 아니었지만, 포철의 실력자와 인연을 맺으면서 대기업과 지역사회의 첨단산업 정책 결정에 강한 영향력을 행사하는 특권적 위치에 있었다.

산학연 협동체제에서 포철의 박태준과 함께 국가권력과 지방정부를 연결시켜 협동체제 개발을 주도한 엘리트는 국회의원 이진우와 포철 이대공이었다. 이진우는 지역구 국회의원으로서 활동하며 포철의 성장과 지역개발에 정치적 역할을 감당했으며 이대공은 포철 건설본부장으로서 포항공대설립을 맡으며 포철의 미래방향을 대비했다. 이진우·이대공 두 형제는 선대부터 지역 엘리트 출신으로 포철과 지역사회 그리고 정(政)·관(官)계와 시민사회를 통괄했다.

"포항에 이진우 씨 만한 학식을 가진 분이 없어요. 인품도 대단했지, 그리고 작곡가 아이가. 박태준이 포항에 대해 이래라저래라 할 입장이 아니었어. 그리고 이대공은 그냥 인물 아니야. 포항시 전체의 영향력에 있었어도 그렇고, 포항을 발전시키는 데 이대공 씨가 핵심이었지. 처음 여기서(포항) 40대 때 이대공이가 시장 나온다. 국회의원 나온다. 그렇게 언론에 뜨고 했는데, 형 이진우가 '임마들아 비켜라' 하고 나오니까. 다 비킬 수밖에 없었지. 그리고 이진우 씨가 국보위에 들어간 것은 그냥 참여한 것이 아니고, YS와 이진우 관계는 동아일보를 보면 이진우 외 법조인 6명 민주당 입당 이렇게 나와 있어. 허화평이가 전화를 해서 형님 어디 가십니까? 그분들이 대통령 출마나 할 것 같습니까? 이대공도 형님 다친다 하니. 그 소리를 들으니까 이 양반이 그때 정치를 안 했거든, 경주지청에 근무했으니. 경주지청은 80%가 포항 사건이야. 그래서 경주에 오래 근무한 것도 포항사람들. 죄수들이지만 자기가 다뤄주고 그리고 난 다음에 출마를 하겠다고 그때부터 욕심을 가졌다고 봐. 그래서 경주지청에 오래 있어서"(F-5).

"이대공 이분은 '한국의 케네디'라는 표현을 써도 무방할 만큼 학식과 용모, 인간관계에서 출중해요. 서울법대 출신이라 청와대 등 어디 선이 닿지 않는 곳이 없었어요. 하지만 박 회장(박태준)은 무슨 영문인지, 그를 최고 권력자(사장, 회장)까지는 밀어주지 않았어요. 포항 출신이 포철 최고 실세가 되지 못한 것은 포철과 포항과의 관계에서 가장 큰 한계라고 생각해요."(D-2).

구술자들의 이진우에 대한 평가는 5공 때 국보위에 들어가서 활동하고 국회의원으로서 지역발전에 두드러진 성과를 내지 못한 것을 제외하고는 대체로 호의적이지만, 이대공은 친소관계에 따라 지역사회의 평판이 엇갈린다.

> "포철과 협력해서 성장했던 사람들이 있고 포철에서 강하게 시(포항시)에 영향을 미친 사람은 대표적으로 이대공 씨죠. 어떻게 보면 이런 분들은 지역보다는 주변의 이해관계에 충실했던 사람들이라고 보면 되죠. 그래서 큰 인심을 얻지 못하였고, 지역을 위해 앞장서서 충실하게 활동했던 사람들은 지역민에게 인심을 많이 얻었죠. 이대공 씨는 언제나 포철 입장에서 서 있었죠. 일전에 포항 시민상 수상할 때 한번 떨어진 적이 있죠. 나중에는 받았지만, 그 이유가 이대공 씨가 재력도 있고, 인물도 좋고 파워도 셌지만, 시민 정서가 그렇게 따라주지 못했다는 증거예요."(D-2; D-3).

어쨌든 정치권력과 대기업을 기반으로 이진우·이대공 형제는 포철 박태준과 함께 포항공대와 RIST, 가속기연구소 등을 설립하는 데 모든 자원을 집결하고 활용하는 역할을 주도했다.

다음으로 지역산업 고도화를 위한 산학연 협동체제 개발과정에서 과학기술자들의 활약이 돋보였다. 지역 변두리에 포항공대를 세워 한국의 명문 공과대학을 만든 김호길은 과학기술자로서 지역혁신체제를 선도했다. 그는 포항공대의 건립과 더불어 국가적 차원의 연구시설인 포항 방사광가속기 건설을 현실화하여 지방 도시에 과학집적 단지의 기초를 다졌다. 또 RIST 초대원장 김철우는 포항제철 설립을 주도한 초창기 멤버로서 김호길과 함께 기업과 대학, 연구소 간 다양한 상호작용을 하는 데 앞장섰다고 할 수 있다.

포항공대가 빠른 시일 내에 우수한 인재들이 모인 명문대학으로 소문나면서 포항이 포항제철로만 알려진 철강도시 이미지에 포항공대가 있는 대학도시로 부각되었다. 또 김호길은 가속기의 존재 자체가 과학기술 연구뿐만 아니라 국내 기술과 산업을 혁신적으로 첨단형으로 발전시킬 것으로 생각했다. 그래서 1988년 4월 포항 방사광가속기추진본부를 가동하여 완공함으로써 포항공대에 대한 지역사회의 기대가 커졌다. 그러나 포철에서 추진한 산학연 협동체제는 포철 지곡단지를 만들 때부터 지역사회와 분리된 그들만의 이상이었고, 개발 사업이었다. 그리고 협동체제 자체적으로도 협력이 잘 이루어지지 않았고 운영상의 문제가 드러나기 시작했다. 특히 앞에서 논의한 산학연의 상호작용을 강화하기보다 연합내부 행위자 간 주도권 경쟁이 가열되었다.

"포항공대나 RIST 초기에는 다 폴리티컬(Political)한 사람들이 모였어요. 박 회장이 포항공대 만들 때 노벨상 타자고 했어요. 무슨 노벨상을 타요. 다 돈 따먹기 했는데. 최고 우수한 인재를 다 끌어모았다고 하지만, 그건 다 홍보예요. 그 사람들이(포항공대 교수 영입 실무자들) 무슨 대단한 능력가라고 세계 최고 우수 인재를 끌고 올 수 있었겠어요. 우리는 김호길 하면 대단한 사람이다. 그렇게 말하지만 미국 유학생 한인사회에서는 그럴지는 몰라도 미국 사람들 김호길이 누구인지 몰라요. 그렇게 대단한 세계적인 석학을. 포항공대 초기에 온 사람들에 대해 많은 사람들이 어떤 소설가의 잘못된 설을 가지고 얘기하면 안돼요. 사실 그대로 얘기해야 문제가 뭔지를 알아요. 산학연체제는 박 회장의 꿈이었어요. 소위 같이 굴러가는 연구개발 시스템을 만드는 것. 그 배경에는 사실 신일본제철도 산학연 시스템이 실패했어요. 그분이 그것을 알았지만, 이분의 오기는 일본이 실패했으면 내가 해야지 하는 나름대로 경쟁의식이 있었어요. 그래서

RIST가 생겨났어요. 그런데 이 산학연이 깨진 것은 각자가 자기 서로 살겠다고 각개전투하는 바람에 깨진 거예요. 당시 정치권에 들어가 있는 박태준 씨한테 가서 가장 큰소리 칠 수 있는 사람은 포항공대 학장이었어요. RIST 원장은 포철 부사장일 뿐이에요. 포철 사장을 통해서 회장에게 가야 하니까 구조적인 한계가 있었죠. 그러니 RIST 위상이 뭐가 되겠어요. 그래서 아예 독립을 시켜야 했어요. RIST 원장도 포철 아닌 사람을 시켜야 했어요. 그런데 그것을 김호길 학장이나 정명식 회장 모두 싫어했어요. 산학연이라고 말했지만, 이것은 포항공대를 위해 존재하는 조직이다. 포철은 포항공대에 돈 내라. RIST는 포항공대 교수들이 연구개발하는 데 보조역할 할 수 있도록 해라. 그래서 산학연 소위 3개의 원으로 굴러간다고 떠들었지만, 포항공대 학장에게는 포항제철과 포항공대 딱 두 개 뿐인 거예요. RIST는 그 옆에 끼어 있는 거예요. 처음부터 (협력체제) 잘못 만들어졌고, 관리도 잘못했어요."(B-8).

김호길을 비롯한 포항공대 초기에 영입된 교수들과 RIST 과학연구자 그리고 산학연 협동체제의 균열에 대해 다른 피면접자는 약간 상반된 얘기를 했다.

"김호길 총장은 그 당시에 이미 해외에서 알려져 있던 연구자였고, 논문도 많이 쓰셨고, 가속기 분야에서 인정받으셨던 분이죠. 지금도 그렇지만 메릴랜드 대학 테뉴어(Tenure)로서 한국에 올 필요가 없던 분이었지만 뜻이 있어서 오셨죠. 당시에 과학기술 분야에서 해외에 나가서 공부하고 어느 정도 인정을 받은 분이 그리 많지 않았죠. 포항공대에 영입된 사람들이나 RIST에 오신 분들은 대부분 그런 분들이었잖아요. 지금의 시각에서 보면 안 되지요. 그리고 김호길 씨는 교육행정가로서도 포항공대를 잘 만들고 남들이 못하는 가속기연구소를 설립해서 성공하신 분이죠. 김 총장은 RIST를 무시했다고 보기보다는 관심이 적었을 것 같아요. 그분은 가속기연구소에 온 힘을 기울여 노벨상이 거기에서 나온다고 생각했을 거예요. 지금은 그런 생각들이 많지 않지만, 그때는 그런 분위기였어요."(B-3).

대체로 우리의 경우 산학연 협동이 필수적으로 요구되지만, 제대로 진행되지 못하고 사안별로 부분적인 활동이 이루어졌다. 한국의 과학기술자 사회에서 산학연 협동이 미약한 데에는 대학교수를 우대하는 특수한 사회문화적 장벽도 중요한 원인으로 작용했다(송성수, 2004). 그리고 서구에서는 대학, 기업연구소, 공공연구소가 비슷한 수준으로 연구개발 주체로서 정립되었고, 기관별로 역할에 차이가 있다 하더라도 동등한 자격과 독자적인 위상을 가진 주체로서 다양한 형태의 산학연 협동 관계를 형성해 왔다(송위진 외, 2003: 57). 한국의 경우 산학연이 그동안 별개로 존립하여 협력이 이루어지지 않았고, 이들 관계를 매개하는 구체적인 제도가 발달하지 못한 것이 산학연 협동이 부진했다. 포항의 협동체제도 다르지 않았다.

또한, 산학연 협동체제 개발과정에서 포철 박태준과 측근세력들, 그리고 김호길 등 과학기술자들이 앞장섰지만, 중앙정부와 지방정부의 협력 없이는 포항공대나 RIST 등 협동체제 설립과 구축은 불가능했다. 그리고 포철의 지배구조의 현실에서 중앙정부의 요구나 지역사회의 분위기를 무시하고 정책결정을 독자적으로 수행할 수 없는 것이다. 특히 민주화 이행기에 요구되는 절차적 정당성과 밑으로부터 지역주민들의 지지 의사 결집이 이루어지지 않은 채 포철세력 중심의 개발 의제로 지역혁신체제를 추진한 것이 결국 산학연 협동체제가 제대로 자리 잡는 데 실패한 원인 중의 하나이다. 더구나 포철이 의도한 대로 사업추진이 어려워질 경우에만 지역기관장 모임(목우회)이나 '수요회' 등을 통해 지방정부나 지역 엘리트들에게 협조를 구하는 것은 사업추진에 명백한 한계를 보여준다. 즉, 민주화 이행기의 도시정치의 지배적 행위자는 비록 형식적이고 부분적이라 하더라도 선거를 통한 '공식적 권력'이 가장 민주적 정당성과 대표성을 가지게 되었음을 의미한다. 그런 점에서 지역사회를 배제한 지역혁신체제인 협동체제 개발이 실패한 것은 포철과 같은 대기업집단의 내부적 균열과 일방적으로 지배하던 지역 통치구조의 한계를 드러낸 것이라 평가할 수 있다.

4) 정치인과 과학기술자

포항 TP 건설을 주도한 추진세력은 지역산업 구조조정과 첨단 신산업을 위한 지방정부 그리고 포철을 비롯한 기업집단과 과학기술자들이었다. 특히 포항 TP는 포철 박태준이 포항공대 이전영의 제안으로 추진해온 사안이었지만, 박태준이 떠난 1990년대 초중반 그 역할을 대신할 행위자는 없었다.

포항공대 이전영은 소피아 앙티폴리스와 같은 첨단과학단지를 지역에 만들고자 했다. 앞서 살펴본 바와 같이 이전영은 테크노폴리스 구축을 위한 포항 TP를 설계하고, 박태준을 통해 현실화하고자 한 기획자였다. 하지만, 박태준의 실각과 주변 여건이 뒷받침되지 않고 행정 주도로 작은 규모의 테크노파크가 만들어지면서 현실의 장벽을 실감해야 했다.

> "1994년 포항공대 마스터플랜을 짤 때, 포항공대를 지역의 잘나가는 대학 정도가 아니라 '지구 위의 대학'을 만드는 것이었어요. 그런데, 최근 포항공대에서 판교에 전진기지를 설치한다고 하는데 포항공대는 그러한 수준의 대학을 만드는 게 아니었어요. 테크노파크를 건설할 때도 제 구상은 '한국판 실리콘밸리'를 만들어 포항을 세계의 중심지역을 만드는 원대한 꿈을 설계했는데, 그런데 지금 포항 TP는 코딱지만 한 수준의 그림으로 전락해 버렸어요. 참 아쉽고 안타까워요. 저의 그러한 꿈이 좌초된 것은 지역 리더십의 한계, 장기전망이 없었던 것 때문이었다고 봐야죠"(이전영, 2017. 11).

"이전영 교수는 포항공대 1호 교수로 스카우트 되어온 사람이에요. 김호길 보다 이전영을 먼저 스카우트 했다니까요. 그만큼 박태준은 이전영을 높게 평가한 것이죠. 그 사람이 포항에 온 이유가 테크노파크를 해보려고 왔다고 했어요. 그런데 박태준 회장이 정치적인 이유로 물러나고 난 뒤에는 자신의 말을 아무도 들어주지 않았던 것이죠. 김영삼 정권 때 김만제 회장이 되었는데 그 사람은 테크노파크는 생각도 하지 않았던 사람입니다. 그래서 추진되지 못했던 거죠. 그분의 생각대로 했다면 TP가 성공할 수 있었는데, 적극 도와준 박태준 회장이 실각하고. 포스코에서 지원을 안 해줘서 추진이 안 되었지요. 지자체 시장들이 바뀌면서 지역을 포스코가 마음대로 할 수도 없는 그런 관계에서 포스코는 적극적으로 할 수도 없었다고 봐요. 이전영 교수 같은 분의 생각을 담아낼 수 없는 포항이 답답한 거죠."(B-8).

포항 TP 개발이 이렇게 된 요인은 무엇일까? 그것은 앞서 거론한 민주화 이행기의 구조적 환경변화와 도시정치에 실질적으로 작동했기 때문이다. 다시 말해 그동안 포철세력이 일방적으로 추진하던 사업방식에 제동이 걸렸다고 할 수 있다. 제도적 틀로서 민주적 정책 결정 과정이 모든 영역에서 가시화되면서 테크노파크 개발도 그동안 밀실에서 소수의 결정권을 가진 행위자들이 추진되던 일들이 민주적이고 공개적인 절차를 통해 이루어져야 가능해진 것이다. 또 박태준의 실각과 영향력 약화는 군 조직처럼 일사불란하게 움직여왔던 포철의 내부조직에 혼란이 일어났다. 군사조직에서 최고사령관의 부재는 비상사태이다. 따라서 최고 실력자에 의해 제시된 개발 의제라 하더라도 이를 지속적으로 추진할 시스템이 포철에도 갖춰져 있지 않았고 사실상 포철 내부에서는 박태준과 함께 정리해야 과제로 인식했을 수도 있다.

이와 관련하여 이전영과 테크노파크에 대해 또 다른 구술자는 이런 부정적인 얘기를 했다.

"이런 말은 좀 그렇지만, 이 박사가 했던 것 중에 성공한 게 하나도 없어요. 이 박사는 공중에 떠 있는 아이디어를 빨리 구해 가지고 TJ(박태준)에게 가서 이리 저리 얘기는 잘 했지만 벤처캐피털 해가지고 손해를 얼마나 봤어요. 학교 교수 들 중에는 이 박사를 아는 사람은 그 사정을 다 알아요. 이 박사는 말을 많이 하고 잘하니까 저 사람은 아이디어가 많은 사람이라고 그렇게 평할 수 있지만, 이 박사는 분명히 말하지만, 나쁜 사람은 아니고 재미있는 사람이죠. 그러나 책임 있는 일을 맡을 사람은 아니에요. TJ는 그 사람을 대단히 좋아했어요. 그래서 다음 총장을 그 사람에게 맡기면 어떨까 했지만, 지지가 거의 없었잖아요."(B-1).

"이 박사가 창투사를 만들었지만, 그 사람이 할 줄 아는 것이 뭐예요. 그 사람 전자공학 한 사람인데, 그것을 해낼 수 있는 능력을 가진 사람이 아니에요. 그런 능력이 안 되니까 언론플레이나 하고 그것은 90% 버려야 해요. 그것에서 무엇을 건집니까? 손정의가 이 박사 말 믿고 포항 TP 보러 왔으면 투자를 해야지요. 투자를 안 하고 갔잖아요. 마원한테는 했는데, 그보다 훨씬 전에 계획이 그렇게 좋았으면 왜 안 했겠어요. 그 친구는 돈에 대해 귀신이에요. 일본 놈들 사이에 자라서. 어떻게 돈 버는 줄 알아요. 그 친구 만나서 끌고 다니면서 여기 몇 십만 평에 뭐가 들어오고 여기 몇만 평에, 그러면 아, 훌륭합니다. 하고 가죠. 투자는 안 하죠. 그래서 손정의가 관심을 보였다고 언론플레이하고 뭣 땜에 그런 것 하겠어요. 다 이유가 있지."(B-8).

이처럼 포항 TP는 포항공대와 RIST, 가속기연구소 등 산학연 협동체제를 통해 지방정부와 협력하고 중앙정부의 정책지원을 받아야 사업이 원활하게 추진되는데 박태준의 부재는 이를 뒷받침하여 유기적으로 통합하고 성과를 산출할 수 있는 힘이 상실된 것이다.

하지만 지자체가 본격화되고 민선시장이 출범되면서 상황은 달라지기 시작했다. 선출직 시장은 차기 선거를 염두에 둬야 하고 재임 기간 가시적인 성과를 내야 하는 부담이 있기 때문에 지역적 과제인 도시 성장에 관심을 기울이지 않을 수 없다.

초대 지자체 시장에 도전한 박기환은 당시 전 세계 도시들이 앞다투어 경쟁적으로 추진하던 지역혁신 모델인 '첨단도시 건설'을 공약으로 내걸었다. 그리고 당선된 이후 포항공대와 포항 TP 실무회의와 연구용역을 실시하는 등 테크노파크 개발에 나섰다. 그러나 박기환은 포항 TP 실체를 파악하고는 소극적으로 일관했다. 박기환 시장이 포항 TP 개발에 대한 확실한 의지가 있었다는 주장이 있지만(신희영, 2008: 450)[45] 이는 사실과 달랐다. 즉, 포항공대 과학기술자들의 사업경험이 없는 서생(書生)들의 현실성 없는 계획으로 본 것이다. 면담과정에서 박기환은[46] 당시 첨단과학도시 조성을 위한 테크노파크 논의가 회자되고 있었지만, 그것을 적극 추진하는 사람은 없고 그러한 분위기만 있었다고 했다.

> "테크노파크 얘기를 듣고 나중에 포항공대 창업보육센터에 가보니 별로 성공적이지 못했어요. 인프라의 문제이기도 했지만, 방향을 제대로 잡지 못하는 측면이 있어 보였고, 어쨌든 거기에는 테크노파크를 끌고 나가는 집단 리더십이 부족했다고 보였어요. 지금도 마찬가지지만, 새로운 창업에 대해 관심은 많은데 창업에 필요한 기술을 개발하는 부분은 대학이 역할을 하지만 그것을 사업화하는 것은 대학이 아무런 역할을 못해요. 내가 그걸 자주 지적하는데, 기술자가 CEO 되면 안 됩니다. 그런데 대부분 기술을 가진 사람이 자기 기업의 장이 되려고 하는 욕심이 있어요. 기술을 가지고 있으면 기술 이사를 하든지 기술 파트의 책임자가 되어야 하는데 전체 경영의 책임자가 되려고 한단 말이에요. 전체

---

45 신희영(2008)이 박기환과의 면담과정에서 인식했다고 하지만, 본 연구에서 상반된 사실을 확인할 수 있었다.

46 박기환 전 포항시장과의 인터뷰는 2017년 7월경에 박 전 시장 회계사 사무실에서 이루어졌다.

책임자는 회계도 알아야 되고 금융도 알아야 되고 경제 사정에 대해서도 밝아야 하는데 이런 것이 탄탄한 사람들이 창업보육센터에 가서 뛰어야 하는데, 기업경영을 너무 쉽게 보는 것 같다고 생각했어요."

다른 구술자는 박 시장이 포항 TP에 적극적으로 나서지 않은 이유를 이렇게 설명했다.

"박 시장은 회계사예요. 사업을 정확히 아는 사람이죠. 거기에 투자할 일도 없고 돈을 함부로 쓰면 안 된다고 본 거지요. 그리고 정부도 테크노파크를 바로 하려고 하지 않고(당시 정부는 대구경북 TP 개발에 역점을 두고 있었음) 늦추려고 했고요. 아마 박기환은 테크노파크 일이 되려면 포철이 나서야 하는데 소극적이라고 봤고 포항공대는 학생 가르치는 곳이지 신사업을 일으키는 곳이 아니라고 생각했을 겁니다. 그래서 그 사람 성격상 안 되는 일에 괜히 나서지 않아요. 박 시장 때에 포항 TP 무슨 일 했다면 아마 실무 공무원들이 일을 벌였을 겁니다."(D-1).

테크노파크를 밀어줄 포철 박태준은 외유하고 있었고, 중앙정부의 지원도 마땅치 않은 현실에서 박기환은 그전부터 포항시가 매입한 대잠동(현, 대이동) 개발에 관심을 가졌다. 포철 신사옥의 대잠동 건립계획을 발표한 김만제 포철 회장에게 박기환은 개발예정 토지를 매입, 매입대금 선불 지급과 개발 후 포철 본사 유치를 요청했다. 그때 김만제는 컨벤션센터를 건립하고 별도 공간을 확보하여 미술관 등을 건립하기로 합의를 했다. 당시 시청사가 들어서기 전 대이동에 두 가지 형태의 토지개발계획이 있었다고 한다. 하나는 토지소유자들이 조합을 결성하여 개발하는 것이었고, 또 다른 하나는 포항시가 매입한 땅에 토지조성을 하는 것이었다고 했다. 이에 대해 박기환 전 시장은 당시 김만제와의 대화한 내용을 다음과 밝혔다.

> "내가 시장을 2년 좀 넘게 하고 난 뒤에 김만제 회장을 만나서 '여기에 토지를 개발하면 포스코가 만 평쯤 사주면 좋겠다. 평당 백만 원씩 잡고 만 평이면 백억, 그래서 백억 원으로 공사를 하겠다'라고 하니, 김 회장은 흔쾌하게 만 평이 아니라 만 오천 평을 사주겠다 했어요. 거기까지 합의했어요. 그래서 내가 '만 오천 평을 사면 포스코 본사가 들어오면 어떻겠냐'라고 하니 김 회장이 뭐라고 했냐하면 '포스코 본사가 들어오는 것은 의미가 없고, 거기에 컨벤션센터를 크게 짓겠다. 그다음에 거기에 공간을 따로 만들어 미술관도 넣고 하겠다'. 그래서 내가 '좋습니다. 좋은데 컨벤션센터를 지어서 소유권을 시에 넘길 생각을 하면 안 되고 유지관리를 포스코가 해야 된다'라고 하니 '시에 안 넘기겠다'까지 합의가 됐어요. 그다음에 '미리 돈을 주면 공사를 착공하기 쉽지 않냐' 했더니 김 회장은 '시장님 그건 좀 심합니다. 포크레인도 안 하고 돈을 달라고 하는 것은 좀 그렇지 않느냐'라고 하더군요. 내가 시의 입장만 너무 강조했으니. 그래서 내가 '그렇네요.' 했어요. 그때가 아마 1997년 12월경쯤이었어요."

이 내용을 살펴보면 김만제는 1994년도에 이미 포철 본사를 시내로 이전하겠다고 해놓고 발을 빼기 위해 컨벤션센터를 지어주겠다는 모양새를 취한 것으로 보인다. 한편, 박기환은 1998년 6월 지방 선거에서 낙선[47]하고, 김만

---

47 1998년 6 · 4지방선거에서 박기환은 자민련 총재였던 박태준을 따라 한나라당에서 자민련으로 당적을 변경하여 후보로 나섰고, 중앙 내무부 관료 출신 한나라당 정장식과 대결하여 근소한 차이로 패했다(박기환 103,393표, 정장식 109,729표). 박기환의 자민련 당적변경에 대해 여러 가지 설이 있지만, 당선이 확실한 박기환에게 다가온 박태준의 내민 손을 뿌리치기가 쉽지 않았다고 봐야 할 것이다. 박기환은 서울대 상대를 졸업하고 곧바로 포항제철에 입사하여 박태준에게 임용장을 받은 경력이 있다. 반면에 박태준은 포항 북구 보궐선거를 앞두고, 97년 2월경 박기환 시장으로부터 포항 1호 명예 시민증을 수여 받으며 박태준과 박기환은 정치 노선은 달랐지만, 서로 밀월관계였다고 한다(A-3).

제 회장도 박태준의 정계복귀로 포철에서 물러나 포철이 컨벤션센터를 짓기로 한 대잠동은 민선 2기 정장식 시장 때 포항 시청사를 이전하여 건립했다.

포항테크노파크 개발은 정장식 시장에 의해 뒤늦게 전개되기 시작했다. 그러나 포철이 적극 나서주지 않았다. 비록 박태준이 포항 TP 개발추진에 집착을 보였지만, 포철이 앞장서기에는 당시의 상황은 혼란스러웠다.

> "그때 DJ 정권은 포철에 대해 관여를 하지 않으려고 했어요. 지역에 DJ 쪽과 관계있던 몇몇들이 자신들의 이권을 얻기 위해 줄을 대어 포철에 접근한 것은 조금 있었지만, 박태준의 포철은 인정해 줬다고 봅니다. 그래도 청와대나 정치권에서 부탁할 것은 부탁했겠지요. 마찬가지로 박태준도 관련 부처에 과거처럼 함부로 얘기하거나 부탁할 처지가 못 되었지요. 그런 여건에서 포철이 박 회장의 지시라고 함부로 나서기도 어렵고 특히, 포철 내부가 조말수, 김만제 회장으로 이어 내려오면서 박태준 인맥이 거의 제거된 상태였기 때문에, 나중에 다시 좀 들어왔지만, 과거와는 다른 시스템으로 기업문화가 확 달라져 있었다고 봐야 합니다."(F-3).

제2대 민선시장이 된 정장식은 포항 신청사 건립과 테크노파크 개발을 포항시의 최우선 과제로 설정하고 테크노파크 실무추진반을 구성하여 적극 나섰다. 당시 포항시는 개발 중인 대잠 지구에 포철 신사옥이 들어서면 그곳에 시청사도 함께 이전하여 개발할 계획이었다. 그러나 1999년 1월에 포철에서 신사옥 건립계획을 취소했다.[48]

---

48 포철 신사옥개발은 1994년 당시 김만제 회장은 포철의 불신을 해소하고자 대잠동을 개발하여 포철 신사옥을 건립하겠다는 계획을 발표한 바 있다. 그리고 95년 지방 선거, 96년 총선, 97년 포항 북구 보선, 98년 지방 선거 등 4차례의 선거에서 직간접적으로 이런 공약이 효과를 발휘했다. 특히 박태준이 국회의원에 출마한 97년 보선에서 한발 더 나아가 "본사가 있는 포항을 떠나 서울에 집중돼 있는

이러한 상황에서 테크노파크 사업의 재검토가 필요하다는 포철의 분위기를 보고 포항시는 당혹스러웠다. 포항제철의 협조를 받아 상당한 수준의 개발자금을 확보하지 않고는 TP 개발을 할 수 없는 상황에서 당시 포철 회장이었던 유상부는 소극적이었다. 유 회장은 포항 TP 개발뿐만 아니라 각종 지역협력 개발자금을 지자체로부터 요구받는 현실에서 명분 없는 지역협력 사업은 불가하다는 입장을 가졌다. 포항제철의 지역협력 연구보고서에서도 "테크노파크는 시도해 볼 만한 사업이지만 이는 정부의 국책사업으로 시행하거나 포항시가 자체 재원으로 규모를 축소하여 내실 있게 추진할 사업"이라고 명시했다. 그리고 "포항제철의 투자사업이면 모르겠지만 테크노파크 사업지원은 지역협력 차원이 아니라는 의견도 있다"라고 주장했다(포항대학, 1999: 190).

이에 어쩔 수 없이 포항시는 대규모 포항 TP 프로젝트가 현실성 없다는 자체판단을 하게 된다. 당시 포항시 테크노파크 총괄팀장을 맡았던 황명석은 다음과 같이 얘기했다.

> "포철에서 이전영 교수안이 너무 예산이 많이 들고 투자하기에는 사업적 판단이 안 선다는 얘기가 흘러나왔어요. 그런 상황에서는 실무자로 사업을 추진하기는 어렵다고 생각해서 계획안을 대폭 축소하여 시장님께 보고 드렸더니 정 시장께서 유상부 회장과 담판을 짓게 된 겁니다."

포철의 본사 기능을 포항으로 이전하겠다"라고 공약을 하고 당선된다. 그러나 신임 유상부 회장은 99년도에 포철 신사옥을 백지화하면서 파문이 일고 포항시와 관계가 급격히 경색되어 있었다(매일신문, 1999.1.30.; E-2). 한편, 포항시 청사의 대잠동 이전은 지역에서 논란이 되어왔지만, 당시 연못이 있고 외진 곳에 시청사를 건설한 것에 대해 의문이 해소되지 않고 있다. 대체로 대이동 시청부지에 '포철 본사가 온다.' 또는 박기환 전시장이 밝힌 것처럼 '포철이 컨벤션센터를 짓는다' 등이 유포되면서 대이동 일대는 개발붐이 불었던 곳이다. 이러한 과정을 보면 대이동 시청개발을 둘러싼 개발사업이 어떻게 진행되었을 것인지 어렵지 않게 유추할 수 있다. 그러나 이번 연구의 초점이 아니므로 후속연구에 맡긴다.

그래서 최초 120만 평 규모에서 78만 평으로 다시 5만7천 평 규모로 포항 TP 단지 조성계획을 축소 조정했다. 그 후 포항시는 포철의 지원확보와 중앙예산 확보에 주력하였다. 정장식 시장은 유상부 회장을 수차례 만나 1999년 6월 포항 TP 지원 약속을 받아냈다. 정장식과 유상부의 막후협상은 지방자치제 이후에도 지역사회를 통치하는 세력이 누구인가를 확인시켜준다. 합의 결과 포항 TP는 애초의 첨단산업 단지 계획을 축소해서 중앙예산에 의존해야 하는 여러 R&D 인프라 중의 하나로 전락했다. 당시 포철은 포항시민들을 무시하고 배신했다는 지역 여론이 비등하여 수세에 몰려 있었다. 정장식 시장은 지자체의 제도적 권력 자원과 지역 정서, 여론을 등을 업고 포철을 강하게 압박할 수 있었다. 그러나 담판 결과는 초라했다. 지역사회에서 논란되어온 포철 신사옥 건립은 물론이고, 전임 포철 회장이 약속한 컨벤션센터와 미술관 건립 등도 사라지고 애초 약속한 토지만 지원받은 것이다. 결국 포항시가 몇 차례 찾아가서 수세에 몰린 포철의 위상과 정당성만 확보해 준 꼴이 되어버렸다. 여기에 대해 1999년 9월 8일 제51회 포항시의회에서 포항 TP에 대한 포철 기금 출연을 세차게 요구하지 못했는가에 대한 시의원의 질의에 당시 정장식 시장은 "그 정도 용기는 충분히 갖고 있는 사람입니다. 그러나 현실은 그렇지 못합니다. 그래서 집행부의 책임자로서 여러 가지 가슴에 묻어야 될 그런 말들이 많이 있습니다."라고 대답했다고 한다. 이는 포항 TP 사업과 관련한 포항시와 포철과의 협의가 잘 진행되지 못했다는 것을 반증하고 있다(신희영, 2008: 462 재인용). 정 시장이 가슴에 묻어야 될 그런 말이 무엇일까? 추측건대 포철의 위세가 대단하다는 것을 민선시장으로서 에둘러 얘기한 것이 아닐까?

포항시장과의 막후협상을 통해 포철 유상부 회장은 포항 TP 설립을 위해 200억 상당의 토지를 현물로 지원하는 안을 이사회를 통해 통과시켰다. 이에 지자체는 포항 TP가 설립되면 마치 첨단과학도시가 다된 것처럼 대대적으로 개발이데올로기를 지역사회에 확산시켜 나갔다. 이러한 분위기에 편승하여 내부적 반발이 있었지만, 동국제강, 삼일, 대아 등 지역기업들과 포항상공회의소가 자본출연을 함으로써 재단법인을 설립하였다.[49] 여기에 중앙정부의 지원에 힘입어 포항 TP가 드디어 모습을 드러내게 된 것이다.

이러한 지방정부의 테크노파크 추진에 대해 지역 시민사회는 크게 둘로 나뉘었다. 한편에선 포항 TP 사업이 철강도시에서 첨단과학도시로 변신하는 것을 적극 지지하는 입장이 있다. 다른 한편에서는 지역 현실에 부합하지도 성공확률도 낮고 관련 과학기술자들과 투자자들만을 위한 현실성 없는 '말잔치'라고 냉소적으로 보는 시각이 있었다. 전자는 주로 기업이나 언론에서 많이 주장한 담론이었고, 후자는 일부 시민단체나 지역주민들이 얘기했다.

> "그때 테크노파크에 대해 언론에서 많이 떠들었지만, 시민들은 무관심했어요. 꿈같은 얘기만 했고 그것이 구체적으로 뭔지 알지 못했어요. 시민들 모아놓고 공청회 한번 제대로 한 적이 없어요. 맨날 테크노파크 한다고 연구용역만 남발하여 계획발표만 냅다 하고, 시청에서 자기들끼리 모여 숙덕거렸지, 시민들은 뭐가 뭔지 알 수 없었어요. 그때 인근 울산에서 '테크노파크가 분양이 안 되어 포기한다'[50] 이런 얘기들이 들려졌지만 우리는 제대로 따져보지 않고 무조건 밀어 부친다는 생각이 들었어요. 지방자치가 되었다고 하지만, 행정이나 생각은 옛날과 달라진 것이 하나도 없어요. 잘난 사람들이 따라오라고 하면 그냥 박수 치고

---

49 포항상공회의소는 포항 TP가 설립되는 것을 반기지 않았다고 한다. "포항상의는 개별 기관이 아니라 지역 업체들의 연합기관이잖아요. 사무국장이 회의에 참여하곤 했는데, 포항 TP가 세워지면 포항상의와 비슷한 일을 하게 되어 경쟁상대가 생긴다고 봐서 싫어 했어요"(D-3).

50 당시 부산테크노파크 사업이 컨소시엄에 참여한 대학이 투자 포기를 하여 좌초될 위기에 있었고, 울산시가 추진했던 81만 평 규모의 산업기술연구단지도 재정난과 낮은 분양률을 우려해 백지화되어 시의회와 시민들로부터 거센 반발을 사고 있었다(이한웅, 1999: 49).

무조건 따라가야 하는 우리 현실이잖아요. 거기다 대고 누가 무슨 말을 하겠어요. 지금도 크게 달라진 것이 없지만요"(F-3).

한편, 포항 TP에 주도적 역할을 해야 할 포항공대는 애초 대규모 개발계획이 크게 축소되고 지자체 주도로 개발이 추진되자 소극적인 태도를 보이며 포항 TP에 관심이 줄어들었다. 또 민간 TP가 설립되고 운영되면서 포항공대의 역할이 축소되었다. 당시 정성기 포항공대 총장은 이런 얘기를 들려줬다.[51]

"재단 만들고 나는 이사장을 안 맡았어요. 나는 시장님이 맡아서 하는 것이 맞다. 나는 그렇게 주장했던 사람이에요. 포항시에서 제안을 했지만, 내가 뭐 타이틀이나 자리에 관심 있는 사람도 아니고, 시(포항시)가 더 적극적으로 나서서 일을 해야 한다고 생각했어요. 정 시장이 하는 것도 옳고, 그래서 정 시장에게 넘겼고, 그렇지만 처음 시작하고 아무것도 없는 상태라서 초기에 몇 달 동안은 도와주겠다고 해서, 학교에 사무실도 만들어 주고, 초기에 몇 천만 원 운영비도 우리가 지원하고 인력도 워낙 없어서 한 명을 파견하여 몇 달 도와줬지요. 그리고 원장을 학교나 RIST에 맡아주면 좋겠다고 이런 제안들이 많이 들어왔는데. 그 당시에 우리 교수들이 연구하기 바쁘고, 그때는 지금은 하고 싶은 사람이 많이 있겠지만 차출할 만한 사람도 거의 없고, 이전영 교수 이런 사람들은 포스코 벤처캐피털 운영한다고 그런데 동원되어 있고, 리스트 신현준 박사(당시 RIST 원장) 그런 사람들에게 물어보니 한참 후에 '우리 쪽에는 그런 사람이 없는 것 같다. 그래서 누가 추천했는지는 모르지만 포스코 OB 쪽에서 맡아주기로 해서 이 모 씨(이철우)가 초대원장을 했지요"

---

51 정성기 전 포스텍 총장과의 인터뷰는 2017년 10월 말경에 한 차례 이루어졌다.

이는 포항 TP를 제안한 이전영 교수나 포항공대 총장을 비롯한 과학기술자들이 지역개발을 주도할 수 있는 상황이 아니었던 것이다. 다시 말해 포항공대 과학기술자들이 지역정치의 행위자로 나서서 사업을 추진하기 위해서는 자체적인 힘의 기반이 있어야 하지만 그것이 없었다. 포항공대는 포철의 재정적 지원에 의존하고 있어 독립성이 없었고, 과학기술자들이 지역정치에 뛰어들어 독자적인 세력을 형성하기에는 무리가 따랐던 것이다. 물론 그 이후에 포항공대 출신이 국회의원 선거에 참여한 사례도 있지만, 현실정치의 벽은 만만치 않았다.

> "과학기술자 중에 지역정치에 가장 적극적으로 나선 사람은 포항에선 백성기 교수가 유일하다고 봐야죠. 그분은 포항공대 총장을 하면서 자기가 나서면 뭔가 할 수 있는 일이 있을 것이라고 생각을 했을 거예요. 더구나 포항제철이 어려워지는 것을 보고 박태준 회장이 늘 포항공대에 오면 하던 말이 떠올랐을 거예요. 그 사람이야말로 포항공대에서 모든 보직을 다 맡아 봤고 지역에서도 MBC와 시민단체, 시청에서 많이 활동했잖아요. 그런데 정치를 안 해 본 사람이 하기에는 지역 현실에서는 그렇게 쉬운 일이 아니거든요"(B-5).

이처럼 중앙집권적인 사회에서 도시정치의 행위자로 출연하여 통치 연합에 참여하기 위해서는 중앙권력과 관계를 맺고 지역통치 권한을 부여받거나 나름대로 정치적 기반과 통치역량을 구축해야 한다. 그러나 우리의 경우에는 서구와 같이 자치권이 강하지도 않고 시민사회가 발달되어 있지 않은 현실에서는 과학기술자들이 도시정치의 행위자로 나서기에는 한계가 분명하다. 비록 과학기술 분야의 전문적 기술을 갖고 비교적 활동이 자유롭지만, 통치 연합의 파트너로서 부분적인 역할을 수행하고 있다고 봐야 할 것이다.

한편, 포철의 재원출연을 계기로 말만 무성했던 테크노파크 설립이 구체화되었다. 지역기업들과 대학 및 사회단체 등이 참여하는 포항 TP 민관협력을 구축한 것이 그나마 얻은 성과이다.

2000년 1월 27일 포항 TP 발기인 총회를 통해 정장식 시장을 발기인 대표로 선출했다. 이 자리에 경북도와 포항시, 포철, 포항상공회의소, 포항철강공단, 포항공대, 한동대, 위덕대, 포항1대학 등 역내 대학교와 지역 주요 기업인 동국제강, 강원산업, 대아그룹, 삼일그룹, 우리그룹, 포스콘 등 30여 개의 기관 및 업체가 참가했다(매일신문, 2000.1.27). 그리고 이를 체계적으로 추진하기 위해 민관협력을 구성했는데, 참여한 기관은 지역을 대표하는 산(20), 학(5), 관(3), 사회단체(2)이다. 산업계에서 포항상공회의소, ㈜포항제철, 민간기업으로는 ㈜대아그룹, ㈜삼일그룹 등이었고, 학계는 포항공대와 한동대, 위덕대, 포항대 등이다. 관은 중앙정부와 경상북도, 포항시, 지역단체는 포항지역발전협의회와 포항시여성단체협의회였다.

이들 참여기관들은 현금, 현물, 기술 및 인력을 제공하는 역할을 했다. (최원삼, 2004). 포항 TP는 제안 당시에는 민간주도 TP를 지향했지만, 거듭 강조하지만 포항제철의 추진 의지가 약해지면서 포항시가 포항 TP 개발에 앞장설 수밖에 없게 되었다. 지방정부 주도로 포항 TP가 추진되어서 포항공대 등 초기의 적극적인 참여 행위자들이 이탈하면서 포항 TP는 단순 R&D 센터나 창업보육센터와 같은 공공서비스 위주의 사업기관으로 전락했다. 그리고 민관협력은 첨단산업을 주도하는 기업 엘리트 간의 연합이 아니라 하나의 공익사업을 지원하는 활동에 그쳐 산업구조조정을 이끌어갈 통치 연합으로서 역량을 갖추지 못했다. 지역발전협의회 등 사회단체들이 참여했지만, 사실상 지역주민들이 첨단산업개발에 참여한다는 형식상의 요건을 만들어 지역 여론을 조성하고 중앙정부 정책의 지원을 받는데 보탬이 되고자 한 것에 지나지 않는다.

> "지역발전협의회와 여성단체가 포항 TP 협의체에 들어간 것은 구색 맞추기 그
> 이상의 의미가 없었어요. 그분들이 포항 TP에 관심이 있어 평소에 목소리를 내지
> 도 않았고 그냥 시(포항시)에 오라고 하니까 간 거지요"(B-1).

이런 상황에서도 정장식 포항시장은 2003년에 들어 '첨단과학도시 원년'
을 선포하고 민·산·관 기술협력체제 활성화와 신사업에 주력했지만 성과
를 거두기에는 무리였다. 뒤를 이어 선출된 박승호 시장도 2005년에 포항
TP의 애초 계획을 실현하기 위해 포항테크노파크 2단지 개발을 본격화하고
2008년에 일반산업단지 지정승인을 받는 등 적극 추진하였다. 특히 이명박
정부 때 박승호 시장은 국제과학비즈니스벨트를 포항에 유치하는데 성공하
여 첨단과학도시로 성큼 다가갔다.[52] 그러나 개발예정부지 일대가 상수원 보
호구역 내에 위치해 있어 2013년 7월에 사실상 사업이 중단되었지만[53] 포항
TP 2단지 개발은 여전히 추진되고 있다.

첨단도시 포항을 건설하는 과정에서 중앙정부 예산확보에 가장 중요한 역

---

52 포항과 경주 일대에 포항공대 제3·4세대 방사광가속기, 경주 양성자가속기 등과 포항공대 생명공학
   연구소, 로봇연구소, 막스플랑크 연구소 등 60여 개 우수 연구기관이 밀집하게 되었다.

53 포항테크노파크 2단지 조성사업의 무산 책임을 놓고 포스코건설이 포항시를 상대로 손해배상청구소
   송이 있었는데, 대법원은 포항시에 손을 들어주었다. 포스코건설은 투자손실금과 이자를 포함 92억4
   천여만 원을 포항시가 배상하라는 취지로 소송을 제기했다. 포항시는 지난 2008년부터 남구 연일읍
   학전리 일원 165만9천16㎡에 포항 TP 2단지를 조성하기로 하고 포스코건설을 포함한 5개 건설사와
   함께 사업을 추진했다. 그러나 해당 부지에 대해 대구지방환경청이 현행법상 상수원 보호구역 유효거
   리 10㎞ 이내 지역이라 산업단지를 조성할 수 없다며 2013년 7월경 사업을 반려하여 사업중단이 되
   었다. 포항시는 대구지방환경청을 상대로 행정소송을 제기했지만 실패하고 포스코건설은 포항시를
   상대로 소송을 제기했으나 포항시가 책임이 없다는 판결이 났다(경북매일, 2017.8.22.).

할은 지역구 국회의원의 몫이다. 이 중에 이상득은 1980년대 말부터 6선 국회의원으로 지역정치를 주도하면서 포항 TP 개발에 깊숙이 관여해왔다. 하지만, 실물경제에 밝은 이상득은 2000년 포항테크노파크가 구체화되기 전까지는 첨단도시가 현실적이지 않고 철강산업을 다양화시키고 상업도시 및 항구도시 기능을 강화해야 한다고 보았다.

> "경제적인 측면에서 포항 도시의 특징은 우선 철강 산업도시로서의 기능을 들수 있습니다. 철강산업이라는 면에서 보면 철강을 이용하는 'down stream (후속효과)'으로 내려가서 다양한 완제품을 생산하게 되면 경쟁력이 생깁니다. 남들은 말로만 쉽게 철강 의존이 심해서 포항의 경제가 죽는다고 얘기를 하지만 산업은 생산된 제품을 원료로 이용하는 분산의 과정을 거듭하면 down stream으로 수많은 생산 제품의 다양화를 이룰 수가 있습니다. (중략), 일부에서는 말만 쉽게 첨단산업을 얘기하는데, 내 생각은 어떤 첨단산업이 경쟁력이 있고 적합한지 전문가들이 찾아야 합니다. 다음으로 포항경제의 특징으로 항구도시, 상업도시로서의 기능을 들 수 있습니다. 포항은 철강산업으로서의 성장잠재력보다도 항구나 상업도시로서의 성장잠재력이 더 크다고 생각합니다."(포항지역사회연구소, 1995: 20~21).

그러나 이상득은 첨단도시 건설에 앞장선 지방정부를 적극 지원했다. 포항시와 포항공대, 지역기업 등 첨단도시개발을 추진하는 연합세력들은 국회의원과 접촉이 가능한 중앙관료 등을 통해 지속적으로 활동했다. 그 결과 나노센터와 로봇연구소, 제4세대 가속기연구소와 같은 R&D 인프라를 유치하는 데 성공하면서 지역개발을 주도하고 있고, 지방정부의 첨단산업 개발을 대한 통치역량이 강화되어왔다.

지역 레짐 논의에서 당시 지역정치의 맥락을 행위자들이 어떻게 보고 행동을 취했는지를 이해하는 것이 초점이다. 따라서 포항 TP 개발 의제를 추진한 통치 연합은 지역정치의 행위자였던 포철 박태준의 위상변화와 중앙권력의 향방에 민감하게 반응했으며, 지방정부가 그 역할을 대신하기에는 통치역량이 역부족이었다. 그래서 포철지원과 협력에 힘을 모았지만, 박태준의 권력이 침체된 상황에서 포철은 포항 TP 개발에 소극적이었다. 그리고 박태준의 재기와 변화된 상황에 따라 포철의 태도 변화가 부분적으로 이루어졌지만, 결과는 달라지지 않았다.

당시 포항 TP 개발 의제를 주도한 통치 연합의 구성원은 박태준과 포철, 지방정부와 이상득 등 지역구 국회의원, 토착 기업 엘리트들이다. 여기서 과학기술자들의 역할은 포항 TP 의제제안 수준에서 부분적 참여만 이루어진다.

4. 첨단산업 개발자원

1) 산 · 학 · 연 협동체제 개발자원

과학기술 분야의 산학연 협동체제 개발은 지식기반경제의 전개와 글로벌화 추세에 따라 과학-산업연계가 강화되고 대학과 기업, 지방정부 간의 폭넓은 제휴 관계가 형성되면서 촉진되어왔다(황용수 외 2004: 19). 특히 기술혁신이나 확산이라는 것이 특정 기업이나 단일 주체에 의한 통제가 쉽지 않아 다양한 주체들이 연합하거나 외부조달이 늘어나면서 혁신네트워크 또는 혁신클러스터 개념이 부각되었다. 즉, 항상 기술혁신의 최전선에 있기 위해서는 혁신네트워크의 구성원으로 활동하면서 협력 관계를 유지할 필요가 있는 것이다. 그러나 이러한 과학기술 혁신 분야의 협동체제라고 하더라도 '협동

[54]'은 경쟁 또는 생존을 위한 전략 또는 수단으로 인식한다. 이런 관점에서는 '협동체제' 개념에 비용 절감, 경쟁력 제고, 자원동원, 위험감소, 기술 확보 등 외부환경에 적응하기 위한 도구적 수단으로서의 의미가 부여된다(Gibson & Rogers, 1994; 현재호 · 황병용, 1998).

따라서 지역산업 재구조화를 위한 산학연 협동체제는 개발을 주도하는 행위 주체에 따라 자원투여나 전략적 접근이 달라진다. 지역의 산학협동체재 개발에 있어 초기 단계 즉, 아이디어 구상 및 설립은 포항제철과 포항공대, 그리고 RIST라는 개별 기관을 수직적 통합을 끌어낼 수 있는 박태준이라는 권력 자원이 있었기에 가능했다.

1986년 12월 포항제철의 전폭적인 지원에 의해 설립된 포항공대는 처음부터 산학연 협동체제를 지향하는 연구중심대학이었다.

> "오늘 개교하는 포항공대는 대학 고유의 기능과 함께 우리나라의 자주 과학, 자립기술의 터전을 닦아 나가는 선도자로서의 숭고한 이념과 막중한 사명을 가지고 출발한다는 것을 다시 한번 강조해 마지않습니다. 산업의 선진화와 국가 경쟁력의 향상을 위해서는 첨단 기술력의 확보가 가장 중요한 과제가 되고 있으며, 포항제철의 경우도 90년대에는 품질과 기술 면에서 명실공히 세계정상에 도달하기 위해서 관련 분야의 많은 우수 두뇌와 첨단기술 개발력을 시급히

---

54 영어권에 collaboration, cooperation, partnership, strategic alliance 등이 혼용되고 있는데, 조금씩 차별적인 의미를 갖는다. Collaboration은 특정 주체가 주도적으로 계획한 일에 참여하는 협조의 의미가 많이 내포되어 있다. cooperation은 일반적인 의미의 협력으로 광의(廣義)의 협력개념이다. Partnership은 결혼(marriage)과 유사한 개념으로 서로 강점을 가진 개체들이 협력하여 공동의 목표를 설정하여 추구하는 하나의 공동체를 의미하며 서로에게 강요하거나 지배하지 않는 장기적인 협력 관계를 의미한다. strategic alliance는 '전략성'을 보다 강조한 협력을 의미하는데 서로 추구하는 목표가 다르지만 특정 사안에 대하여 한시적으로 서로의 강점을 필요로 하는 경우 전략적인 협력 관계를 구축함을 의미한다(현재호, 황병용, 1998: 41).

확보해야 할 단계에 와 있습니다. 이러한 연구개발 능력 향상을 위하여 회사는 R&D 투자를 꾸준히 늘려왔으며, 본인은 산업체, 연구기관 및 대학이 유기적인 협동체제 하에 공동노력과 상호발전을 기해 나가는 것이 이상적이라는 구상에서 본 연구중심대학을 설립하게 되었습니다(박태준 설립이사장 개교기념사, 1986.12.3; POSTECH, 2017 재인용).

포철은 포항공대에 매년 지원하여 왔지만 포철의 경영여건에 따라 매년 지원금 규모가 다를 뿐만 아니라 정치적인 변화에 따른 포철 최고경영진 교체와 민영화로 지속적인 지원이 불투명했다. 그래서 1995년 1월 포철이 학교법인 제철학원을 분리하면서 기존의 자산 1,800억 원에 1,200억 원을 추가해 총 3,000억 원의 기금을 학교법인 포항공대에 일시에 출연하였다. 1997년 그동안 현직을 떠나 있었던 박태준의 정계복귀와 함께 법인 명예 이사장직을 맡게 되면서 학내에 다시 활기가 돌고 재정 측면에서 보다 더 탄탄해지기 시작했다. 1997년 7월 선임된 유상부 이사장(포철 회장)은 대학시설 건립비를 포함해 3,970억 원에 상당하는 기금을 추가로 지원하여 이로써 법인은 2006년 12월 말 장부가 기준으로 6,646억여 원, 시가 기준으로 1조 1,400억 원 이상의 기금이 조성되었다. 이처럼 포철은 포항공대 설립 후 지난 20년 동안 2조 원에 가까운 자금을 투입하여 지원했다(POSTECH, 2017: 130~131). 그 결과 포항공대는 포철의 영향력에서 자유롭지 못하고 산학연 협동체제는 포철에 철저히 의존적 형태로 운영될 수밖에 없었다.

"법적으로 포항공대와 포철이 분리되어 있어요. 재단이사회를 포철이 장악하고 있고, 행정처장을 포철이 파견해요. 철강대학원과 엔지니어 대학원에 돈을 주고 있어 영향력을 갖고 있어요. 법적으로는 재단이 분리되어 있지만, 서로 간에 불만이 있겠지요. 대학은 포스코가 더 잘해주길 바라겠지요. 포스코는 포스텍을 키울 때 가졌던 기대는 연구를 통해 포스코가 도움이 되길 원했겠지요. 경영다 각화에 공헌하길 기대하길 원했겠지요."(B-1).

포항제철과 포항공대 간의 독립성 문제는 총장선출이 있을 때마다 계속 불거졌다. 총장선출 논란은 1994년 김호길 총장 사망으로 후임 총장선출 때 처음 제기되어 '교수들의 직선제는 피해야 하며, 법인의 일방적인 임명도 바람직하지 않다'라는 두 가지 원칙을 세웠다(B-1). 이러한 원칙에 근거하여 총추위(총장추천위원회)가 천거한 4명의 후보 가운데 법인이사회에서 포항공대 장수영 교수를 제2대 총장으로 선임하였다. 그 후 총장들이 4년 임기(연임 가능)로 바뀌었지만, 재단이사회를 장악한 포항제철의 입김에서 자유롭지 못했으며 제6대 김용민 총장의 재임을 두고 심각한 학내갈등이 일어나기도 했다.[55]

한편, RIST는 당시 포항제철 기술연구소를 제2단계 연구소 발전계획을 추진하면서 시작된다. 박태준은 1985년 7월에 포철기술연구소를 포항공대 캠퍼스 내로 옮겨 민간종합연구소로 발족시키는 방안을 검토할 것을 지시한다. 포철 기술연구소는 현 위치에 그대로 두고 2만 평 규모의 새로운 종합연구소를 대학 건물 옆에 지어 제철소·대학·연구소가 서로 유기적으로 연결되는 산학연 협동체계를 구축·운용하겠다는 것이었다. 박태준이 포항공대의 모델을 칼텍에서 찾은 것처럼 종합연구소의 모델은 미국의 엑슨(Exxon) 연구소에서 찾았다. 그러므로 새로운 종합연구소는 엑슨 연구소의 연구시설과 같

---

55 2014년 11월경 포항공대 제6대 김용민 총장연임을 지지한 재단이사회(이사장 정준양)에 대해 교수·직원 등 학내구성원들이 릴레이 단식과 친필서명운동 등을 통해 총장연임 철회를 요구했다. 그 결과 재단이사회는 내부구성원들의 의견을 존중하여 연임을 유보하고 제7대 김도연 총장을 선임했다.

이 편리할 뿐만 아니라 정보교환도 용이하게 설계되어야 하며 연구소의 수준도 엑슨 연구소와 유사한 수준이 되어야 한다고 봤다(POSTECH, 2017: 47). 그 결과 RIST는 '현장에서 활용되지 않는 기술은 기술이 아니다'라는 모토로 현장 중심의 연구 활동과 실용화 기술개발을 통한 산업기술 개발 활동을 선도하기 위해 포항제철의 전액 출연으로 1987년 3월 창립했다(박태준, 2007).

협동체제 간의 인적교류는 연구소가 대학의 교수를 겸직연구원으로 대우하여 공동연구를 추진토록 하고, 대학은 대학원생 지도를 맡은 연구소의 겸직 교수로 대우하여 대학의 교육을 참여할 수 있도록 하였다. 이처럼 산학연 협동체제의 가장 큰 요체는 포항제철·포항공대·RIST가 상호 협력하여 포항제철은 연구비, 대학과 연구소는 기술과 두뇌를 제공함으로써 함께 발전해 나가는 것이었다. 포철의 포항공대 지원연구비는 당시에 세제 혜택 등을 고려하여 RIST를 창구로 삼아 지원하였다. 1994년 포항공대와 RIST 간의 학연 협력 현황을 살펴보면, 포항공대 교수 101명이 RIST 겸직연구원으로 참여하였으며 RIST에서는 박사급 연구원 25명이 포항공대의 겸직 교수 신분으로 강의를 하거나 대학원생들의 학위논문 지도에 참여하였다. 시설 및 기자재도 상당 부분 공동 활용하였다. 이러한 산학연 협력체제에 내부 행위자 간 심각한 균열이 발생하는 사건이 있었다. 1993년 7월 RIST 내에 설치된 실험실에서 발생한 화재사건[56]으로 말미암아 산학연 구조개편논의가 본격적으로 시작되었다. 이 사건을 계기로 RIST가 건물의 안전문제를 제기하며 대학원생들의 출입통제를 강화하였다. 이에 따라 학내에서는 특수 시설이 완비된 별도의 '화학동' 건립이 필요하다는 목소리가 높아졌다. 우여곡절 끝에 포

---

56 포항공대 화학과 김병현 교수의 합성화학 실험실에서 난 화재사건이다.

항제철의 200억 원 지원으로 1994년 4월 학내에 '화학특수동'과 '생명과학동'을 신축하였지만 이 사건으로 산학연 협동체제가 재정립된다. 당시 김만제 포철 회장은 "RIST는 철강 및 주변 기술 분야에 중점을 두는 포항제철을 위한 연구소로 개편하고, RIST의 기초연구 분야는 포항공대로 이관하라"라고 지시했다. RIST의 통합을 두고 포항제철, 포항공대 등에서 다양한 논의과정을 거쳐 최종적으로 RIST를 포항제철 기술연구소와 포항공대로 흡수·통합하기로 했지만, RIST가 공익법인이므로 사립학교와 통합이 현실적으로 어려워 무산되었다. (POSTECH, 2017: 48).

> "RIST에 있는 이들은 전부 쭉정이가 되어 버린 거예요. 이리 깨지고 저리 깨지고. 산학연이 깨진 것은 관리를 잘못해서 깨졌어요. 그냥 잘 돌아가겠지. 쉽게 말해 같은 OO대학 출신들 70% 뽑았는데. 뭐 동기동창이 70%인데 잘 돌아가겠지. 선후배 간에. 천만에요. 전부다 잘났다고 싸우는데. 뭐가 잘 돌아가요. 대학교수는 국회의원과 똑같아요. 각자가 나름대로 자기 혼자 살아가는 조직이에요. 그런데 그게 어떻게 잘 돌아가요. 거꾸로 포항제철과 RIST는 조직으로 가는 거예요. 건데 RIST는 또 조직이 포철보다 약해. 자율성은 포항공대보다 떨어져. 항상 쭉정이 취급당해요. 포철과 포항공대 간의 갈등은 항상 RIST 탓으로 돌리는 거예요. 계속해서. 그러면 RIST는 그렇게 하면 어떻게 되겠어요. 잘리죠. 포철이 기술연구소 만들어 데려가요. 포철 김만제 씨 있을 때 계속 잘랐어요. RIST 쓰레기 만들어 공대가 차지하고 학생들 연구실 쓰면 딱 좋지. 산학연 허울이죠"(B-7).

실제로 포항의 협동체제는 1994년까지 약 8년간의 운영과정에서 몇 가지 문제점이 대두되었다. 우선, 포항제철 기술개발과제 연구비 및 RIST의 연구공간에 대한 양 기관 간의 인식 차이가 상존했고, 기초연구비 지원에 대한 양

기관 간의 인식 차이가 있었다. 포항제철은 주로 현장 관련 과제를 수행할 것을 요청하였으나 포항공대 교수들은 대학원생을 지도해서 졸업시키고 그 결과를 바탕으로 논문을 발표하기 때문에 기초성 과제를 선호하게 되어 양자 간 과제선정과 평가에 어려움이 발생했다. 그리고 RIST 전임연구원과 포항공대 소속의 겸직연구원(교수)이 같은 조직에서 동일업무를 수행하면서 관리 및 사고방식의 갈등이 상존했고, 학생 신분인 대학원생이 RIST 조직 내에서 활동할 때 발생하는 관리상의 제한 및 대우문제 등이 있었다(POSTECH, 2017: 104). 그래서 이러한 문제를 해결하기 위해 당시 RIST를 정리하려는 시도가 구체적으로 있었다.

> "포철과 포스텍(포항공대), RIST는 서로 잘 안 맞았죠. 영역도 불분명하고, 그래서 박 회장이 국회의원 되고 나서 산기연을 없애자는 얘기들이 있었어요. 그때 산기연을 없애고, 어플라이(응용) 일을 하는 사람은 포기연(포철기술연구소)으로 보내고 조금 아카데미에 가까운 사람들만 포항공대로 하고 조사를 해서 떠안을 수 없는 사람은 보내고, 필요한 예산을 잡고 그때 거의 다 그렇게 하는 방향으로 갔어요. 그리고 박 회장이 그 방향으로 가야 된다 하고 포철에 오더를 내린 것으로 알고 있어요. 그것이 몇 일만에 바뀌었어요. 청와대에서 브레이크를 걸었겠지요. 청와대와 가까운 사람이 보고를 해서 그렇게 된 것이겠지요."(B-6).

> "그때 신OO 박사는 RIST 원장이었어요. 그는 육사 출신이고 공학박사인데 가속기연구소에 있다가 DJ 사돈(DJ의 사촌 조카가 신00 며느리)이라서 곧바로 RIST 원장이 되었어요. 그리고 RIST를 없앤다고 하는 말을 듣고 청와대에 직보하여 박태준의 지시를 막을 수 있었지요. 신 박사는 그때 포철 회장도 우습게 알았어요."(D-3).

당시 박태준이 적극적인 관심을 가졌던 RIST를 없애려고 한 것은 자신이 만들려고 했던 협동체제에 문제가 있다는 것을 인정한 셈이다. 애초에 산학연 협동체계는 선형적 모델에 기초해 있었다. 이 모델은 1980년대부터 90년대 초반까지 서구 유럽에서 확산된 혁신정책의 흐름으로서 과학자나 기술자가 혁신을 주도하고 R&D 투자가 혁신의 가장 중요한 요소라고 간주되었다. 그러나 실제는 그러한 활동은 단지 일부분에 지나지 않았고 오히려 기술의 혁신은 생산현장에서 시행착오에 의해 개량이나 관련 기업, 공급자, 고객과의 상호관계를 통해 비선형적으로 이루어졌다.[57] 이처럼 포철과 포항공대 그리고 RIST를 결합한 산학연 협동체제 모델은 설계 그 자체에 한계가 있었다. 한 예로 유럽에서는 막대한 자금을 투자하여 유럽 각지에서 조성한 첨단산업단지가 지역경제에 큰 보탬이 되지 못했다는 것이다. 그 이유는 테크노폴리스가 주로 하드웨어 시설 위주에 관심을 두고 공급자 중심으로 개발이 이루어졌기 때문이다. 이로 인해 조성된 물리적 시설들은 실질적 소비자인 기업들에도 별 도움이 되지 못하고 그곳에 입주한 기업들 간 그리고 연구기관과 기업들 상호 간의 연계와 협력도 활발히 진행되지 않았다는 것이다. 그래서 유럽에서는 1990년대 중반 이후 지역 정책의 방향을 대폭 수정하여 물리적 하부구조보다는 구체적인 기술이전 촉진과 혁신환경 조성에 맞추게 되었다(박경 외, 2000: 35~36).

---

57 선형적 모델에서 기술혁신이란 기초연구(연구소나 대학) -〉 응용 및 개발연구 -〉 제품생산 -〉 시장판매라는 선형적 과정을 통해 이루어진다고 본다. 그러나 로젠버그와 넬슨(Rosenberg & Nelson, 1994)의 연구에 따르면 연구소의 기초연구나 기업연구소의 응용연구는 기술변화의 30%밖에 설명하지 못한다고 한다. 이런 혁신에 대한 새로운 이해는 신 슘페터주의자들 또는 진화론적 경제학자라고 불리는 연구자들에 의해 주도되고 있다. 이들은 기술 현신을 신기술의 창출뿐만 아니라 새로운 기술과 지식을 습득하고, 소화 · 사용 · 변용 · 변화시키고 창조하는 과정이라고 본다(Malecki, 1997; 박경 외, 2000: 14~15 참조).

어쨌든, 산학연 협동체제는 사양화를 대비한 포철의 혁신 의제로서 물리적 하부시설은 구축되었지만, 실질적인 운영과정에서 혁신환경이 조성되지 못하면서 사실상 실패했다. 그러한 결과가 초래한 원인은 여러 가지 있지만 우선 개발 의제를 추진한 사람들이 주로 과거 포철개발 패러다임의 연장선상에 있었기 때문이다. 즉, 혁신의 창출과 확산 등 혁신과정을 제대로 이해하지 못하고 기존의 하드웨어 중심의 수직적 협동체제 개발을 선호했다. 더구나 지방정부나 지역주민과의 관계를 도외시한 채 포철 중심의 위계적 개발이 진행되었다. 그 결과 외부의 사회·정치적 환경이 변화함에 따라 개발주도 세력이 바뀌고 내부적으로도 균열이 발생하면서 협동체제는 형식적인 겉모양만 남게 된 것이다.

2) 포항테크노파크 개발자원

포항 TP가 타 도시에 비해 일찍 검토되고 주목받은 것은 지방 도시의 미래구상을 제시했기 때문이다. 애초 이전영의 테크노파크 기본사업 계획은 총 사업비 3천5백16억 원을 들여 포항공대 인근인 연일읍 자명리에 87만5천 평을 2011년까지 건설한다는 것이었다. 이는 규모 면에서 해외사례와 비교해 봐도 규모가 큰 편이었다.[58] 포항 TP 구상의 그 내용을 들여다보면, 개발부지에는 연구개발지구 16만3천 평, 교육연구 지구 12만 평, 상업용지 5만5천 평, 주거지구 11만6천 평, 국제업무 및 문화시설 지구 5만 평 등 임대형 벤처센터 385개 업체와 3천5백 가구가 입주하도록 되어있다(포항테크노파

---

58 미국 스탠퍼드대학은 대학부동산을 활용한 첨단산업단지는 초기에 27만 평에 조성하였고, 우리나라 국가지원 시범테크노파크 가운데 규모가 큰 충남테크노파크도 120,850평, 인천 송도테크노파크가 10만 평 수준이다.

크, 2010). TP 안에 초고속 전산망을 통해 관공서, 은행과 전자상거래를 할 수 있는 시스템이 설치되고 포항시의 정보시스템 수준을 첨단화해 모든 기반시설을 인터넷으로 연결된다. 단지 내 입주업체도 그 당시 이미 일본의 미쓰비시, 미국의 IBM, HP, MS 등 굴지의 기업이 연구센터 신설을 타진 중에 있었다고 했다. 이처럼 테크노파크는 지역혁신체제라고 할 수 있는 포항공대와 RIST, 가속기연구소 등의 유기적인 결합 위에 조성되는 첨단산업단지로서 외국사례를 지역에 발 빠르게 적용한 초대형 개발프로젝트였다.

이전영은 이 구상을 포철이 추진해줄 것으로 기대했지만, 박태준이 정치적인 이유로 포철을 떠나면서 포철의 상황은 그전과 같지 않았다. 당시 포철에서 박태준의 지시는 거역할 수 없는 절대적인 영향력을 가졌고, 국가도 그의 요청을 쉽게 거절할 수 없을 정도로 막강했다. 그러한 박태준의 퇴진은 이전영의 TP 청사진이 현실성 없는 구상에 머물게 했다. 박태준 없는 포철에서 그리고 민영화된 포철에서 3천억 원이 넘는 그 막대한 재원을 불확실한 사업에 투자하기가 어려웠다. 그리고 지방정부 차원에서 그러한 규모의 사업을 추진한다는 것은 더더욱 쉬운 일이 아니었다.

> "박태준이 권력을 놓치면서 많은 것이 단절되었어요. 포스코가 보조하고 포항시가 주도하게 되면 한계가 분명히 있더군요. 박태준이 무너지면서 이전영 교수가 추진하던 것들이 다 약해졌어요. 하고자 하는 바가 컸지만 결국 자기가 예상한 거 하고는 전혀 다른 규모와 스타일이 되어버렸거든요. 이 교수가 추진하던 정보통신연구소와 신세기 통신이 중심이 돼서 계속 진행되었으면 포항이 많이 달라졌을 거예요. 포항시가 나서면 한계가 있는 것이 포항시와 다른 그룹들과의 관계가 그렇게 좋지 않았어요. 예를 들어 국회의원, 이병석 국회의원과 정장식 시장이 사이가 좋지 않았죠. 돈은 국회와 포스코가 잡고 있고, 행정은 포항시가

갖고 있는데, 지식은 포항공대에 있으니 이것이 전부 연결된 적은 없는 것 같아요. 그게 쉽지 않은 일이겠지요(B-3).

전술한 바와 같이 포항시는 포항제철이 포항 TP 개발에 대한 소극적 입장을 변화시키기 위해 노무라 종합연구소[59]에 1억 원을 주고 연구용역을 의뢰했다. 용역 결과 부지 5만7천 평 규모의 500억 원 상당의 설립비용으로 개발하는 대폭 축소된 계획안을 보고하였다. 이러한 새로운 계획안을 놓고, 1999년 11월 정장식 포항시장과 유상부 포철 회장, 이구택 사장이 포항 TP 사업의 기금조성 방안에 대해 타협을 통해 의견을 조율하고 사업을 공동으로 추진하기로 합의를 했다. 테크노파크 사업에 포철이 200억 원, 포항시 100억 원을 각각 출연하고 동국제강·대아그룹·삼일그룹 등 포항지역 주요기업 및 국가와 경북도가 65억 원 규모를 지원 또는 출연하는 방안이었다.[60]

이 과정에서 주목되는 것은 포항 TP 초기설계 과정에 적극적이었던 포항공대의 참여와 역할이 불명확했다.

"당시에 포스코를 맡은 사람들이 테크노파크에 부정적이었어요. 그리고 포스텍(포항공대)이 TP에 출연하겠다고 한 적이 없어요. 적어도 책임 있는 곳에서는. 누군가 분위기를 띄우기 위해 그랬는지는 몰라도. 테크노파크를 대학에서 주도해서 하는 것은 처음부터 맞지 않고, 아이디어를 주고 연구를 해주고 하는 곳이지, 우리가 최대한 도와야 한다는 생각은 분명히 있지만, 우리가 맡는다는 것은 맞지 않아요. 상생해야 하는 것은 당연히 맞지만요, 우리가 돈을 만드는 곳이 아

---

59 노무라 종합연구소는 일본의 4대 증권회사 중 하나인 노무라 증권이 1965년에 설립한 연구소이며 서울 영등포에 지점이 설치되어 있다.

60 포철은 애초 포항테크노파크에 300억 원을 지원하는 것으로 알려졌으나 최종적으로 현물(토지)과 현금을 합쳐 202억 원을 지원했다.

니잖아요. 우리가 낼 돈이 어디 있어요. 흔히들 스탠퍼드나 MIT와 같이 미국대학들이 테크노파크를 주도해서 만들었다고 하지만, 자세히 들여다보면 달라요. 사람과 기술이 들어간 거지 돈이 들어간 적이 없어요."(B-1).

"그때 포철은 포항공대 특히 이전영 교수가 테크노파크를 한다고 하니까 포항공대를 보고 지원했던 거예요. 포항시에서 하자고 하니 안 할 수는 없고, 그냥 도와줬지, 박태준 전 명예회장이 관심을 가지니까, 한 거예요."(E-3). 포철에서는 TP에 관심이 많지 않았어요."(E-3).

구술자의 진술을 보면 포항공대가 테크노파크를 제안한 당사자로서 포항 TP가 구체화되는데 참여하지 않고 가만히 있기에는 부담이 있었다. 그러나 포항공대는 포철의 부정적 반응을 보고 참여에 소극적이 된 것으로 파악된다. 즉, 포항공대는 포철의 의사를 무시하고 독자적인 판단을 갖고 움직이지 않았고 포항제철의 방침에 따랐던 것이다. 그것은 법인이사회가 포철의 영향력 하에 있고, 대학운영재원이 포철로부터 지원받는 상황에서는 어쩔 수 없는 처지였다.

이런 상황에서 포항시는 포항제철을 설득하여 200억 원을 지원받고 포철이 현물 출자한 포항공대 뒤 효곡동 5만7천 평에 대해 2단계로 나눠 포항 TP를 개발했다. 우선 1단계로 2만 평을 개발하여 30개 업체를 유치하고 남은 3만 7천 평에 대해서도 공사에 들어가기로 했다. 그 공사가 마무리되면 이전영 교수가 제시한 자명리 87만 평을 2차 추가 개발할 계획이라고 부풀려 발표했다(매일신문, 1999.11.17.; 1999.12.11.). 포항시의 입장에서는 비록 5만 7천 평 규모로 개발을 착수한다고 하더라도 애초 87만 평 규모의 TP를 목표로 건설하겠다는 발표한 것을 뒤집을 수는 없었을 것이다.

TP 개발에 참여한 개발 주체는 비교적 다양했다. 1단계 출연에 포항시가 195억 원, 포항제철 202억 원, 지역기업 20억 원, 중기청 48억 원을 합해서 총 506억 원이었다(최원삼, 2004). 지자체와의 관계를 무시할 수 없는 지역 기업들도 포항 TP 설립이 빨라지자 잇따른 재원출연을 하였다.[61] 그리고 포항 TP 개발공사를 이끌어갈 사업단장에 광양제철소를 건설하는 주역이었던 포철개발(포스코건설) 사장인 이명섭을 선임했다. 또 포항 TP의 단지개발형태는 광주, 경기, 송도, 경북 TP와 같은 집적형이다. 입지는 포항공대와 가속기연구소 등이 인접한 곳이다. 2002년 12월에 본부동과 제1 벤처동을 준공하였고, 단지 내 벤처동은 2009년까지 제4 벤처동까지 들어섰다. 설립 초기 13명에 불과하였던 본부 직원이 2016년 말 현재 71명으로 늘어났으며, 수탁사업도 217억 원으로 늘어났다(채헌, 2017: 31).

그러나 대부분 포항시와 협력하여 중앙정부의 연구용역 프로젝트를 수주한 형태이고, 자체적인 수익구조는 취약했다. 이는 애초 테크노파크의 조성목적이 지역 산업구조 고도화나 첨단기업창출 등 거창한 구상을 갖고 시작한 포항 TP가 용두사미(龍頭蛇尾)가 되어버렸다. 그 이유는 앞서 얘기했듯이 박태준의 권력약화와 부재였다. 도시정치의 리더십 약화는 조직적 자원의 응집력 즉, 지배 엘리트들이 포항 TP 개발을 추진하기 위한 업무를 조정하고 수행하는 통치역량에 문제가 생기는 것은 당연하다.

따라서 아이디어와 지역기술 혁신기관, 포항제철 등 개발자원이 지역에 다수 있지만, 지방정부인 포항시의 정책적 의욕만으로 이러한 개발자원을 결집

---

61 포항상공회의소 10억 원, 포스코개발과 인천제철, 조선내화가 각각 5억 원씩, 포항강판 3억 원, 포철
    산기와 삼정가업 및 포스데이타가 각각 2억 원, 대아고속해운 3억 원, 세아제강 2억 원, 포항상호신용
    금고 2억 원, 동양석판과 대구은행, 포항도시가스가 각각 1억 원씩, 동일기업 5천만 원 등 16개 기업
    이 출연했다(매일신문, 2000.5.20.).

하기에는 명백한 한계가 있었다. 첨단산업 의제의 목표달성은 공공부문인 지방정부와 민간 기업의 적극적인 협력을 기반으로 통치 연합이 재형성되어야 한다. 그러나 지방정부가 주도하게 되면서 민간부문, 특히 포철의 소극적인 재원지원과 형식적 수준의 참여가 이루어져 제대로 개발자금이 마련되지 않았다. 즉, 형식적이고 제도적 수준의 민관협력만으로 성과창출을 기대한다는 것은 애초 무리였던 것이다.

5. 민주화 이행기의 도시체제 특성

한국 민주화 이행기인 1987년부터 2005년까지 18년에 걸쳐 지역사회의 정치 · 사회적 환경은 급변했다. 민주화 이행이 분기점이 된 1987년 민주항쟁은 권위주의적 정권을 퇴진시키고 국가권력에 억눌려 있던 시민사회의 활성화가 급진전된다. 그 이후 한국사회는 법적 · 제도적 차원에서 민주주의 이행과정을 거치며 기존의 국가권력이 갖고 있던 압도적 사회 통제력이 현저하게 약화되면서 다양한 사회적 힘과 목소리가 분출되었고 시민들의 자발적 조직화와 지역주민들의 목소리와 위상이 현저하게 강화되었다(조희연, 2000). 그러나 지역사회는 권위주의적 지배형태가 사라지지 않고, 지방자치제 실시 이후에 지역에 구조적 차원에서 큰 변화가 있었지만 중앙의존적인 형태는 여전히 남아있다.

이러한 국내외적 상황변화 속에서 포항제철은 1990년대에 들어서도 최고의 호황기를 누리며 성장해갔다. 그와 동시에 포철 박태준은 중앙정치에 참여하여 권력의 부침이 극심했고 그에 따라 권력 실세들에 의해 포철이 휘둘리며 포철의 영향력은 급격히 약화되었다. 특히 민주화 이행과정에서 국가권력의 성격 변화와 민선시장의 등장 그리고 지역 시민사회의 도전 등으로 지역의 지배세력과 도시 행위자의 변화가 나타났다.

또한, 지역산업 전반에 걸쳐 산업구조조정과 지역혁신의 바람이 불었다. 특히 포항은 기존 철강제조업의 사양화에 대비하여 산업고도화와 첨단산업을 지향하는 개발 의제가 부상하였다. 이는 1970년대 이후 미국의 디트로이트와 영국의 버밍엄 등 전통적 제조업 기반이 침식당하고 해외로 생산시설을 이전하는 등 1980년대에 심각한 경제적 혼란과 같은 제조업 위기상황에 대한 대비책이었다. 이러한 산업 환경변화에 민감하게 대응하기 위해 포철은 포항공대 건설과 동시에 RIST를 개발하여 산학연 협동체제를 구축하였다. 이 과정에서 포철세력이 환경변화 속에서도 지속적으로 도시정치의 지배적 영향력을 행사하려고 했다. 그러나 변화된 도시정치의 환경은 이를 그대로 쉽게 용인하지 않았다. 또 포항공대와 RIST 간 갈등이 나타나 지역혁신체제인 산학연 협동모델은 성과를 거두지 못했다.

또한, 1990년대 중반 이후 지방자치가 정착되면서 도시 성장과 산업구조조정에 대한 관심이 증폭하여 테크노파크 개발 의제가 지방행정의 주요정책으로 채택되었다. 포항 TP는 포항공대 이전영이 1980년대 말부터 설계한 테크노폴리스 구상을 포철 박태준을 통해 현실화하려던 것이었다. 그러나 당시 박태준이 정치적 힘을 잃은 상태에서 TP 사업이 표류되다가 지자체가 실시되어 민선시장이 출범하면서 포항 TP 사업이 다시 논의되기 시작했다. 당시 산업구조 고도화와 도시 성장 등 경제 발전에 대한 지방정부의 관심이 높아져 테크노파크 개발이 추진되었다. 지역사회의 반응이 엇갈렸지만 대체로 호응한 것은 또 다른 이유가 있었다. 그것은 사회적으로 환경문제에 대한 관심이 높아졌고, 시민운동이나 지역주민들도 포철의 환경오염과 피해보상을 적극 요구하고 있었다. 이러한 현실변화는 공해산업인 철강 중심의 산업구조를 친환경적이라 볼 수 있는 첨단 산업도시로 만들어가자는 주장에 지역사회가 지지했고 첨단산업 테크노폴리스개발에 힘이 실리게 된 것이다.

한편, 박태준은 DJP 연합으로 1997년 정치에 복귀하면서 테크노파크 개발이 다시 탄력을 받았다. 그는 산학연 협동체제가 중심이 되어 포항 TP가 추진되기를 기대했으나 이미 협동체제는 유명무실한 상태였다. 박태준의 영향력이 예전만 같지 않아 포철이 제대로 움직이지 않았다. 무엇보다도 포철 유상부 회장이 소극적으로 대처하면서 포항공대도 개입하지 않으려고 했다. 이러한 상황에서 포항시가 포항 TP 개발에 나섰지만 포철의 지원 없이는 제대로 된 실행력을 갖추기 어려웠다.

그래서 당시 포항시장 정장식은 지역사회와 좋지 않았던 포철 회장 유상부와 협상을 통해 갈등을 조정하고 포철 지원을 받았다. 그러나 그것은 포철이 컨벤션센터 건립이나 본사 사옥건설 회피 등의 부담만 덜어주었을 뿐 TP 개발자금을 제대로 지원하거나 지역사회와의 근본적 관계개선에는 미치지 못했다.

더욱이 포항 TP 개발을 위해 결성된 민관협의체는 통치 결정을 이행하기 위해 공적 기관과 민간의 사적 이해관계가 결합한 모델로서 다분히 형식적인 수준에서 구성되었다. 그러나 지방정부 주도의 민관협력 내에서도 행위자 간 공식·비공식 관계와 사적인 채널에 의해 이해관계를 둘러싼 막후협상이 얼마든지 일어날 수 있다. 또 지방정부가 중심이 된 이들 연합세력들은 이후에도 지속적으로 나노센터와 제4세대 가속기연구소와 같은 R&D 인프라를 유치하고 있고, 지방정부의 첨단산업 통치역량을 증가시키고 있다. 그래서 단기적인 관점이나 통치 연합의 역량을 보다 폭넓게 적용하여 과도기적 도시레짐이 형성된 것이라 분석할 수 있다.

결국 민주화 이행기인 산업구조조정 과정에서 나타난 포항의 도시레짐은 산학연 협동체제와 포항 TP를 개발에 앞장선 세력들의 연합형태가 어떠했으며, 이들이 참여한 동기와 지배전략 등에 따라 판별될 수 있다. 산업고도화 개발 연합세력의 형태는 포철세력과 지방정부 관료, 지역정치인 그리고 지역개발에 경험과 시각을 공유해온 과학기술자들이다. 이들이 연합활동에 참가한 동기는 각 행위 주체마다 약간씩 차이가 있지만, 공통적으로 포철의 경쟁력 강화와 신산업개발을 통한 도시 성장에 있었다. 단순히 도구적 레짐에서 강조하는 가시적인 결과나 선택적인 물질적 인센티브를 기대하기보다는 기술혁신을 통한 국가나 지역발전을 주도하는 역할을 감당하고자 했다고 볼 수 있다. 그러나 이 과정에서 개발 주체 간 협력이 이루어지지 않았고, 기대에 미치지 못했다. 이는 지역 시민사회와의 폭넓은 관계 형성이나 지지기반을 구축하지 않은 채 소수의 이해관계자만으로 추진되면서 스스로 개발역량을 축소시킨 결과이다. 즉, 지방정부가 지역 시민사회와 지역주민의 폭넓은 참여를 통해 기업과 시민사회와의 조정자로서 생산부문인 기업을 통제할 수 있는 기회구조를 가졌다면 포철의 적극적인 투자와 참여를 끌어낼 개연성이 높아졌을 것이다.

이는 앞서 살펴본 스토커가 개발한 '상징적 레짐(symbolic regimes)'과 유사한 특성을 나타낸다. 상징적 레짐은 산업구조 조정기에 도시의 이미지와 경제구조의 변경을 요구하지만, 폭넓은 지역주민의 참여나 사회적 소외계층을 위한 자원 배분에는 제한적이다. 그리고 도시개발의 목적과 방향을 놓고 내부 갈등이 있는 과도기적인 유형이며 행위 주체도 정치가와 행정관료, 그리고 전문가와 중산층이다(Stoker and Mossberger, 1994: 208). 그러나 도시 레짐의 유형과 특성을 검토할 때 대부분의 도시는 특정유형의 범주에 정확히 들어맞지 않고 하나 이상 유형의 특성을 가질 수 있다(Mossberger & Stoke, 1994 : 208).

지방자치제 실시 이후 첨단산업 도시를 개발하는 과정에서 선거를 통해 선출된 공식적 권력인 지방단체장이 지방 권력의 핵심 행위자로 등장했다. 물론 권위주의적 발전국가의 영향과 성장주의적 지방정부가 처한 현실에서 볼 때 포철의 막강한 경제적 힘은 여전히 지배적 영향력을 발휘하고 있고 그물망처럼 연결된 토착 엘리트들이 지방정부를 그들의 이해관계에 복속시키려고 하는 것이 사실이다. 그러나 비록 도시정부의 자율성에 한계가 있지만 중앙으로부터 이전된 자율성과 지방 수준의 생산과 소비를 모두 통제하여 정책을 펼칠 수 있는 기회구조를 가진 지방정부의 영향력을 절대 과소평가해서는 안 된다. 이처럼 달라진 도시지배구조의 환경에서 지방정부가 나서서 지역혁신을 통한 첨단도시 즉, ‘테크노폴리스나’ ‘첨단과학도시’와 같은 도시의 이미지를 형성했다는 점에서 지방정부 주도의 ‘상징적 레짐’이 부분적이나마 발견된다.

　동시에 권위주의 시대의 ‘중앙 개발 레짐’이 국가권력의 성격 변화에도 불구하고 여전히 득세하고 있고 테크노파크 개발에서도 지속된다. 포항제철이 포항 TP 조성을 앞서서 추진하다가 국가권력의 변화에 따라 주춤했다. 그리고 중앙정부의 지원 하에 지방정부가 테크노파크 개발에 나서면서 ‘중앙집권적 개발’의 특성이 변형된 형태로 재현된다. 그러나 민주화 이행기의 도시정치 특성이 단순히 도시가 정체되어 있다거나 과거 회귀적이란 의미는 아니다. 지방정부는 중앙으로부터 상당량의 자율성을 보충적으로 취득함으로써 지방단체장은 과거와는 다른 위치를 점한 상태이다. 그래서 ‘목우회’와 ‘수요회’ 등과 같이 통치 연합 성격의 지역 엘리트 연합세력이 형성되고 지방정부는 이러한 지배형식을 통해 권력을 유지·확대해가고 있다. 또 시장에게 위임된 실체적 지방 권력이 사실상 지방 관료에 의해 집행되고 이들과 결합한 토착 엘리트들의 활동을 민주적으로 통제·감시하는 것이 새로운 과제이다.

현재 지방 단위의 관료통제는 중앙관료 집단의 '지방 길들이기' 차원에서 각종 행정적 통제와 재정자원의 배분을 통하여 이루어지고 있을 뿐이다(강명구, 2002:49~50). 이러한 변화된 환경에서 도시정치를 둘러싼 도시레짐 유형을 단적으로 규정하기는 무리가 따른다. 그럼에도 불구하고 변하지 않는 것은 '중앙집권적 개발 레짐'이 지방 도시를 압도한다. 물론 과거와는 달리 중앙정부의 통제 메커니즘이 중앙의 정치세력을 동원하거나 지방정부 관료들에게 각종 인센티브 제공 등을 통해서 자율적으로 순응하도록 한다는 점에서 과거의 일방적이고 수직적 통제와는 다른 접근법이다. 이 유형은 행위자들은 역시 중앙정부와 지방 관료, 지역기업가이다. 단기적이고 적극적인 사회경제적 변화를 요구하면서 토지수용을 촉진하고 대규모 개발에 초점을 두고 있다.

　부연컨대, 한국의 도시정치는 지방자치가 진행되어도 중앙에 의존적인 행태를 쉽게 벗어나지 못한다. 다만, 지역사회의 영향력이 가속화되어 지방정치의 민주화가 진척된 도시일 경우에는 중앙의 종속적인 형태는 많이 줄어들 것이고 자율성도 높아질 것이다. 그러나 개발주의 이데올로기가 횡행하는 기업도시일 경우 중앙과 자본의 통제에 종속되는 지방정부의 제한적 역할이 장기간 지속될 개연성이 있다.

　그리고 첨단 산업도시를 추진하면서 '상징적 레짐'의 연합 행위자 중 과학기술자들이 두각을 나타낸 것은 논란의 여지가 있다. 이 책에서 지방자치 이후 첨단산업 도시개발을 추진하는 과정에서 공공행정과 지역기업 그리고 전문가와 지역사회와의 협력이 제대로 이루어지지 못해 효율적인 통치역량을 보여주는데 한계를 보인다는 점을 강조했다. 그렇지만, 지방정부는 포항제철과 과학기술자 등을 포함하여 공식적·비공식적 관계에 있는 지역 엘리트 연합세력을 강화하여 관련 사업을 지속적으로 추진해 가고 있어 산업고도화를 위한 새로운 도시레짐이 형성될 잠재력은 있다.

6. 개관

포항이 민주화 이행기에 들어 어떻게 변화되었으며 그러한 변화에 영향을 미친 요인들을 검토하여 정리하면 다음과 같다.

먼저 환경적 요인으로 1987년 이후 우리 사회는 민주주의 이행과정에서 막강 파워를 자랑했던 군부를 병영으로 신속히 퇴장시켰고, 정치권력 구조 또한, 권위주의적 1인 집중형 구조의 불균형체제가 다원주의적 균형체제로 변해갔으며 법적 · 제도적 차원에서 정권이 형식적이나마 민주적인 방향으로 전개되었다. 이 중에서 도시정치에 심대한 파장을 일으킨 것은 지방자치제의 실시였다.

1991년 지방자치가 실시되면서 지역에 대한 관심이 고조되어 사회운동가들이 지역으로 활동의 장을 옮기면서 기존의 계급 운동과는 다른 지역주민의 생활상의 이해에 근거한 신사회 운동 경향의 지역 운동이 생겨났다. 이들은 지역 현안에 적극 개입하여 지역의 지배정치집단 등에 도전했다. 이에 도시 통치세력들은 이들과의 협력 관계를 통해 체제 내로 끌어들이거나 오히려 역이용 또는 고립화시키는 다양한 전략들이 동원되었다. 특히 기존의 권위주의 시대 지배체제를 더욱 강화하기 위해 지역 엘리트들이 참여하는 공식 · 비공식 조직을 개편 · 확대했다.

또한, 중앙집권적 발전국가의 재구조화에 의해 중앙정부의 권한을 일부 지역으로 이양했지만 동시에 지방정부가 지역개발 책임을 떠안게 되고 중앙과 지역 성장 세력에게 지속적으로 예속되는 현상이 나타났다(강명구, 2002). 그 결과 지역정치의 민주화 이행은 지체되고 포항은 특정 보수세력이 독과점적으로 지배하는 정치 공간이 되었다. 이러한 상황으로 내몰리게 된 것은 지역주의에 의한 특정 정당의 할거와 지역 시민사회의 침체가 큰 몫으로 작용했다.

한편, 포항은 철강산업의 침체와 지역경제 악화, 환경오염 심화, 도시인구의 정체, 타 지역으로 청년들의 유출, 고령화 등 포철 위주의 산업구조와 도시 공간의 불균형으로 도시문제가 더욱 심해지고 있다.

특히 포철의 입지와 성장에 따라 공간적으로 급속한 확장이 이루어졌고, 공간구조에 많은 변화를 가져왔다. 도시가 급속한 물리적 확장이 진행되었지만, 공간적 형평성에 맞는 적절한 조정이 이루어지지 않았고, 포철이 도시 공간을 구획하고 결정하는 세력임을 과시했다. 그 결과 외곽지역의 지가를 상승시키는 동시에 포철 인근 도심의 퇴락을 가속화시키는 도시 불균형 성장이 강화되고 있다.

따라서 도시정부는 철강제조업 중심의 산업구조를 다변화하고 지역혁신을 위해 첨단 신산업개발에 관심이 컸다. 그러나 지방정부는 이를 추진할 자원과 역량의 한계를 드러냈다.

포철이 대학과 연구소를 결합하는 협동체제를 건설하고자 했던 것은 포항공대와 RIST를 설립하여 수직적으로 결합·통제함으로써 포철의 산업고도화와 통치역량을 강화하기 위한 것이었다. 그러나 지역사회를 배제한 채 특정 이해관계자 중심으로 개발이 추진되어 외부의 구조적 변화요인과 연합세력 내부 갈등 등으로 협동체제는 사실상 실패하였다. 테크노파크 개발도 포철이 타 도시에 앞서서 개발을 추진했으나 중앙권력 이동과 포철의 지배세력 교체 등으로 지체되었다. 지방 선거로 구성된 민선시장은 지역경제 성장과 환경친화적인 산업구조 다변화를 주창하며 첨단산업 개발을 추진했다. 하지만 중앙정부와 포철의 소극적 협조로 애초 계획과는 다른 매우 축소된 형태로 개발되었다. 이러한 결과는 민주적 절차에 의한 지역사회의 폭넓은 참여와 지지기반을 확보하지 않은 채 소수의 개발세력에 의한 비민주적 정책 결정으로 사업이 추진됨에 따라 지방정부의 통치역량을 스스로 축소시켰다고 볼 수 있다. 포철의 지역사회와의 협력과 자원의 재분배는 특정 인사의 영향력이나 우호적 선심만으로 되는 것이 아니라 역학관계의 산물인 경우가 일반적이다.

레짐이론에서 통치 연합은 광범위한 자원을 결집할 수 있는 능력과 행위자들이 지역 의제 달성을 위해 협력적 행위를 하도록 조정하는 것이 통치 연합의 과업이다. 그런데 지방정부는 밑으로부터 지역주민의 지지와 요구를 변화의 동력으로 삼지 않고 이해관계에 따라 개발 의제를 추진하게 됨으로써 성과를 거두지 못했다

둘째, 산학연 협동체제와 포항 TP 개발을 추진한 주역은 포철 기업인이다. 또 이를 뒷받침한 중앙정부와 지방정부 그리고 중앙과 지역을 연계한 국회의원이었다. 과학기술자들은 선출직 공직자나 생산수단을 소유한 기업가는 아니지만, 포철의 지원으로 첨단산업 정책 결정에 영향력을 행사할 수 있었다. 그러나 과학기술자는 전문적 기술을 갖고 통치 연합에 부분적으로 참여했지만 독자적인 정치기반 없이 활동하여 통치 연합의 보조적 역할을 수행하는 데 그쳤다.

셋째, 산학연 협동체제 개발에 포항제철이 전폭적으로 동원되었다. 포철이 포항공대에 건립비만 약 3천억 원에 추가로 2006년 12월 말 시가 기준 1조 1,400억 원 이상의 기금조성지원과 RIST 설립 및 운영비 지원 등이 이루어졌다. 아울러 테크노파크 개발은 프랑스의 소피아 앙티폴리스 등 해외 TP 개발 모델 사례와 포항시, 포항제철, 중앙정부(중소기업청), 지역기업의 재정출연으로 이루어졌다.

마지막으로 민주화 이행기의 도시체제의 특성은 지방정부 주도로 대학과 기업들이 첨단도시개발을 주도했다는 점에서 '상징적 레짐'이 부분적으로 나타났다. 이 '상징적 레짐'은 선거를 통해 구성된 지방단체장이 지역개발을 추

진하는 과정에서 기존의 지배세력과 복잡한 역학관계가 나타난 과도기적 레짐이다.

그리고 지역산업전환을 위한 첨단산업 개발에서도 국가가 개입하는 '중앙집권적 개발 레짐'이 나타난다. 물론 권위주의 시대와 달리 영향력이나 통치방식이 많이 달라졌지만 여전히 지배적인 영향력을 행사하고 있다. 여전히 구조적으로 한계가 있지만, 도시정부의 정책 방향이나 리더십, 대응전략에 따라 다른 양상을 보여줄 수 있는 기회구조를 갖고 있다.

민주화 이행기의 도시체제의 변동은 지방자치 실시와 지역 산업구조조정이 요구되는 외부환경의 구조적 요인이 주요 요인으로 작용했다. 그래서 행위자 요인은 지방행정의 주도성이 부각되며 도시정부가 민간 기업과 협력 또는 대립하는 복합적 관계가 드러난다. 이러한 레짐 유형을 〈그림 7〉과 같이 '상징적 레짐'으로 판별했다. 따라서 도시정치의 행위자도 지방정부 중심으로 권력 이동이 이루어졌다고 본 것이다. 그러나 중앙 정치권력의 포철에 대한 지배적 영향력과 중앙정부에 제약된 지방정부의 자율성 한계로 인해 '중앙집권적 개발 레짐'의 영향력이 여전히 위세를 떨치고 있다.

결국, 도시정치를 둘러싸고 다양한 행위자들의 힘의 관계와 체제 유형은 외부적 환경과 개발 의제에 따라 차별화된 양태를 띠고 있음을 알 수 있다. 동시에 도시체제는 제도적으로 지방분권이 강화되고 지방정치 민주화 과정이 진행되면서 도시체제의 유형 변화도 달라지고 있다.

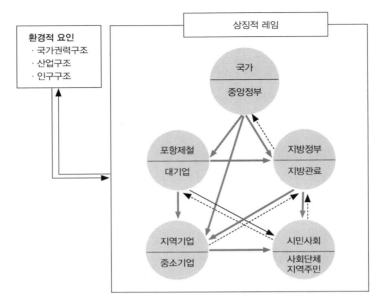

<그림 7> 민주화 이행 시기 레짐의 구성과 작동

* <그림 7>의 레짐 유형은 국가권력이 지역사회에 지배적 영향력을 행사하고 있지만, 선거에 의해 구성된 지방정부가 공식적으로 도시정치의 지배적 행위자로 나타난다. 또 경제적 영역으로 축소된 포철세력은 여전히 경제력을 바탕으로 지방정부와 대립과 협력(양방향 화살표)의 역학관계이다. 반면에 시민사회의 레짐 참여가 부분적으로 이루어지고 지역기업과는 수평적 상호관계(양방향 화살표)가 나타난다. 그러나 지역기업과 시민사회는 지방정부에 대해 부분적 영향(실선 화살표)을 미친다.

제6장

마무리

1. 전체요약

이 책은 도시개발 사례를 통해 도시체제가 어떻게 형성되고 변화되는지 그리고 이러한 변화가 지역사회 세력들의 힘의 관계에 미친 영향은 무엇이며, 어떤 도시체제 유형을 만들었는지 알아보고자 했다. 포항의 도시정치에서 철강제조업과 첨단산업개발을 추동한 요인이 무엇이며 도시 행위자들의 활동 메커니즘 어떻게 작동하는지를 살펴봤다. 도시체제 변화요인이 무엇인지 밝히고자 하는 것은 정치적 환경의 변화 속에서도 특정세력이 지역사회를 지속적으로 지배함으로써 어떤 도시적 특성이 드러내는지를 알 수 있기 때문이다.

이러한 과업을 수행하기 위해 질적 조사방법으로 사례조사를 활용했다. 사례조사는 변수 간의 시간적 순서와 역사성을 중시하기 때문에 문헌 조사 외에도 관련 이해당사자 위주로 심층면접을 병행했다. 특히 레짐이론을 적용하여 지방정책 결정이 어떻게 이루어지는지, 도시통치구조와 내부적 상황을 이해하고자 했다.

이상의 도시정치본질을 구명(究明)하기 위한 분석틀과 조사문제에 의거하여 밝혀진 결과를 정리하면 다음과 같다.

먼저 포항의 지역정치를 지배해온 것은 시기별로 차이가 있지만, 단적으로 중앙집권적 개발세력이다. 국가권력은 1970년대 이후 포항제철을 설립하면서 지역정치를 지배했고, 그 배경으로 형성된 포철세력 즉, 박태준과 그 후견관계에 있는 엘리트(군부, 중앙관료, 기업가 등)들이 장기간 지역을 지배했다. 그들은 도시개발을 중심으로 지방 관료는 물론이고, 지역의 정치인과 기업인들을 위계적으로 결속하며 통치기반을 강화했다.

한국 민주화 이행기에 포철의 위상과 영향력은 박태준의 퇴진과 함께 경제적 영역으로 축소되고 선거에 의해 구성된 지방단체장(시장)이 공식적인 권력 구조의 행위자로 등장했다. 그렇다고 지역개발이 강조되는 지역정치에서 포철의 경제적 힘은 언제든지 실력행사를 할 수 있고 지방정부에 영향력을 미칠 수 있다. 하지만 포철이 노골적으로 그러한 힘을 과시할 수 없고 생산과정을 통제할 수 있는 지방정부를 의식하지 않을 수 없는 현실에서 지방정부와 포철은 사안별로 협력과 대립이 교차하는 역학관계가 형성되었다.

보다 구체적으로는 지방자치 이후 포철의 세력약화가 이루어졌지만, 중앙권력의 지배력과 통치전략은 과거와는 다르다고 하더라도 결코 줄어들지 않고 보다 다양해졌다. 과거 권위주의 시기의 수직적·일방적 지배방식이 아니라 정책과 예산을 통한 제도적 통제와 공천을 매개로 한 정치적 통제 등 보다 교묘해진 통치전략이 이루어지고 있다.

이러한 도시정치의 변화 속에서 포항에서 출현한 레짐 유형을 다시 정리하면 두 가지 유형이 두각을 나타냈다. 권위주의 시기에는 급속한 도시 성장을 주도한 '중앙집권적 개발 레짐'이 나타났다. 그리고 지방자치제 이후 지방정부 주도의 산업전환을 지향하는 '상징적 레짐'이 발견된다. 민선시장 출범으로 포철과 지역기업, 대학, 주민단체 등이 참여하는 첨단산업을 추진하는 민관협력체가 결성되었다. 물론 애초 계획된 의제 목표를 달성에는 분명한 한계를 보였고, 레짐 형성도 제대로 이루어지지 않았다. 그러나 이들은 지방정부 주도로 나노센터와 제4세대 가속기연구소, 연료전지클러스터, 수소 도시 등과 같은 첨단산업 인프라를 지속적으로 유치하면서 영향력을 확대해가고 있다.

둘째, 도시개발(성장)을 둘러싸고 도시정치와 도시체제가 어떻게 형성·변화되는지 알아보았다. 우선 권위주의 시기 개발 의제는 '제철보국'을 위한 포항제철 건설과 지곡단지 개발이었다. 그리고 입지선정은 포항의 지리적 요인뿐만 아니라 군사적 요인과 표를 의식한 정치적 요인이 복합적으로 작용했다. 포철부지 개발은 국가권력이 강압적으로 지역주민의 생활공간을 침탈했음을 확인했다. 또 포철성장기의 지곡단지 조성은 포철의 중추관리기능과 사회적 하부구조를 건설하기 위함이었다. 포철 설립단계에서 통치 연합 즉, 지배적 정치세력은 국가권력과 박태준 등 포철 엘리트였다. 지곡단지 개발을 주도한 세력은 박태준과 피후견인, 지방정부와 토착 기업 등 개발 연합세력이다. 포철개발자원은 대일청구권 자금과 해외(일본)기술, 지역주민의 동원·통제 기제였던 발전이데올로기 등이다. 아울러 지곡단지는 포철의 자금과 기술, 협력기업 토지, 지방정부의 행정력, 지역기업 협력 등이 개발자원이다.

그리고 1987년 이후 포항은 산학연 협동체제와 테크노파크 개발이 주요의제였다. 포항공대와 RIST 건립을 통한 협동체제 설립은 산업구조 고도화와 신산업개발을 위한 것이었으나 내부 갈등과 역학관계로 균열되었다. 테크노파크 개발은 지역산업의 다변화를 지향하며 지방정부가 나서서 추진했지만 형식적 수준에 머물렀다. 포항시가 포항 TP 개발과정에서 포철의 부분적 협력을 얻었으나 포철의 지배적 위치만 확인해준 결과이다. 이는 개발을 주도한 행위자(박태준)의 정치적 입지가 흔들리면서 포철의 적극적 지원을 확보하지 못했기 때문이다.

다음으로 포항의 도시레짐 형성과 유형 변화에 영향을 미친 요인은 권위주의 시대에는 중앙집권적 체제와 같은 환경적 요인이다. 민주화 이행기는 중앙권력의 성격 변화나 지방자치 실시와 같은 환경·구조적 요인이 영향을 미쳤지만, 행위자 교체가 보다 더 지배적 요인이다. 중앙권력의 변화와 박태준의 퇴진은 새로운 지역 권력과 지역정치의 가능성이 열리게 계기가 되었다. 특히 지역 시민세력의 등장과 지배 권력에 대한 도전은 도시정치의 변화와 민주화를 가능케 한 기제였다. 그러나 성장주의에 동화된[1] 시민운동의 내부 분열과 침체, 관변단체와 기존의 지역 엘리트 연합조직을 확대·재편한 지배적 보수세력의 반격은 변화되어 가던 도시정치 공간을 풀뿌리 보수주의가 득세하는 장으로 만들었다.

마지막으로 지방자치 이후 대기업과 지역사회 간에 어떠한 변화 이루어졌으며, 지방정부의 자율성은 어떤 수준이며 그 의미는 무엇인가를 검토하였다.

포철은 1990년대 이후 국내 재계 6위권의 세계적 기업으로 성장하며[2] 민주화 이행기에도 변화된 중앙권력과 연계를 통해 지방 도시에 지속적인 지배력을 행사했다. 그렇지만 도시정치에서 포철 기업집단의 위상이나 지위가 권

---

1 1980년대 말 이후 등장은 한국의 시민운동은 개발과 성장을 반대하는 반성장주의가 주류적 흐름이었지만, 실제 그 내부사정은 조직의 '몸집' 키우기 경쟁으로 단체 간 예산확보 경쟁이 지나치게 가열되었고, 정부나 기업은 이를 역이용하는 경향이 없지 않았다. 특히 시민운동이 명망가 중심 그리고 활동가 중심의 관료화로 치우쳐 '시민 없는 시민운동'으로 귀결되었고, 그 단체를 대표하는 명망가나 활동가가 정치권이나 특정 정부에 들어가면 그 조직의 신뢰성은 급격히 떨어지는 현상이 나타났다. 이는 시민운동이 성장주의에 동화된 결과라 할 수 있다.

2 포철은 민영기업으로 변신한 2002년부터 재계 순위에서 대부분 8위~5위를 유지해왔다(http://groupopni.ftc.go.kr).

위주의 시기와 같지 않았고 지방자치 이후에 포철의 지배적 위치는 흔들렸다. 지역주민들의 목소리가 커지고 부정적 인식이 확산하면서 포철은 위기 타개를 위해 지역사회와의 협력에 관심을 보였다. 하지만 그것은 어디까지나 형식적 수준을 벗어나지 못했다. 특히 테크노파크 개발과정에서 사옥 이전, 민영화, 사명변경 등 수세적 위기국면을 전환하기 위해 면피용 지원에 그친 것이 대표적 사례이다. 이처럼 지방자치 하에서 공식적 권력체계인 지방정부 즉, 지방 관료집단과 도시경제를 주도해온 대기업이 개발 의제를 둘러싸고 갈등 관계에 처하기도 했다. 그러나 지방정부가 도시 성장 최우선 정책을 지속적으로 추진하는 한 대기업과 자본의 영향력에 압도되어 구조적 변화가 쉽지 않다.

그리고 지방자치 이후 '상징적 레짐'으로 표현되는 지방정부 중심의 통치 연합이 나타났지만, 여전히 '중앙집권적 개발 레짐'이 사라지지 않고 성장주의적 지방정부의 틈을 비집고 변형된 형태로 지배적 영향력을 행사하고 있다. 왜냐하면 제도적으로 지역 수준의 자율성을 크게 제약받는 지방자치제 하에서 중앙권력에 예속될 수밖에 없는 상황이기 때문이다. 그러나 선거를 통해 구성된 지방정부는 지역주민의 요구와 의사를 무시할 수도 없는 처지에서 도시정치는 더욱 복잡화해지고 행위자의 역학관계에 따라 다양한 변화가 나타나고 있다.

강한 도시개발을 추동하는 '중앙집권적 개발 레짐'이 변화되고 근본적으로 전환되기 위해서는 지방정부의 통치행태와 지역 정당 그리고 지역주민의 역할이 요구된다. 즉, 철강도시 포항에서 지방정부가 처한 지역적 맥락과 역점 추진 정책 그리고 통치방식에 따라 지방정부의 자율성과 영향력이 크게 달라지기 때문이다. 그리고 특정 정치세력이 장기간 권위주의적 도시지배가 가능하게 했던 것은 이와 맞서온 대안 정치세력의 부재가 컸다. 물론 지역주의에 함몰된 정치 현상이라 할 수 있지만 정당구조의 혁신과 체질개선이 시급한 과제가 아닐 수 없다. 하지만 무엇보다도 지역의 자율성 확대와 민주적 지방정치를 만드는 데 있어 핵심적 기제는 아래로부터의 변화를 추동하는 지역주민 참여의 활성화이다.

2. 더 깊은 논의를 위해

본 책은 지역 개발사례를 통해 포항의 도시체제가 어떻게 형성되고 왜, 변화되었는지를 살펴본 것이다. 그 결과, 포항은 외부 환경의 영향을 많이 받는 도시라는 것을 쉽게 알 수 있다. 동시에 발전주의 국가정책이 도시 성장을 이끌었고, 지역주민이나 소외계층을 위한 도시정책과정에서 이들의 참여가 제한되었다. 그래서 도시개발의 이익은 대기업이나 개발업자, 토지소유자 등 개발 세력에게 집중되는 결과를 초래했다. 도시정치도 개발지향 세력들 간의 사적 교환관계에 의존하는 전 근대적 행태를 보였다. 그 후 권력 기구나 사회 전반의 변화에 따라 공식(정부 부문)과 비공식세력(민간)들이 서로 협력하는 모습을 보여준다.

포항제철과 지곡단지 개발은 권위주의적 국가권력의 적극적 개입과 정치적 후견주의 즉, 사적인 관계에 따라 지역 레짐 행위자들의 연합적인 참여로 추진되었다. 그리고 산업고도화를 위한 첨단산업개발은 지역사회를 우회한 축적자본 위주의 성장전략과 중앙과 지방간 힘의 관계에 따라 도시체제의 변화를 가져왔다.

결국, 이런저런 요인이 영향을 미쳤지만, 포항 도시체제의 변화는 권위적 중앙집권세력이 일방적 지역 공간을 점유하고 소위 체계적 권력을 배태하여 비민주적으로 지배한 것에서 비롯되었다.

따라서 포항 개발사례에 대한 지역 레짐 조사결과가 가지는 함의는 다음과 같다.

첫째, 국가중심적 발전모델의 영향으로 중앙에 의존적인 현상이 지속되어 도시의 자율성이나 민주적이고 지속 가능한 도시발전을 저해해왔다는 것이다. 중앙과 지방간의 권력 관계는 시계열적인 변화가 역동적으로 나타나지만, 장기간 순치된 지방정부는 항상 지역 성장정책에만 의존하면서 중앙집권적이고 종속적인 회귀성향을 내포하고 있다. 이른바 국가권력의 수직적 · 수평적 재구조화가 이루어지기 전에는 지방정부의 자율성이 극도로 제한되어 있고, 중앙집권세력의 개발 위주의 강압적인 영향력이 그대로 관철된 것이다.

그러나 지방자치 이후에도 변형된 형태로 이런 현상이 지속되는 것은 지방정부가 발전주의적 국가모델을 추종하면서 중앙정부의 응집력과 위세를 용인해주고 있기 때문이다. 특히 지역의 자율성을 억제하는 불완전한 지방자치 제도 하에서 지방정부는 중앙권력에 예속될 수밖에 없는 구조적 원인으로 작용한다. 더구나 지방정부가 '기업가적 정부'를 자임하며 도시 간 개발 경쟁에 앞장선 결과 중앙권력과 자본에 더욱더 의존적이고 종속적으로 변해만 가고 있다.

1970년대 포철 개발사례에서 국가권력의 적극적 개입에 의해 지방행정은 중앙정부의 하위기관으로서 집행과 지원역할에 충실했다. 반면에 1990년대 테크노파크 개발에서는 지방정부가 지역경제 성장을 위해 첨단산업단지 유치 등 대기업을 끌어들여 지역 간 경쟁에 몰두하면서 중앙 집중화와 자본의 의존성이 더 심화되었다. 따라서 지방정부의 자율성이나 지방정치의 민주화, 지속 가능한 지역발전을 위해서는 지역개발 일변도의 성장정책을 지양하고 중앙집권적 정치세력에 대응 또는 조정하는 지역정치 세력의 연대와 자치적인 지역 기반을 조성하는 것이 급선무이다.

둘째, 도시통치세력과 경제세력 간의 관계에서 포철 대기업이 시기별로 차이를 보이지만 개발 의제를 추진하는 수행 네트워크와 경제영역에서는 여전히 지배적 행위자라는 것을 재확인할 수 있다. 레짐이론에서 비공식적 세력으로서 제도적 자원에 접근하여 안정적이고 지속적인 통치역량을 행사해온 도시레짐이 철강도시 포항에 엄존했다. 이는 한국여타도시에서 장기간에 걸친 체계적 권력의 존재를 상정할 수 없다는 기존의 주장과는 차별적이다.[3]

따라서 기업도시에서 강한 영향력을 행사하는 대기업집단과의 수평적이고 상호 생산적인 도시정치가 이루어지기 위해서는 지배하는 권력이 아니라 갈등을 조율하고 협력을 강화하는 사회 생산적 권력이 주도해야 한다. 그리고 주민 다수의 이익공동체를 위한 도시형성을 위해서는 지역발전을 추진하는 제도적 과정에 다양한 지역주민들의 참여 범위를 확대하는 한편, 대기업의 성장추구에 대한 정치적 대중통제가 강화될 필요성이 있다.

셋째, 포항의 도시정치에서 전근대적인 보스중심의 후견주의 레짐이 관철되어 도시 불균형과 지역발전을 지체시켜왔다. 후견주의는 사적인 교환관계와 수직적 연계에 의한 추종세력을 형성하여 도시를 통치하는 행태이다. 군부세력 간 후견 관계로 포철개발이 추진되어 성장 위주의 일인집중형 국가개발체제가 지역에 복제된 것이다.

그래서 도시통치의 독점적 지위를 차지한 후견인이 그를 추종하는 피후견인들에게 지역개발 이익과 자원을 집중 배치하면서 도시 공간을 둘러싼 불평

---

3 강명구(2002)는 한국은 지방 관료제와 주로 경제적 이해관계로 뭉친 지방 유지들의 학연, 지연을 중심으로 일종의 지배집단을 형성하고 있는 것이 대체적인 모습이고, 서구 지배 연합의 경우에서 찾아볼 수 있는 장기간에 걸친 체계적 권력의 존재를 상정하기 힘들다고 주장한다(강명구, 2002: 45). 이번 분석에서 포항이 울산 등 기업도시와 다른 것은 포철이라는 단일대기업이 통치 연합의 지배적 행위자인 경우는 흔치 않은 사례이다.

등이 가중되었다고 할 수 있다. 나아가 장기간 후견주의 정치가 작동되면서 지역사회 전반에 침묵의 카르텔이 형성되어 지방정치의 공론장을 왜곡시켰다.

특히 산업고도화 과정에서 과학기술자들이 기술혁신에 앞장서는 역할을 했지만, 포철의 지지를 받지 않으면 과업수행이 어려운 여건에서 능동적인 지역사회 참여는 한계가 분명했다.

또한, 지역의 전근대적 후견주의는 혈연, 지연, 학연 등 연고주의와 결합하여 지방자치 이후에도 변형된 형태로 풀뿌리 보수주의를 고착화시키고 있다. 따라서 역대 정부마다 강조해온 지방분권과 자치를 위한 중앙권력의 대폭적 지방 이양은 실행되어야 하며 지역의 자율성 확대와 기존의 지역지배구조를 개혁하기 위한 새로운 도시정치 행위자의 활동이 요구된다.

이상의 내용을 정리하면, 스톤을 비롯한 서구의 지역 레짐 논의에서 핵심적으로 거론되어온 대기업가의 지배적 활동이 한국의 지방 도시에도 어렵지 않게 확인된다. 이는 포철이 있는 기업도시 사례인 만큼 당연한 결과라 할 수 있다. 그렇지만 기업도시라고 해서 일방적으로 대기업에 의해 휘둘리지 않고 상황과 시대에 따라 변화해 왔다. 그리고 지역 통치체제의 성격이나 영향력은 외부의 구조적 환경에 큰 영향을 받는다. 하지만, 지역개발 의제의 특성이나 자원결집 수준, 지역 세력 내 힘의 관계에 따라 크게 달라진다. 특히 지방자치 이후 관변단체와 공식 · 비공식 조직들의 연합활동은 엘리트층의 내부 결속과 새로운 통제 메커니즘이 작동되고 있다. 이는 지방자치와 분권이 강화될수록 중앙권력과 기존의 지방지배 권력들 간의 카르텔이 새로운 형태로 재편되고 있는 것이다.

그러나 이 책에서 서구의 레짐이론 분석틀을 갖고 도시정치를 들여다볼 때 외부의 구조적 요인과 행위자 요인을 동시에 고찰하는 작업이 쉽지 않다는 한계를 실감했다. 도시의 주요 개발사례에 치중한 나머지 도시 내 정치세력,

즉, 토착 기업 엘리트와 지역 언론 그리고 주민조직과 노동세력 등 다양한 지역 행위자를 알아보는 것이 힘들었다. 여기에서 주로 다룬 대기업이나 지방 정부 행위자 외에도 지역에는 여러 분류의 정치적 갈래가 있다. 그중에 철강 도시의 특성상 다수의 노동자가 있는 지역에서 울산과 같이 노동세력이 성장하지 못한 것과 지배 엘리트와 주민과의 관계를 보다 깊이 있게 다루지 못했다. 그리고 도시의 산업개발과 경제성장에 따른 에너지사용과 오염이 증가하면서 토지개발과 오염을 통제하려는 환경갈등과 이로 인한 도시체제에 미친 영향도 검토하지 못했다. 또 이번 지역개발사례는 특정 도시에 치중되어 해당 지역의 상황에 따라 다르게 나타날 수 있음으로 도시 간 비교가 이루어져야 도시정치의 실체가 보다 뚜렷해질 것이다. 하지만 이 책은 포항 사례를 통해 한국의 지방 도시의 레짐 유형과 도시적 특성을 드러내고 있고 향후 보다 진전된 도시발전의 논의와 실천에 시사점을 줄 수 있을 것이다.

에필로그

포항은 서구의 많은 도시들이 향했던 개발중심의 기업도시로 성장하며 도시 확장을 재촉했다. 그러나 지역산업은 글로벌 불황과 탈산업화 압박 등 여러 요인으로 물리적 쇠퇴, 사회적 몰락의 순환 고리에 빠져들고 있다. 거기다가 가장 피해 규모가 큰 포항지진이 발생했고, 최근에는 수해로 큰 피해를 입었다. 설상가상으로 포항제철의 지주사전환과 탈포항 조짐이 현실화되었다. 동시에 한때 80만 이상 대도시의 꿈을 지폈던 포항이 인구 50만 선마저 무너졌다. 도심지나 도시주변부의 주택들이 빈집으로 변해가고 있으며, 장기적인 구조적 위기 속에서 포항은 점차 쇠락해가고 있다.

항상 그랬듯이 누군가 이러한 우울해진 도시에 다시 도시재개발 프로젝트를 들고나올 것이다. 피츠버그, 디트로이트 등 미국의 철강도시 부흥을 사례로 도시를 변화시킬 가시적인 대형 사업들이 필요하다고 말이다. 또다시 도시 공간을 희생시키며 도시에 희망을 줄 강한 리더십과 도시개발, 다른 특징이지만 완전히 기업가적 개발방식이 선호되는 모방 현상이 나타나고 있다.

이제 이 책은 다시 원점에 돌아왔다. 포항의 근대도시개발 전략은 60년이 지난 지금에도 도시의 문제는 그대로 남아있다. 물론 그전보다 경제생활이 풍족해졌지만, 기후위기와 고립감 특히 노인들의 고독사 등이 날로 심각해진다. 그 도시가 광주나 목포든 대구나 울산이든 도시의 불운한 계층은 더욱더 고립되고 격리된다. 그리고 너무나 많은 젊은이들이 일자리를 찾아 무작정 지역을 떠나고 있다.

암울한 시대, 쇠락해지는 지역 공간에서 포항의 미래는 어떻게 될까? 어쩌면 인간이 살아있는 한 위대하고 놀라운 업적을 남기기 위해 도시에 빛을 비추기 위해 노력하는 사람들이 계속될 것이다.

서양 최초의 역사가 헤로도토스는 도시의 운명에 이런 글을 남겼다. "전에는 강력했던 수많은 도시가 미약해지고 내 시대에 위대한 도시들이 전에는 미약했다. 인간의 행복이란 덧없는 것임을 알기에 나는 큰 도시와 작은 도시의 운명을 똑같이 언급하려 한다."

참고문헌

1. 국내 문헌

강명구. 1997. "지방자치와 도시정치: 행위자 중심이 시론적 연구." 《한국정치학회보》31(3): 109-128.

_____. 2000. "시민사회가 바라본 지방정치 민주화." 《한국행정학회》6: 1-18.

강창현. 2003. "도시정치와 도시레짐 이론." 《현대사회와 행정》13(2): 171-194.

강희경. 2000. "심층면접 방법의 실제: 청주 지역사회 실력자 심층면접 사례를 바탕으로." 《한국사회과학》22(2): 5-35.

고오환. 2006. "한국의 불법 선거운동에 관한 연구." 연세대학교 행정대학원 석사학위논문.

고지현. 2011. "조르조 아감벤의 '호모사케르' 읽기." 《人文科學》93: 213-239.

구현우. 2009. "발전국가, 배태된 자율성, 그리고 제도론적 함의: 이승만 정부, 박정희 정부, 전두환 정부의 산업화정책을 중심으로." 《한국사회와 행정연구》20(1): 145-178.

권용립. 2006. "북·미 대결은 끝날 수 있는가?" 《황해문화》52: 195-218.

권태환·장세훈·윤일성. 2006. 『한국의 도시화와 도시문제』 도서출판 다해.

김갑수 외 2000. "산학연 공동협력연구 관련 시책의 현황과 과제." 《과학기술정책관리연구소》1: 1-86.

김광용. 1999. "한국지방정치 발전에 관한 연구: 법·제도, 선거행태, 정책집행 권력의 민주화를 중심으로." 동국대학교 박사학위 논문.

김국현. 1997. "한국 민주주의 공고화와 민주시민 교육의 과제."《윤리연구》36 (1): 343-367.

김대길. 2012. "조선후기 장시발달과 사회문화 생활 변화."《정신문화연구》35 (4): 87-113.

김만흠. 2009. "민주화 20년의 한국 정치: 지체된 개혁과 전환기의 혼돈."《의정연구》28: 131-159.

_____. 2013. "지역균열의 정당 체제와 선거제도 개편: 개편 논란과 새로운 대안."《한국정치연구》20(1): 235-257.

김무형. 2005. "철강산업 사양화에 따른 지역경제 발전전략."《아태연구》4: 71-97.

김삼일. 2014.『포항연극 100년사』대경사.

김상숙. 2014. "과거청산을 위한 역사적 진실규명과 진실화해위원회 보고서."《사회와 역사》104: 335-376.

김영명. 1992.『한국현대정치사: 정치변동의 역학』을유문화사.

김영정. 2003. "지역발전과 성장정치."《지역사회학회》4(2): 71-92.

김용철. 2012. "사회연합정치의 관점에서 본 전두환·노태우 정권하의 노동 정치."《OUGHTOPIA》27(2): 157-197.

김운태. 1995. "권력 구조의 정부."《한국정치외교사논총》13: 141-195

김은미. 1999. "한국 지역정치의 변화와 지역 운동의 제도화." 이화여자대학교 박사학위 논문.

_____. 2001. "지역정치의 변화와 참여민주주의의 전망." 《 한국사회학회 사회학대회 논문집 》 269-284.

김은혜. 2010. "도쿄 도시레짐과 에다가와 조선학교의 역사."《 사회와 역사 》제 85: 271-307.

김주일 · 김다슬. 2013. "도시 가로체계와 기능적 요소의 관계를 통해 본 도시 공간구조 연구: 포항시의 공간구조 변화과정을 사례로."《 한국도시설계학회지 》14(5): 161-174.

김준. 2005. "잃어버린 공동체?: 울산 동구 지역 노동자 주거공동체의 형성과 해체."《 경제와 사회 》6: 71-106.

김지형. 2016. "1960년대 야당의 재구성과 민주주의 인식-제5~6대 대통령선거 시기의 쟁점을 중심으로."《 인문과학연구 》27: 163-186.

김진호 · 김진홍. 2013. "포항시의 산업인력 고령화 실태와 부문별 대응 방향."《 지역경제조사연구 》. 한국은행포항본부.

김형수. 2003. "조선후기 경상도 동해안 지역의 상품유통." 부산대 교육대학원 석사학위 논문.

남찬교. 1993. "항만이 지역경제에 미치는 영향: 포항항을 중심으로." 동국대학교 대학원 석사학위 논문.

_____. 2011. "박정희시대 한일 경제 관계와 포항제철: 단절의 계기에 대한 정치 · 경제학적 재해석."《 일본연구논총 》33: 255-285.

박경 외. 2000. "지역혁신 능력과 지역혁신체제: 지역혁신체제론의 의의, 과제 그리고 정책적 함의."《 공간과 사회 》13: 12-45.

박근영 · 김순영, 2015. "지역 민주주의와 관변단체에 관한 기초연구."민주화운동기념사업회 한국민주주의 연구소.

박배균. 2013. "한국형 토건 국가의 출현."『국가와 지역』168~197. 알트.

박삼옥. 2001. "테크노파크 조성과 벤처기업의 육성."《 인터넷비즈니스 연구 》2(1): 119-141.

박영구. 2013. "1960년대 중반 한국의 종합제철 건설사업을 둘러싼 한국과 일본의 전략."《한국과 국제정치》29(4): 95-122.

_____. 2014. "한국 종합제철 건설을 둘러싼 한국과 미국의 정책과 외교, 1961-1963."
《사회과학연구》30(2): 329-348.

박원식. 1993. "르포, 지방의 개혁: 경북 포항시."《포항연구》14.

박재욱. 1996. "대기업주도형 도시정치의 특성; 대기업의 지역 헤게모니에 관한 사례 연
구."연세대학교 박사학위 논문.

_____. 1997. "대기업 도시의 성장 연합과 권력 엘리트: 울산과 포항의 사례를 중심으
로."《한국과 국제정치》13(1): 61-68.

_____. 1998. "도시 성장정치의 위기와 반성장 연합의 등장: 대기업 도시 울산, 포항의
사례."《정치비평》4: 123-148.

박종민. 1999. "선거 정치와 지방통치: 성남시 사례."《정부학연구》5(1): 147- 184.

_____. 2002. "한국의 지방정치: 이론적 시각." 박종민, 이종원(편)『한국 지방 민주주
의 위기: 도전과 과제』나남.

박준무. 1998. "어느 기구한 운명의 여인." 이호(편)『신들린 사람들의 합창: 포항제철
30년 이야기』한송.

박태준. 2007. "RIST(포항산업과학연구원) 소개."《전력전자학회지》12(4): 59-63.

배성인. 1997. "한국의 산업화와 민주화 과정에 관한 연구."단국대학교 대학원 박사학위
논문.

배응환. 2001. "권위주의 정치 제제하의 정부와 경제이익집단 관계: 박정희 정부와 전두
환 정부의 비교."《한국행정학보》35(2).

_____. 2015. "혁신의 제도적 접근: 지역혁신체제와 혁신클러스터의 지식파급 효과 ·
선행연구의 검토와 새로운 쟁점."《한국경제지리학회지》18(1): 115-135.

서갑경. 2011.『철강왕 박태준 : 경영 이야기』서울. 한언.

서병철. 2011.『포항국가산업단지 조성역사 정립에 관한 연구』포항시.

송병권. 2002. "1940년대 스즈끼 다케오의 식민지 조선 정치 · 경제 인식."《민족문화
연구》37.

송복 외. 2012.『박태준 사상, 미래를 열다』서울. 도서출판 아시아.

송성수. 2000. "포항제철의 기술능력 발전과정에 관한 고찰. 연구보고."《과학기술정책 연구》1-255.

_____. 2004. "한국 과학기술 활동의 성장과 과학기술자사회의 특징: 시론적 고찰."《 과학기술정책연구》14: 77-93.

송위진 외. 2003. "한국 과학기술자 사회의 특성분석."《정책연구》1- 184.

송호근. 2018.『혁신의 용광로-벅찬 미래를 달구는 포스코 스토리』나남.

신상범. 2011. "리우회의 이후 20년간 지구환경정치의 전개과정.《한국국제정치학회 기 타간행물》6: 287-306.

신수경. 2004. "도시 성장과 개발의 정치 · 경제: 용인시 난개발 사례를 중심으로." 고려 대학교 대학원 박사학위 논문.

신희영. 2008. "도시의 성장 지향적 정치와 정책네트워크 형성과정: 전략 관계적 접 근."《한국행정논집》20(2): 437-469.

안상기. 1995.『우리 친구 박태준』행림출판사.

양명지. 2003. "박정희 정권의 지배전략으로서의 계급정치." 연세대학교 석사학위 논문.

양동훈. 1999. "한국 대통령제의 개선과 대안들에 대한 재검토."《한국정치학회 보》33(3): 91-109.

염미경. 1997. "기업도시의 선거행태에 관한 연구: 포항제철(광양제철소)의 사례를 중 심으로."《지역사회학》31: 563-594.

_____. 1998. "일본 기업도시의 재구조화에 관한 연구: 키타큐슈(北九州)의 도시정치 를 중심으로." 전남대학교 대학원 박사학위 논문.

_____. 2001a. 기업 권력, 도시 활성화 그리고 도시정치."《한국사회학》35(1): 175- 205.

_____. 2001b.『일본의 철강도시: 성장정치와 도시체제의 변동』경인문화사.

_____. 2004. "철강 대기업의 재구조화 전략과 지역사회의 대응: 일본 키타큐슈와 미국 피츠버그의 비교."《한국사회학》38(1).

유성종. 2002. "철강산업의 입지에 의한 지역변화: 광양지역 사례 연구." 전남대 박사학 위 논문.

유재원. 1999. "청주시의 권력 구조와 정치과정."《정부학연구》5(1): 7-46.

_____. 2011. "도시 한계론의 핵심가정에 대한 경험적 검증."45(1): 101-121.

윤대식 외. 1992. "한국 지역개발의 과제와 문제 : 분권화 지역개발의 새로운 접근방법을 찾아서."《한국지역개발학회지》4(2): 117-142.

윤상우. 2006. "한국발전국가의 형성·변동과 세계체제적 조건. 1960~1990."《경제와 사회》72: 69-94.

윤일성. 2002.『도시개발과 도시 불평등』한울아카데미.

이경은. 2011. "지역 도시레짐의 형성과 변화에 관한 연구."전북대학교 대학원 박사 논문.

이대환. 2004.『세계 최고의 철강인 박태준』현암사.

_____. 2015.『대한민국의 위대한 만남: 박정희와 박태준(광복 70년)』아시아.

이대환 외. 1991.《포항 사회의 진단과 전망》. 포항지역발전연구소.

이병천. 1999. "박정희 정권과 발전국가 모형의 형성."《경제발전연구》5(2): 141-187.

_____. 2000. "발전국가체제와 발전 딜레마: 국가주의적 발전동원체제의 재조명."《경제사학》28(1): 105-138.

이상철. 2004. "한국 산업정책의 형성-1960년대 철강산업의 사례."《경제발전연구》10(1): 138-168.

이성근. 1999. "국가지원 시범테크노파크의 계획적 특성과 정책 방향."《한국지역개발학회지》11(2): 109-125.

이수인. 2002. "1987년 이후 한국 시민사회의 변동과 개신교의 정치·사회적 태도."《경제와 사회》56: 264-291.

이승종. 2002. "한국 지방자치제의 평가." 박종민, 이종원(편)『한국 지방 민주주의 위기: 도전과 과제』나남.

이연복. 1992. "테크노폴리스 개발이 지역사회에 미친 영향: 대덕연구단지를 중심으로." 이화여자대학교 대학원 석사학위 논문.

이원덕. 2000. "한일관계 '65년 체제'의 기본성격 및 문제점: 북·일 수교에의 함의."《지역연구》9(4): 39-59.

_____. 2016.『한일국교 정상화 연구』서울 : 대한민국역사박물관.

이전영. 1997. "창업과 기술이전 / 벤처기업 지원을 위한 포항공대의 역할."《공학교육

동향 》4(3): 38-41.

이종원. 1999. "레짐이론의 발전과 과제." 《정부학연구》. 5(2).

_____. 2008. 『정책연구에 있어 사례 연구 방법의 활용과 과제』《한국정책학회》1-16.

이종열. 1998. "도시 정치권력 이론의 비교론적 고찰 : 레짐(Regimes)이론을 중심으로."
《정치정보연구》1(1): 99-134.

이한웅. 1999. "포항테크노파크 제2의 영일만 기적인가?" 《자치포항》2: 36-50.

_____. 2017. 『산처럼 바위처럼: 영암추모집』영암추모집발간위원회.

이호. 1998. 『신들린 사람들의 합창: 포항제철 30년 이야기』도서출판 한송.

이희정. 2014. "식민지 시기 미국유학체허모가 자기인식: 한흑구 문학을 중심으로." 《세
계문학비교연구》49: 5-26.

임경순. 2010. "박태준과 과학기술." 《과학기술학연구》10(2): 37-76.

임은미 외 편역. 2009. 『질적 연구방법』한울아카데미.

장세훈. 2010a. "기업도시 포항의 기업과 지역사회의 역학관계" 《지역사회학》 11(2):
165-197.

_____. 2010b. "지방자치와 지역 엘리트 재생산 과정." 《비판사회학》86: 162- 198.

_____. 2013a. "포항제철 설립의 정치·사회학: '스케일의 정치'를 통해 본 사회세력 간
역학관계를 중심으로". 《공간과 사회》44: 199-228.

_____. 2013b. "기업도시의 사회생태학." 박배균, 김동완(엮음) 『국가와 지역』알트.

장인석. 2006. "지역혁신체제의 경제성장 효과에 대한 실증분석: 집적경제 외부효과 및
지역혁신함수 추정을 중심으로." 연세대 박사학위 논문.

전상인. 2011. "외생적 기업도시에서 협력적 기업도시로: 포철과 포항의 관계를 중심으
로." 《한국지역개발학회지》 23(2): 1-17.

_____. 2012. "포철과 포항의 병존과 융합." 이대환(편). 『청암 박태준 연구 총서』5. 아
시아.

전용주. 2003. "의제 형성과정에서의 미국 이익집단 로비 형태에 관한 연구." 《한국정치
학회보》37(1): 285-309.

정대훈. 2011. "대일청구권 자금의 도입과 포항제철의 건설." 한양대학교 대학원 석사학
위 논문.

정용덕. 1988. "한국 중앙집권화의 정치·경제학." 현상과 인식. 12(1).

정장식. 2006. "한국테크노파크의 성공 요인 및 발전전략에 관한 연구." 서울대학교 석사학위 논문.

정태환. 2002. "한국의 정치·사회적 갈등연구."《한국학연구》16: 177-209.

정호집. 2004. "선거운동 규제정책의 순응확보방안에 관한 연구: 국회의원 선거를 중심으로." 고려대학교 정책대학원 석사학위 논문.

조명래. 1999. "신도시정치(학)의 문제설정과 쟁점."《공간과 사회》11: 24-61.

조성남 외. 2011.『질적 연구방법과 실제』도서출판 그린.

조정래. 2007.『큰 작가 조정래의 인물 이야기』제5권《박태준》편. 문학동네.

조철민. 2014. "YMCA, 흥사단, YWCA의 활동을 통해 본 시민운동 행위 양식의 궤적(1981-2010)." 성공회대학교 박사학위 논문.

조현연. 2007. "민주화 '이후' 한국 정당 체제의 변화와 대안적 정당 체제의 가능성." 민주화운동기념사업회 학술토론회 자료집. 229-255.

조형제. 1995. "산업구조조정과 제조업 노동시장의 구조변화(1987-1994년)."《사회과학논집》5(2): 261-275.

_____. 2000. "울산 지역의 산업구조조정과 테크노파크 건설."《울산대학교사회과학논집》10(1): 229-247.

_____. 2004. "산업도시의 재구조화와 거버넌스: 피츠버그와 디트로이트의 비교."《국토연구》43: 5-5.

조형제. 임현경. 1999. "미국의 산업구조조정과 지역혁신-피츠버그 대도시 지역의 사례."《동향과 전망》42: 86-110.

조희현. 2000. "민주주의 이행과 제도정치·민중정치·시민정치."《경제와 사회》46: 170-198.

채길순. 2013. "동학의 사상적 특성과 흐름 분석: 경상북도 지역의 동학 활동 연구."《동학학보》27: 93-134.

채 헌. 2017. "주력산업 구조조정에 따른 고용위기 극복을 위한 테크노파크의 역할과 대응방안: 포항 철강산업과 포항테크노파크 사례를 중심으로." 동국대학교 석사학위 논문.

최병두. 2012. 『자본의 도시: 신자유주의적 도시화와 도시정책』 한울.

최승범. 1999. "성장과 안정의 정치 · 경제: 평택시의 레짐 정치." 《정부학연구》 5(1), 109-146.

최용호. 2011. "환동해 경제권 활성화를 위한 전략적 과제," 《경영경제》 44(1): 239-265.

최원삼. 2004. "테크노폴리스 구축과 지역혁신 거버넌스 연구: 포항시 테크노폴리스 사례." 대구대학교 박사 논문.

최형섭. 1995. 『불이 꺼지지 않는 연구소』 조선일보사.

최의운. 2002. "포항철강공단이 지역발전에 미치는 영향." 대구대학교 석사학위 논문.

최인준 외. 2014. "경북 동해안 지역 인구이동 결정요인 분석." 한국은행 포항본부.

하세헌. 2007. "민주주의 공고화와 한국의 권력 구조." 《한국동북아논총》 44: 83-107.

한석지. 2004. "한국의 지방정치와 지역개발 정책에 관한연구: 제주도개발특별법과 제주국제자유도시를 중심으로." 건국대학교 대학원 박사학위 논문.

현재호 · 황병용. 1998. "과학기술 지방화와 과학기술협력: 일본 지자체의 과학기술협력 체제를 중심으로." 《정책연구》 1-277.

홍기원. 2006. "지역의 문화적 개발에 대한 이론적 논거" 레짐(regime)이론의 적용 가능성과 그 한계." 《문화정책논총》 17: 143-164.

홍덕률. 1995. "1980년대 이후 한국사회의 지배구조 변화." 《사회과학연구》.2(1): 359-381.

_____. 1997. "지역사회 지배구조에 대한 실증연구: 대구, 광주, 인천을 중심으로." 《경제와 사회》 34: 139-172.

홍철. 1996. 『포항, 포항인, 포항 미래』 한국산업정보센터.

2. 국외 문헌

Austin, J. & McCaffrey, A. 2002. " Business Leadership Coalitions and Public- Private Partnerships in American Cities: A Business Perspective on Regime Theory. Journal of Urban Affairs. 24(1): 35-54.

Beauregard, R. 1998. "Partnerships, business elites and urban politics: New forms of governance in an English city? Urban Studies 33: 539-55.

Birkland, 1997. T. 『After Disaster: Agenda Setting, Public Policy, and Focusing Events』 Georgetown Univ. Press.

Burgess, E. 1967. 『The growth of the city: an introduction to a research project.』 in R, Park and E, Burgess, The City. London: University of Chicago Press.

Cobb, S. 1976. "Social support as a moderator of life stress. Psychosomatic Medicine 38(5): 300-314.

Cooke, E. 2002. 『Culture, Corporate Governance and Disclosure in Malaysian Corporations.』 The University of Exeter. 38(3)

Digaetano, A. 1997. "Urban governing alignments and realignments in comparative perspective: The politics of urban development in Britain. Urban Affairs Quarterly 29: 54-83.

Digaetano & Lawless. 1999. "Urban governance and industrial decline governing structures and Policy Agendas in Birmingham and sheffield, England, and Detroit, Michigan, 1980-1997." Urban Affairs review. 34: 546-77.

Digaetano & Klemanski. 1993. "Urban Regime Capacity: A comparison of Birmingham, England, and Detroit, Michigan." Journal of urban affairs. 15(4): 367-384.

_____. 1999. 『Power and City Governance: Comparative Perspectives on Urban Development』 University. of Minnesota Press.

Dahl, Robert. 1961. 『Who Governs?: Democracy and Power in an American City』 Yale Univ. Press.

Davies, M. 1937. 『The pattern of urban growth.』 Studies in the Science of Society. New Haven, Conn: Yale University Press.

Davies. J. 2002. "Urban Regime theory: A normative empirical critique." Journal of urban affairs. 24: 1-17.

Deleon, E. 1992. "The Urban Anti-regime: Progressive Politics in San Francisco." Urban Affairs Quarterly 27(4): 555-579.

Dery, D. 2010. "Agenda Setting and Problem Definition." Policy Studies 21(1): 37-47.

Dicken, P. 1994. "Local embeddedness of transnational corporations." Globalization, institutions, and regional development in Europe. 23-4

Elkin, Stephen. 1985. : Twentieth Century Urban Regimes." Journal of Urban Affairs. 7(2): 11-28.

_____. 1987. 『City and Regime in American Republic』 University of Chicago.

Fainstein and Fainstein. 1983. 『Regime Strategies, Communal Resistance, and Economic Force.』 In S. Fainstein N. Fainstein, R.C. Hill, D. R. Judd, and M. P. Smith, "Restructuring the City: The Political Economy of Urban Redevelopment." New York: Longman.

Gibson & Rogers. 1994. 『R & D Collaboration on Trial: The Microelectronics and Computer Technology Corporation』 Harvard Business Review Press.

Gurr & King. 1987. 『The State and the City』 University of Chicago Press.

Hall. Peter. 1993. "Source: Comparative Politics." 25(3): 275-296.

Hamada. N. 2012 "Strategy on Research & Development at Nippon Steel Corporation." Nippon Steel Technical report. 101.

Hamilton. D. K. 2004. "Developing Regional Regimes: A comparison of two Metropolitan Areas." Journal of urban affairs. 26(4): 455-477.

Harding. A. 1997. "Urban Regimes in a Europe of the Cities?" European Urban and Regional Studies. 4: 291-314.

Holman, Nancy. 2007. "Following the signs: applying urban regime analysis to a UK case study." Journal of urban affairs, 29(5): 435-453.

Hoffmann-Lange,Ursula. 1987. "Surveying National Elites in the Federal Republic of Germany." 27-47.in Research Methods for Elite Studies, edited by Georgy Moyser and Margaret Wagstaffe. London.

Horan. C. 1997. "Coalition, market, and state: Postwar development politics in Boston. edited by M. Lauria, 149-70. Thousand Oaks, Ca: Sage.

Huggins & Thompson, 2014. "A Network-based view of regional growth." Journal of Economic Geography. 14(3): 511-545.

Hunter, Floyd. 1953. 『Community Power Structure: A Study of Decision.』 Univ. of North Carolina Press.

Huntington. S. 1991. "Democracy's Third Wave: Democratization in the Late Twentieth Century." Journal of Democracy 2(2): 12-34.

Imbroscio, David. 2003. "Overcoming the neglect of economics in urban regime theory." Journal of urban affairs. 25(3): 271-284.

John, P. 2001. "Local Governance in Western Europe. London & Thousand Oaks. Sage Publications Ltd.

John, P., and A. Cole. 1998. "Urban regimes and local governance in Britain and France: Policy adoption and coordination in Leeds and Lille. Urban Affairs Review 33: 382-404.

Jones & Evans. 2013. 『Urban Regeneration in the UK』 SAGA Publications Ltd.

Lande, H. 1973. "Networks and Groups in Southeast Asia: Some Observations on the Group Theory of Politics." American Political Science Review 67: 103-127.

Logan & Molotch. (김준우 역). 2013, 『황금도시: 장소의 정치 · 경제학』 전남대학교출판부.

_____. 1987. 『Urban Fortunes: The Political Economy of Place, Berkerly.』 Univ. of California Press.

_____. 2013. "The City as a Frowth Machine: Toward a Political Economy of Place." Source: American Journal of Sociology(1976). 82(2): 309-332. The University of Chicago Press.

Mossberger & Stoker. 1994. "Urban Regime Theory: The Challenge of Conceptualization. Urban Affairs Review." 36(6).

Mossberger & Stoker. 2001. "The Evolution of Urban Regime Theory: The Challenge of Conceptualization." Urban affairs review. vol. 36.

Moyser &, Wagstaffe. 1987. "Study elites: theoretical and methodological issues. Research methods for Elite Studies. Allen & Unwin. London.

Orr & Stoker 1994. "Urban Regimes and Leadership in Detroit." Urban Affairs Quarterly. 30: 48-73.

Osborne, D & Gaebler. 1992. "Reinventing Government." New York. NY. Journal of Leisure Research 27: 302-304.

Ostaaijen, Van. 2010. "Aversion and accommodation : Political change and urban regime, analysis in Dutch local government:Rotterdam 1998-2008 Delft." Eburon Academic Publishers.

Peterson, P. 1981. 『City limits』 Chicago Univ. Press.

Powell, J. 1970. "Peasant Society and Clientelist Politics." American Political Science Review 64: 411-425.

Pridham. G. 1987. " Interviewing Party-Political Elites in Italy in G.Moyser and M. Wagstaffe(eds.), Research Methods for Elite Studies. London.

Ragin, Charles. 1987. "What is Qualitative Comparative Analysis (QCA)?"Department of Sociology and Department of Political Science University of Arizona.

Rast, J. 2015. "Urban Regime Theory and the Problem of Change." Urban Affairs Review. 51(1): 138-149.

Sack, R, D. 1986. "Human Territoriality: its Theory History." Cambridge: Cambridge University press.

Scott, Allen. 1993. 『Technopolis: High-Technology Industry and Regional Development in Southern California』 Univ. of California Press.

Scott, James. 1972. "Patron-Client Politics and Political Change in Southeast Asia." American Political Science Review 66: 91-113.

Sellers, J. M. 2002. "Governing from Below: Urban Regions and the Global Economy. Cambridge & New York Cambridge Univ. Press.

Sites, W. 1997. The limits of urban regime theory: New York City under Koch, Dinkins, and Giuliani. Urban Affairs Review 32: 536-57.

Stone, Clarence. 1989. 『Regime Politics: Governing Atlanta 1946-1988』 The Uni. Press of Kansas All rights reserved.

_____. 1993. "Urban Regimes and the capacity to govern: a political economy approach." Journal of urban affairs. 15: 1-28.

_____. 2002. "Urban Regimes and Problems of Local Democracy." ECPR joint sessions Turin, Italy 22-27.

_____. 2005. "Looking back to look forward Reflections on Urban Regime Analysis." Urban Affairs Review. 40: 309-341.

Stoker, Gerry. 1995. "Regime Theory and Urban Politics." In David Judge, P(ed) Urban and Regional Policy. Aldershot: Edward Elga.

Tilly. Charles. 1986. "European Violence and Collective Action since 1700." Social Research 53(1): 159-184.

Ward, K. G.(1996). "Rereading urban regime theory: A sympathetic critique. Geoforum." 27(4): 427-438.

Yin. K. 2003. Case Study of Urban Redevelopment in Shanghai's Taipingqiao Area. Urban Studies Journal Limited. 44(9): 1809-1826.

3. 기타자료

공정위원회(http://groupopni.ftc.go.kr).

국토교통부. 2013. 《 정책돋보기 》. 포항제철 1편 · 2편 · 3편.

기업집단정보포털. 2018. (http://groupopni.ftc.go.kr).

나무위키(namu.wiki).

대구시사편찬위원회. 1995.『대구시사』 대구광역시.

미이민트(http://www.mimint.co.kr/article/board, 2017.8.11)

영일군. 1978. 7. (포항제철 연관업체 주택단지 조성 관련 공문).

위키피디아(https://en.wikipedia.org/wiki/Sector_model).

주택단지조성사업협의회, 1978.3. 《 동의서 》.

중앙선거관리위원회. 대한민국 선거사』 제1집. 1973.

통계청(kosis.kr).

포항대학. 1999. 《 포항제철의 지역협력 강화방안 》. 포항대학 사회경제연구소.

포항상공회의소. 2003.『포항상공회의소 70년사』 포항삼양문화사.

포항시사편찬위원회. 1999.『포항시사』 포항삼양문화사.

포항시사편찬위원회. 2010.『포항시사』 포항삼양문화사.

포항제철. 1989.『포항제철 20년사』

포항제철. 2004.『포항제철 35년사』

포항시. 제2회 포항도시계획위원회 회의록.

포항지역사회연구소. 1995. 《 포항연구 》가을. 통권 19호.

포항테크노파크. 2010.『포항테크노파크 10년사』 매일신문사 출판부.

한국은행 포항본부. 2013.

POSCO. 2004. 포항주택단지(Pohang Housing Complex).

POSTECH. 2017. 포항공과대학교 30년사.

http://groupopni.ftc.go.kr

《경북매일신문》(2017. 8. 22)　　　　《경북일보》(2015. 8. 23)

《경북일보》(2018. 8. 5)　　　　　　《경북일보》(2018. 10. 28)

《경북일보》(2018. 11. 11)　　　　　《경상매일》(2012. 10. 17)

《경향신문》(1992. 3. 18)　　　　　《경향신문》(1992. 10. 6)

《경향신문》(1992. 10. 11)　　　　《경향신문》(1998. 3. 16)

《국민일보》(1990. 12. 27)　　　　《국민매일》(1985. 7. 7)

《국민일보》(1993. 3. 13)　　　　　《대경일보》(2018. 8. 22.)

《대구일보》(2011. 1.12.)　　　　　《동아일보》(1933. 8. 19)

《동아일보》(1967. 4. 8)　　　　　《동아일보》(1967. 5. 24)

《동아일보》(1995. 8. 18)　　　　　《매일신문》(1999. 11.17)

《매일신문》(1999. 1.30)　　　　　《매일신문》(1999. 12. 11)

《매일신문》(2000. 1. 27)　　　　　《매일신문》(2000. 5. 20)

《부산일보》(1992. 3. 22)　　　　　《부산일보》(1997. 7. 3)

《서울경제》(1961. 7. 24)　　　　　《서울경제》(1962. 5. 21)

《서울경제》(2004. 8. 12)　　　　　《서울신문》(1999. 1. 6)

《서울신문》(1995. 3. 8)　　　　　《세계일보》(1992. 3. 15)

《세계일보》(1992. 10. 3)　　　　　《영남일보》(2004. 7. 21)

《오마이뉴스》(2011. 12. 14)　　　《오피니언뉴스》(2017. 8. 31)

《오피니언뉴스》(2017. 9. 9)　　　《오피니언뉴스》(2017. 9. 12)

《조선일보》(1967. 3. 22)　　　　　《조선일보》(1967. 4. 9)

《조선일보》(1967. 6. 22)　　　　　《조선일보》(1979. 8. 11)

《조선일보》(1997. 4. 18)　　　　　《중앙일보》(2004. 11. 30)

《프리미엄조선》(2014. 10. 31)　　《한겨레신문》(1991. 2. 12)

《한겨레신문》(1994. 3. 1)　　　　《한겨레신문》(1997. 3. 14)

《한겨레신문》(1997. 12. 20)　　　《한국일보》(2011. 12. 14)

《한국일보》(2016. 2. 11)　　　　　《한국일보》(2016. 8. 9)

포항의 포철개발이전(1968년 12월 21일)

철거에 망연자실해 있는 주민들

철거이전 대송면 동촌동 일대(1967년)

송정리 형산강 하구에 모인 시민들(1960년대초)

포항제철 유치 시민환영대회(1967년 10월 3일)

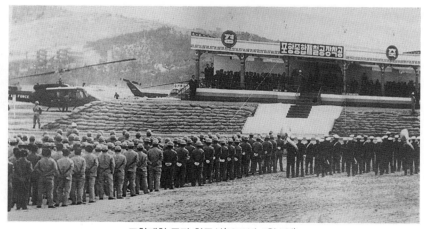

포항제철 공장 착공식(1970년 4월 1일)

동빈내항과 송도일대(1960년대)

국가공간과
지역정치

지역렌즈로 본
근대적 공간개발과 도시정치

초판인쇄 2023년 04월 14일
초판발행 2023년 04월 14일

지은이 서병철
펴낸이 채종준
펴낸곳 한국학술정보(주)
주 소 경기도 파주시 회동길 230(문발동)
전 화 031-908-3181(대표)
팩 스 031-908-3189
홈페이지 http://ebook.kstudy.com
E-mail 출판사업부 publish@kstudy.com
등 록 제일산-115호(2000. 6. 19)

ISBN   979-11-6983-276-2 93300